人生若夢中的 西洋哲學

歲次癸巳二〇一三年

陳水源 著

旺文社

目錄

浮生若夢中的西洋哲學家
（An Essay on the Philosopher in my dream）

翁佳音序

思想的浮世之繪

　　家叔在鉅冊《人類歷史與文明的演遞》甫出版幾個月之後，竟然又交出近代西洋哲學思想的論作，呴呴，一點也不像年高力弱之人。他囑我再寫幾字響應，我當然得義不容辭寫如下幾句短文，除認同這本書能分享、教導哲學知識外，亦想順便提醒讀者，若掩卷回味作者的浮生之夢，也該想到我們不少人是在此夢中同入夢。

　　首先，家叔新近連續兩書，一歷史，一哲學，這應不意外。資訊不如今日萬花筒與眼花撩亂的上個世紀，不論理工醫學，或文法商科的臺灣讀書人，通常會讀到房龍（*Hendrik W. van Loon*）的《人類故事 The Story of Mankind》，以及杜蘭夫婦（*Will & Ariel Durant*）之《西洋哲學史話 The Story of Philosophy》，兩書中譯，都是戰後初期臺北的協志工業振興會出版。歷史與哲學，與其它知識，因而曾經入植於那個戒嚴、精神荒蕪時代的知識人夢土上。日後各人各行各業，人生浮沈，夢醒夢碎。有人依然繼續相信文藝復興以來的西洋啟蒙、理性哲學，以及堅持朝向民主、自由與人權的普世文明樂土。家叔屬於後者，他在講完文明故事後，繼續反芻那些哲學家之思想，寫成書冊，試圖分享予這塊土地上的尋常人民。

　　書題「浮生」，同義的語詞有「浮世」與「憂世」。固然這些詞彙是慨嘆人生虛浮不定，有如夢幻，榮華已逝（*sic transit gloria mundi*），卻應另有進取之意涵。我佛法蒙昧，只能就表面字義與衍義來看，這些用語，起源雖帶有厭世與世間暫住之消極思想，但還是有「逍遙浮世，與道俱成」的積極，甚至像沈復《浮生六記》之可愛面。日本江戶時代的浮世繪，豈不是以當時的風俗世態與人事風景為題材，為今天留下了燦爛的近代初期、或近世庶民文化圖像？庄腳牧童出身的家叔所描繪之西洋哲學，多少相應表現了他及同時代人的思想痕跡。讀者不妨用這個浮生、浮世與憂世之角度去欣賞，感受可能會比讀學院哲學家所寫論文，來得深，來得貼身。

翁佳音
寫於中研院臺灣史研究所
2013年11月14日

耀裕感言

　　我浮生若夢七十餘年，碰巧讀了陳水源博士所著《浮生若夢中的西洋哲學家》一書，才使我如夢初醒。原來大哲學家在生時也浮了那麼多的夢，其生若浮，其死若體，為懼又幾何呢？

　　培根夢到人，生來就是奴隸。百姓為求黃金屋，為求顏如玉，甘願成為書奴。領導人、企業家都成為權利之奴，名聲之奴，霸業之奴，身無自由，行動無自由，時間無自由，飽受壓力，生活不自由，是這樣嗎？其實，人能修行到布袋和尚「行也布袋，住也布袋，坐也布袋，臥也布袋，何等自在」的境界，人必是自在的主人，而不是奴隸了。

　　培根夢到「新生哲學」，認為知與行合一，才是真知。狡猾者惡之，簡樸者服從之，聰明者利用之。擁有真知，才是哲學，人除了真知，還剩什麼？這是培根夢得最美的部分。

　　培根所夢「實證歸納法」，凡學術研究應實地驗證，如王陽明的格物致知，是正確的。但欠缺邏輯結論，無法給領導者，提出具體的施政策略。

　　培根所夢的「隨筆集」提出許多警世格言，足可做為修身養性的座佑銘。

　　培根最能歌頌真理，與真理為友，認為禁慾有礙健康，這確實也是真理。

　　培根夢裡的人要誠實，也要狡猾，如同合金，才會更堅固耐用，他可算是厚黑學的模範生。

　　培根的入世宗教觀，類似佛教如來佛的「自在觀」註❶。能給

人做心靈的寄託。

　　培根反對政經改革，主張君子專政，軍國統治，詛咒和平，壓制輿論等保守主義，是培根的跛腳哲學。所幸他還能提出，分化敵人，聯合盟友，財富均勻，縮短貧富，用智慧治國之道。

　　再看伏爾泰的哲學：他說「工作才是娛樂。理性也會犯錯，知識沒有絕對，書典可統御人性，用真理來管轄心靈，可化成智慧與辯才，中產階級要抬頭，密會情婦之糊塗，也是難得的事。過份莊重是病態，反對戰爭，許多歷史是謬理，有文化線索才是史實。能記載人類如何從野蠻進入文明的，才是歷史⋯⋯。」這些都是真知卓見，個人或學者，或領導人都應視如圭臬。

註解

❶ 如來佛的自在觀：「自在觀觀自在，無人在無我在，問此時自家安在，知所在自然自在。如來佛佛如來，有將來有未來，究這生如何得來，已過來如見如來。」筆者以筆墨行書寫「自在」一幅，贈予佛弟子陳水源博士留念，併謝謝他為我織夢。

筆者序言

　　本書冊名為：《浮生若夢中的西洋哲學家》（*An Essay on the Philosopher in my dream*），顧名思義，旨在探討浮生七十餘載中，對西洋哲學家的認知暨對哲學的體驗。首先應闡明「浮生若夢」四個字的真諦及其字義來源：

（1）.「浮生」兩字出自莊周（*即莊子*）所著之《莊子》〈刻意〉：「其生若浮，其死若體」。莊子係戰國・宋・蒙縣人，名周，字子休；與梁惠王（*320年B.C.孟子見梁惠王*）、齊宣王（*250年B.C.惠王卒，莊襄王立*）同一時代之文人，嘗為漆園吏，弘才命世（*名高一世，佐命立功之士，皆信命世之才，抱將相之具*），著書五十二篇，名之為《莊子》。

（2）.「浮生若夢」語出唐朝詩仙李白（*四川昌明縣青蓮鄉人，字太白，號青蓮居士，著有《李太白集》，享年62歲，699或701~762年A.D.*）所著《春夜宴桃李園序》：「浮生若夢，為懽幾何。」懽字音歡，同歡，喜樂之意。隱喻人生在世，像夢幻一樣虛浮無定，為歡幾何，故言人之生世曰「浮生若夢」。

（3）.「千秋萬歲名，寂寞身後事」係唐朝襄陽人，杜甫（*712~770年*）所撰「夢李白」的名詩。他小李白十一歲，詩與李白齊名，世人尊稱為「詩聖」，著有《杜工部集》，該詩充分表達了盛名固然可以流傳千秋萬

歲之久，但那時人早已死去，魂魄寂寞，又有何用處呢？

（4）.「事如春夢無了痕」是宋朝仁宗至徽宗時代的文豪蘇軾（*宋朝眉山人，字子瞻，號東坡居士，1037~1101年*）所著《東坡全集》、《東坡詞》的名詩句。

　　本書冊所述西洋哲學家，依序涵蓋蘇格拉底、柏拉圖、亞里斯多德、佛蘭西斯‧培根、斯賓諾沙、伏爾泰、康德、黑格爾、叔本華、哈伯特‧史賓沙、尼采、亨利‧柏格森、克洛齊、羅素、約翰‧杜威、威廉‧詹姆斯、喬治‧桑塔耶那等十七位，彼等係對西洋哲學的成就，賦具影響力的哲學家。尤其伏爾泰、康德、黑格爾、叔本華、史賓沙及尼采等六位所倡導之啟蒙運動，對18世紀歐洲的啟蒙思想，追求理性，主張將宗教與道德，由傳統與偏見中予以解救出來。換言之，歐洲文明社會，到了中世紀時，遭受專制政體的壓迫，造成社會、政治黑暗異常，各種思想言論，均受到無理的禁錮。17、18世紀之際，有智慧的學者，為打破因襲傳統思想，專以開拓蒙昧，以普及教育文化為務，而邁向尚實利、重實際，以理性為本，主張個人自由，排斥宗教、國家之威權。同時，改採以透徹明瞭（*clearness*）與析義精巧（*distinctness*），作為一切事理現象之闡釋與判斷準則。隨後英、法、德三國的哲學思想家，諸如英國之洛克、牛頓，法國之盧梭、伏爾泰，德國之勒辛等哲學界之士紳，相繼揭起啟蒙思想之標杆，雲湧風起，啟動了歐洲邁向現代民主、自由、人權的坦途前進，堪稱對英國政治改革、美國獨立革命及法國大革命，產生莫大的影響，對人類歷史及文明的演遞貢獻良多。

　　本書於撰述、電腦謄打、文獻蒐集、編輯過程，獲得新北市汐止區呂豐娟小姐、神鷹實業有限公司羅玉英女士等鼎力協助；復承蒙臺大哲學系林教授義正、隱居南投縣埔里小城的摯友徐清河君，暨苦練書法有成的賴耀裕同學，分別不辭辛勞精心潤筆斧正與贈送信手拈來，頭頭是道的感言。又，於付梓之際，第二次蒙旺文社李董事長錫敏先生，惠允書中第377至386頁，計十五張，得以運用《牛津當代大辭典》彩色圖檔，賦具補天浴日之德；且再次承中央研究院臺灣史研究所翁研究員佳音教授，暨澎湖傑出莊書法家素貞女士，秉持友誼厚植世間之毅力，惠賜序文及封面書名題字，斐然有光。由於諸君的誠摯相助，始得順利成書，謹申謝銘誌。筆者浮生七十有七，自愧才疏學淺，倘書中有所遺漏，措辭欠妥，尚祈海涵斧正，至所祈盼。筆者年高力弱，尚可怡情為懂，樂天知命矣！

筆者

2013年10月26日

撰於臺北天母寓所

陳水源

壹、蘇格拉底與柏拉圖的哲學理念

（一）. 蘇格拉底前後時代的哲學思維：

西曆紀元前490~470年之間，斯巴達（*Sparta*）與雅典（*Athens*），盡棄前嫌，旋即於500～456B.C.之間，波斯王大流士一世（*Darius I*，*558~486年B.C.*，*在位期間552~486年B.C.*）和其子塞克西斯一世（*Xerxes I*）企圖遠征希臘，引發波斯戰爭（*Persian Wars*）。在490年B.C.，馬拉松註❶戰役（*Marathon*），遭斯巴達和雅典聯軍粉碎其吞併希臘的野心。戰爭結束之後，雅典人把戰艦改為商船，從事貿易事業，使雅典成為世界第一大商港，也成為歐洲不同種族，文化的熔爐；隨後孕育出雅典人富於研究事物之比較、分析、思考的思維方法。當雅典商人對各種文化交會之際，易於產生各種疑惑心理；加上他們心中沒有中心信仰，對於傳統風俗和獨斷的教義，必然心存疑問。此時科學知識漸增，航海的範圍擴張後，高深的天文學知識，也同時深入人心；復因經濟寬裕，物質生活得到滿足，成為研究思想的先決條件。希臘哲學家亞里斯多德（*Aristotle*，*384~322年B.C.*）曾指出：「*自從希臘人戰勝波斯人之後，他們的膽識與好奇心同時增長，他們勇敢地把各種知識納入研究範圍，作深入的探討。*」易言之，希臘人除敢於研究自然界的現象之外，再研究超自然的作用與超自然的能力。從前的人類對於超自然的事物或現象，只能

用魔術與宗教儀式來解釋，如今卻改用科學方法去探討駕馭；所謂哲學（*philosophy*）係探討世界、人生根本原理的學問，即人生哲學（*system for conduct of life*）與處世哲學（*a philosophy of living*），便從此處開啟。

西曆紀元前五世紀的希臘哲學家雷卡巴斯（*Leucippus*），與其弟子德謨克利斯（*Democritus*，*450~360年B.C.*），共同完成原子論（*atomism*），係唯物主義思想的代表人物，他們認為：「實際上，除了原子與空間外，就沒有其他物質存在。」此種希臘思想的一大派別，在柏拉圖（*Plato*，*427~347年B.C.*）時代曾衰微一段時期，但是到伊比鳩魯（*Epicurus*，*342~270年B.C.*）主張由個人主義的倫理出發，藉自由闊達的議論，從混亂、痛苦、死亡的恐慌中解脫出來，又再度活躍起來。到了魯克里夏斯（*Titus Lucretius Carus*，*94~55年B.C.羅馬詩人*），依其所著哲學詩集《關於事物的自然》（*De Rerum Naturu*）共六卷的內涵，將宇宙的構造和現象不以神的存在為前提，而歸於一切的原子運動，加以論證說明，使得此派的思想更加盛極一時。除此之外，又有所謂「哲人派哲學」，與希臘哲學的本質相似，此類哲人遍遊四方，宣傳智慧，注重內外，以自己的思想與本質為重，對於外界的事物則甚輕視，不乏才智之士，諸如果爾奇亞斯（*Gorgias*）、希比亞司（*Hippias*）等人；有的賦具深思才能，如普洛特哥拉斯（*Protagoras*，*西曆紀元前5世紀，希臘阿布德提Abdera的哲學詭辯派Sophist的代表人物*）、普洛狄谷（*Prodicus*）等人，他們研究一切有關哲學的問題，即使觸犯宗教、或政治的禁例，也在所不顧，其政治上的主張，可分為二派：

（1）.其中一派如盧梭（*Rousseau，1712~1778年，法國哲學家*）的主張：認為本性為善，文明為惡，人之本性，生而平等，所謂法律，乃是由強者創制來羈縻弱者的權術。

（2）.另一派哲人的思維略與尼采（*Nietzsche，1844~1900年，德國的哲學家*）相似，認為自然本無善惡，人生之初，天賦就有強弱優劣之分，所謂道德，只是弱者想要維護自身，藉以限制或牽制強者所用的手段，而偏好權力，是人類最原始的劣根性及慾望的展現。

（二）. 蘇格拉底對哲學的基本思維：

蘇格拉底（*Socrates，469~399年B.C.希臘哲學家*）係人類智慧的先知，距今2400多年之後，弟子仍然仰慕其身穿皺摺內衣，步過階廊，閒適自得的風範；其中貴族式的柏拉圖（*Plato，427~347年B.C.*），富有的青年艾西拜雅迪斯（*Alcibiades，450~404年B.C.，雅典軍人，政治家*）等傾心於研究蘇格拉底對雅典民主政治所發出的譏評。社會主義的安蒂斯茲尼斯（*Antisthenes，西曆紀元前5世紀左右，雅典的哲學家，犬儒學派Cynic School的創始人*），偏好蘇格拉底的清苦生活，猶如崇拜宗教信仰一樣。無政府主義者，如艾瑞斯帝帕斯（*Aristippus，435~355年B.C.希臘哲學家*），是塞利尼學派（*the Cyrenaic school之祖*），提倡快樂主義，認為人世間沒有主奴之分，一切都要絕對自由，而蘇格拉底不受拘束的浪漫生活，正是他們的最高理想。他們認為人之所以可貴，在於能夠思維、談笑，否則，就失去生活的價值。由此可獲知，人類哲學史上各種思維的典型及來源。

　　據蘇格拉底之妻孫媞琵（*Xanthippe*，*以潑悍shrewish woman or wife 出名*）說，蘇氏對家庭一無用處，唯一的貢獻只是為家庭爭些光彩而已。孫媞琵極有辯才，厚愛蘇氏至深，其夫婦對話的內涵，柏拉圖未曾記載下來，令人遺憾。然而，蘇氏的弟子十分尊敬他，其原因主要有三：

（1）.蘇格拉底一生，不但是一位有智慧的哲學家，而且相當有人性，他曾在沙場中冒險救出生命垂危的艾西拜雅迪斯（*Alcibiades*，*雅典軍人*），據說他是促使雅典在伯羅奔尼撒戰役失敗的原因之一。

（2）.蘇格拉底對智慧所持的謙遜態度，不以智者自居，一生熱烈擁護智慧，努力尋求智慧；他酷愛智慧，但不以智慧為專門職業，其可貴可敬之處在此。

（3）.有一次希臘德爾菲地方的賢人（*sages*），稱頌蘇氏為希臘最聰明的人，當他聽了之後，認為他不以小知為知足，他的哲學也不以小知，為知足的學說為立足點（*謂自知滿足，安於所愚，則恥辱不及其身*）。因此，他說：「我們知道的事情，就是我們所不知道的事情。」

　　由上述得知，蘇格拉底認為哲學的起源，就在於人類能夠懷疑，尤其以懷疑自己的信仰、教義、格言等三項最為重要。換言之，吾人務必檢驗自己的心智，使其正確無誤，則哲學才能成立。他的名言：「認識你自己」是邁進哲學之道的第一個步驟。蘇格拉底之前，早已有希臘七賢（*seven sages of Greece*）暨諸多哲

學家出現,他們是:

（1）.米勒特斯的泰勒士（*Thales*）：西曆紀元前七世紀末的希臘哲學家,出生於米勒特斯（*Miletus*）,為「七賢人」的領導者,奠定幾何學的基礎,且致力於天文學的研究,認為水是萬物的根源。

（2）.雅典的索倫（*Solon*）：索倫（*Solon*,638~558年*B.C.*）,古代雅典的立法者,國制改革者,以智慧著稱。

（3）.普雷勒（*Priene*）的拜阿斯（*Bias*）。

（4）.斯巴達的凱隆（*Chilo*）。

（5）.羅得斯島的克利奧布拉斯（*Cleobulus*）。

（6）.科林斯的帕里安德（*Periander*）。

（7）.邁替勒尼（*Mitylene*）的庇塔卡斯（*Pittacus*）。

（8）.其他還有西曆紀元前6~5世紀的希臘哲學家海洛克萊特斯（*Heraclitus*）,他是出生於小亞細亞以弗所（*Ephesus*,愛奧尼亞的古代都市,羅馬時代為屬地亞細亞之都而繁榮,遺跡甚多）,513年*B.C.*著有《自然論》（*Concerning Nature*）,主張不斷變化的典型,是萬物的根源,倡言生命短暫的悲觀論,而被稱為「悲觀的哲學家」（*the weeping philosopher*）。

（9）.帕米尼德斯（*Parmenides*）係西曆紀元前6世紀的希臘哲學家,他出生於義大利的伊里（*Elea*）,是伊理學派（*Eleatic School*）的創始者。

（10）.伊里的季諾（*Zeno*,490~430年*B.C.*）,出生於

義大利南部伊里的希臘哲學家，是帕米尼德斯
（*Parmenides*）的門徒。

（11）.畢達哥拉斯（*Pythagoras*）是西曆紀元前6世紀，出生
於薩摩斯島（*Samos Island*，位於愛琴海的島嶼，屬於
希臘領土）的希臘哲學家、數學家，相信靈魂不滅和
輪迴之說，而且主張「數」是萬物的根本，萬物因
「數」的關係才產生了秩序。

（12）.恩貝多克利斯（*Empedocles*，493~433年B.C.），是義
大利西西里島亞格里琴敦（*Argigentum*）的哲學家、
科學家，傳說他投入埃特納山（*Mt. Etna*，位於西西里
島的活火山）的火山噴火口自殺身亡。

前述十二位哲學家，多半是研究物理的哲學，其所追求的是
有關「物的原理、本質、物質世界與有形世界的法則及組織。」
蘇格拉底認為，除了研究物質世界之外，還有一種研究「人類的
心靈」，更具價值，對人類的貢獻更大，且更具意義。質言之，
蘇格拉底對哲學的研究範圍頗為廣泛，包含公理、名譽、道德、
愛國心、自己等，涵蓋道德與心理層面，並力求尋找出精確的定
義、清晰的思想、確實的分析。從前的年輕人，相信奧林帕斯
（*Olympus*）山峰諸神，相傳是以宙斯（*Zeus*，希臘神界的最高統
治神）為首的諸神居住的地方，對他們發出敬畏崇拜的心理。就
因為此種敬畏神祇、崇拜神祇，以此為信仰的中心，一切道德律
令均由此泛生，以致其根基非常堅固穩定。然而，自從哲人派哲
學出現之後，旋即鏟除了年輕人的信仰，造成萬能的神，失去了
原本應有的效力，因神而泛生的道德律令，亦同時失去其昔日制

衡道德的功能。因此，零碎而失去統合功能的個人主義，已使雅典人的特質喪失殆盡，以致遭到強悍的斯巴達人所屈服。復就政府組織而言，雅典的政體是以暴民為首，以感情為主的假民主政治，其政策之決定，專以辯論勝負決定政策方針，此種政治態式令雅典有識之士，同感失望。如何構建雅典人的新道德，期能挽救其危如纍卵的國家，成為人民最迫切的期盼。

蘇格拉底確信天地之間只有一個神，這正如法國文學家、思想家伏爾泰（*Voltaire*，*1694~1778年*）所言：「主張只有一個神的便是無神論」，此即是蘇氏的神學觀念。然而，蘇氏也承認永久的道德律令，絕不能建立在未經確定的神學觀念上，他一生最大的希望，在於樹立完全與宗教信仰脫離關係的道德制度，該制度必須同時能制衡無神論者與有神論者，並且可以永遠規範個人的行為，使人人能成為一個良好的公民。換言之，蘇格拉底所認定的道德標準是：

「*道德即是智慧，良善便是聰明，人自然見識廣闊，能看清楚人生的真諦與目標，能調整慾望，將一切無次序與動盪的局面，轉變成為有目的與創作性的和諧，這便是理想的道德標準。*」

質言之，蘇格拉底指出：「錯誤、偏見、愚蠢等三樣東西，都是人類常犯的錯誤行為，如何改善，須要一群有智慧的哲學家，理性的社會學家共同努力，才有撥雲見日的時候。」

古羅馬共和時代的雄辯家、哲學家、政治家西塞羅（*Marus Tullius Cicero*，*106~43年B.C.*）說：「蘇格拉底使哲學從天上來到人間」。由於蘇氏出生在古希臘戰爭的混亂時期，道德價值低落；因此，他認為，若要支持當時生活中的倫理局面，人人就必

須「認識您自己」，這便是他的哲學出發點。蘇格拉底一生沒有任何著作，其生平、思想主要見之於芝諾芬尼（Xenophanes，570~490年B.C.，希臘哲學家、詩人）的《回憶錄》和柏拉圖（Plato，427~490年B.C.）所著三十五篇《對話錄》。吾人常聽到的「認識您自己」，這句話原是刻在希臘帕尼薩斯山（Parnassus Mountains，特耳非北方的一座高山，阿波羅神和學藝女神繆司的靈山）南麓的阿波羅（Apollo）聖地特耳非（Delphi）神壇上；蘇格拉底把它當作自己的哲學方法。當他在街頭及市場與人聊天，令人知道自己的無知之後，才認為真的「認識了自己」，它才是最高的知識。

蘇格拉底樂於與別人談話，並迫使對方「認識自己」，再帶領對方進行「概念的追求」，他認為在日常生活中，所見的都是單獨的、個別的東西，但吾人有能力將這些類似的東西，用一種共同的概念將它組織起來，此種概念即是一種「共相」（佛家語，諸法有自相與共相兩類，限於自體之相稱為自相，通於他物之相叫做共相。）蘇格拉底認為這種「共相」，是哲學分析、綜合工作的最基本方法，否則思想無法成立。此種思想的歷程，在人類的腦海裡，其知識是共相，是我們用思想與外界溝通，達成分門別類之目的。換言之，蘇格拉底的「共相」方法，應用到現世，他認為靈魂和肉體分別代表了共相和個別事物；所以，靈魂是不死不滅的。誠如《六祖壇經》云：「世人外迷著相，內迷著空。」其理相通。他的倫理思想，認為人關心自己的身體和財產之前，必須先關心自己的靈魂，使靈魂儘量變好，以至於接近神。因為靈魂是最真實的自我，有了此種信念，才不怕死亡。他堅信人死亡之後，靈魂就會到達那擁有真正正義和公道的來

世。世人都想追求真正的幸福,但人之所以失去自己的幸福,乃是因為人常把「非真正好的東西」,當作最好東西看待,比如把財富、權力等過於看重,以致造成「所有壞的行為,都不是故意的」。質言之,人需要知道「真正的善」,以免錯誤的使用力量、健康、財產或機會。一個人有了這些知識,就會依循這種知識來行動;在蘇格拉底的眼光裡,「善的知識」不可能有壞的用途。因此,他極力主張道德、善的知識,構成其「知識即德行」的論說要旨。

蘇格拉底的政治思想,是以倫理學為中心,他充分體認到政治的任務,就是要「關心」所有同一城邦公民的靈魂,使她們儘可能達到完善的境界。因之,「善的知識」是所有政治家(政客、政棍除外)所該具備的條件。蘇格拉底亦體認到他那時代的民主制度之根本缺點,就是將整個國家、城邦、社會交給既無遠見、亦無專門知識的人手上,方造成混亂無章的局面。此種哲人之明鑒,道盡中外歷史社會之真相,令人折服。

最後,蘇格拉底強調德行的價值,在古希臘時代,對國家盡忠是正義的行為,堪稱係優良德行的典範。蘇格拉底一生都在強調德行的重要,認為「善」才是人類應追尋的目標,因為它是人性的真理。質言之,蘇格拉底認為智慧是必須從知識中直接獲取,因為知識是人類在生活中所集結而成的精華,這是源自蘇氏的「概念論」。哲學就是將生活中表面事務的一切,找出它原始的概念,再加以抽象化的思考而得。因此,蘇格拉底認為智慧可從知識深化中獲得,也可以當作知識傳授。但是德性是個人修持的學問與實踐力行的行為,是否可被當作知識傳授,卻被蘇格拉底的弟子柏拉圖(*Plato*,427~347年B.C.)所質疑,值得吾人深思。

註解

❶ 馬拉松（*Marathon*）係位於希臘東岸的平原，西曆紀元前490年，在米爾泰底（*Miltiades, ? ～488年B.C.雅典的政治家、大將*）將軍指揮下的雅典軍，與布拉底（*Plataea*）將軍的希臘軍，在此共同擊敗波斯軍。據《希臘史》記載，雅典軍的傳令兵菲底波的斯（*Pheidippides*）於490年B.C.波斯軍登陸馬拉松（*Marathon*）時，為了請求支援而奔走二天的時間，約跑了240公里，才將消息傳到斯巴達（*Sparta*）的雅典使者。換言之，從此之後，舉凡長距離賽跑（*long-distance road race*），亦稱作馬拉松賽跑（*Marathon- race*）；近代奧運競賽的主要項目之一，全部路程約為42.195公里，成為各國選手爭取榮耀之運動要項。

貳、亞里斯多德的哲學史觀及貢獻

（一）. 亞里斯多德以前的希臘哲學與科學：

法國的古典學者、哲學家、歷史學家洛讓（*Ernest Renan，1823~1892年*）著有《基督教化的起源》（*Histoire des Origines du Christianisme*），將歷史的方法運用到聖經的故事。他說：「蘇格拉底給予人類的是哲學，亞里斯多德給予人類的是科學；蘇格拉底以前也有哲學，亞里斯多德以前也有科學。不過從此之後，哲學與科學才大大地進步了，後世的哲學與科學都建立在他們的學說基礎上。」早期希臘的文化，從模糊的楔形文字（*cuneiform*）與象形文字（*hieroglyph*）所寫的文獻看來，他們的科學和神學並沒有什麼差別，凡是遇到自然界奇怪的現象，就用超自然（*Supernatural, Superclass*）的說法來闡釋，所有的自然現象都由神（*造物主，supreme being, creator and ruler of the universe*）在指使、操縱。直到西曆紀元前6世紀愛奧尼學派（*Ionic school，希臘哲學家之一*），如泰勒士（*Thales*）、安奈克西曼德（*Anaximander*）、安奈克塞蒙尼斯（*Anaximenes*）、海洛克來特斯（*Heraclitus*）等出現以後，才敢用自然的作用去解釋宇宙的複雜性，並且用於解釋一切大自然的神祕事情。換言之，在物理學上，他們希望能尋求各個特殊事物的自然原因，如閃電、雷雨、地震、日月循環等現象。在哲學上，他們希望探求整個宇宙的自然闡釋，其領袖就

是被稱為「哲學之父」的泰勒士（*Thales*）。茲謹就希臘早期哲學家之研究情形及其成就，摘述如次：

（1）.泰勒士（*Thales*，*640~550年B.C.*）係西曆紀元前7世紀的希臘哲學家，出生於米勒特斯（*Miletus*），為古代希臘的都市國家。他是希臘七賢人（*seven sages of Greece*）的領導者，奠定幾何學的基礎，且致力於天文學的研究，認為水是萬物的根源。他原本相信太陽和星球，只是大小不同的火質球體，此種見解，令同時代的米爾撒人覺得非常訝異，顯然有違他們崇拜日月星辰為自然之神的理念。

（2）.泰勒士的弟子安奈克西曼德（*Anaximander*，*610~540年B.C.*），是第一個繪製天文圖和地圖的學者，他相信整個宇宙，最早只是一整塊的物質混雜在一處，後來漸漸地向兩極端分離，於是生出萬物，不斷地分離，方產生了複雜的世界。質言之，所謂天文學的歷史，只是一套定期分離過程，分離到一個時期，地球便應運而生了，而地球內部產生衝擊的力量，使得地球質體保持平衡，停留在宇宙。其餘的星球，初時都是流質，後經太陽照射而蒸發，才凝結成固體。最初的生物生存於海水之中，海水退去後，生物留在岸上與空氣相接觸，久而久之，就能呼吸空氣，成為陸居生物的老祖宗。

（3）.安奈克塞蒙尼斯（*Anaximenes*，*450年B.C.左右的人*）係米爾撒人，認為萬物最初是非常稀薄的物質，隨後

漸漸凝結成為風、雲、水、土、石等氣體、液體、固體三態，它是凝結作用的三種過程。認為熱的物質較為稀薄，冷的物質較為凝聚；原本為流質的地球，漸漸凝聚成為固體，因流質的本性尚未喪失，所以會有地震現象發生。因此，他認為生命和靈魂最後都歸於一，一就是萬物所共同具有的生機之力，或稱擴張之力，無物不具備，無處不存在。

（4）.安納薩哥拉（*Anaxagoras*，*500~428年B.C.*）係西曆紀元前5世紀左右的希臘哲學家、科學家。主張構成宇宙無數的元素（*種子*），是由最高獨立的力量（*種性*）來支配，而旋轉運動所產生的結果，以各式各樣的比例結合於物體之中。他的門徒培里克里斯（*Periclees*，*495~429年B.C.*）是雅典政治家、將軍，於450~429年B.C.時執政，使雅典盛極一時。安納薩哥拉曾對於日蝕、月蝕作過正確的解釋；他發現了植物和魚類的呼吸作用。又用人類脫離爬行，雙手可以自由活動，自由製造的功能，來解釋人類的智慧，之所以超出其他動物的原因在於此。

（5）.海洛克來特斯（*Heraclitus*）係西曆紀元前6~5世紀的希臘哲學家，初生於小亞細亞的以弗所（*Ephesus*，*愛奧尼亞的古代都市*），於513年B.C.著《自然論》（*Concerning Nature*），主張萬物輪迴，火是不斷變化的典型，是萬物的根源，倡言生命短暫的悲觀論，而被稱為「悲觀的哲學家」（*the weeping philosopher*）。質言之，當海洛克氏拋棄家產，來到伊費賽神殿專

心研究地球時，他說萬物永遠在流動與變化的過程中，認為：「*宇宙的歷史，只是萬物反覆無常的流變史，這個世界是一個永劫的輪火，一切均來之於火，也歸之於火。*」這就是後世斯多噶學派（*stoic，315年B.C.左右，季諾Zeno所創的希臘哲學派，最重視倫理學*）和基督教會所主張的末日審判與地獄說的來源。

（6）.恩培多克利斯（*Empedocles，493~433年B.C.*）係義大利西西里島亞格里琴教（*Agrigentum*）的哲學家、科學家。傳說她跳入埃特納山（*Mt. Etna，西西里島的活火山*）的噴火口而自殺。他對進化論的見解有深入的探討，認為有機體的產生，乃是由淘汰而來，令有機體能適應環境，更能因應外界的惡劣環境。

（7）.雷卡巴斯（*Leucippus，445年B.C.左右*）係西曆紀元前5世紀希臘的哲學家，和他的弟子德謨克利斯（*Democritus，460~350年B.C.*），同為原子論（*Atomism*）的創始者。雷卡巴斯說：「萬物均為必然所驅使。」德謨克利斯則說：「本質上，只有原子和空間二種東西。」當原子從實物中觸擊人的感官時，人才能感覺到那個實物；世界的數目永遠不定，每一剎那都有許多星球互相衝擊，而新的星球同樣在混沌中形成，互相遞補。

綜觀上述，早期的希臘哲學和科學，開啟了學術研究之風潮，成為樹立希臘文化好的開始，但是由於希臘盛行奴隸制度（*existence of slaves as an institution*），造成手工藝不能發展，所以

雖然有良好的開始，卻不能繼承先業，發揚光大。隨後雅典的政治生態複雜化，導致混雜無章法的政治活動，使得哲人學派，如蘇格拉底、柏拉圖等名師，擺脫物理學與生物學的蒐集工作，而偏向於理則學和政治學的學說研究，於是希臘的思想在不知不覺中分成兩個系統。所幸經過亞里斯多德的大膽歸納為一，無論是道德的學說，或是物理的學說，都能具備且融會貫通。易言之，亞氏承襲了蘇格拉底前期的思想系統，細心觀察和實驗，使得整個希臘文明的系統，最後形成了輝煌而完整的科學理論系統，這便是亞氏對後世人類文明的最傑出貢獻。

（二）. 亞里斯多德對自然科學的史觀：

亞里斯多德的早期研究是形而上學（*Metaphysics*），係純正哲學的一派，旨在探討存在、實體、宇宙、時間、同一性等事物之基本原理的學問。亞氏於其哲學系統中，只論究一切實在之原理者，曰第一哲學，又名神學；而專論物裡，包括天文、氣象、動物、植物、心理等，則稱為物理學。其施教之次第，先物理學，後第一哲學，并然有序可循。

亞氏的天文學，他反對畢達哥拉斯（*Pythagoras*，生於紀元前6世紀，希臘哲學家）以太陽為太陽系中心的學說，他認為位居行星中間地位的並非太陽，而是地球，因此他的見解並不比前輩優越。然而，他的氣象學，其議論雖然都是幻想，並沒有具體的事實做證明，他認為：「*這是一個循環的世界，陽光永遠照射海洋，水汽蒸發，河海乾涸，滄海變桑田；而被蒸發的水氣，漂浮在空中，聚集成雲，再化為雨，重新潤澤河流海洋，到處都是同一個變化，其變化速度雖緩慢，但效果頗為可觀。*」因此，他認

為埃及文明之誕生，是「尼羅河的傑作」，經過長期的沉積後，海洋轉變為陸地，在此種大改變中，有的生長，有的消失，有的擴大，有的縮小。諸如地層變動，常使物質文明毀滅，這種大災難，每隔一定時期，就會發生一次摧毀生命、破壞人類文明的災變，此種重複又重複，當文明發展到極點，正是返回野蠻，重新向文明之路掙扎的時刻。這種周而復始白費心力的工作，猶如希臘神話中的哥林司王（*King of Collins*），因暴虐無道，死後被打入地獄，受命將巨石從山腳下推上山頂，但當巨石快要推到山頂時，必定再度滾落山腳下，他務必一年到頭，永無間歇地做這種白費氣力的工作，吾人可將亞里斯多德的地球史觀，比照此種無謂的搬運巨石工作，便會對此種論述有自知之明。質言之，人類歷史的故事，永遠是一件恐怖的轉盤，其所以如此，乃是因為人類尚未能成為地球的主宰者使然。

（三）. 亞里斯多德對生物學基礎的創見：

亞里斯多德雖具有生物進化的知識，但卻未能發明「生物進化的學說」，他排斥西西里島的哲學家恩培多克利（*Empedocles*，493~433年B.C.）的學說，不相信所有生物都是自然淘汰，適者生存的結果。亞氏亦反對安納薩哥拉（*Anaxagoras*，500~428年B.C.）的理念，不承認人所以具有智慧，是因為能用雙手自由操作的緣故。相反地，亞氏卻認為，因為人有智慧所以會用手製造一切；用手操作，並非智慧的原因，而是智慧的結果。註❶。亞氏在生物學上所犯的錯誤相當多，諸如把精蟲（*Spermatozoon*，精子）視為是刺激性的滋補品，對肌肉的組織一無所知。換言之，亞氏對生物學的錯誤認知雖然多，但仍

有其獨到的見解：

> （1）.他能看出鳥類和爬蟲類的身體構造，甚為類似。
>
> （2）.他發現猴子介於四足動物和人類之間。
>
> （3）.人和胎生動物屬於同一門類（哺乳類）。
>
> （4）.嬰兒和動物的靈魂沒有差別。
>
> （5）.食物是決定動物生活方式的因素—動物群居或獨自謀
>   生，都是為了便利獲得食物。

　　亞里斯多德在2000年前，便對馮‧貝利（*Karl Ernst von Boer，1792~1876年，愛沙尼亞的生物學家，發現人類的卵子，奠定了近代胚胎學的基礎。*）著名的定律，已有先見之明，所以亞氏說：「在動物發生的過程中，應屬「類」的共同特徵（*如耳、目、口、鼻*）最先發生；其次是「種」所共有的特徵（*如牙齒的排列方式*）；再來才是「個體」所獨具的特性」（*如眼睛的顏色*）。在2000年前，亞氏就預見史賓沙（*Herbert Spencer，1820~1903年，英國的哲學家、社會學家，首倡進化論哲學，並將此哲學原理記載於《綜合哲學提要》Programmer of a System of Synthetic Philosophy，1850年，一書中。*）所謂「高貴的個性和他的生殖力成反比例」的定律，指出凡是愈高等或愈專門的種族或個體，其生殖力就愈低，子孫也愈少。亞氏解釋了「返於原型」的原則，認為年代愈久，顯著的突變性（*如天才*）將逐漸減少。

　　希臘的醫學家希波克拉提斯（*Hippocrates，469~399年B.C.*），被西方醫學界尊為「醫學之祖」、他曾以母雞孵雞蛋，每隔一段時間，就剝開一個觀察雞蛋孵化過程的變化，把此項觀

察結果，應用到人類身上，而成為《嬰兒源始》的小冊，相當傳神的實驗方法。亞里斯多德也沿用希波氏的實驗，其所得結果，使得近代的胚胎學（*embryology, science of the embryo*）獲得發展的基礎。在遺傳學上，亞氏也做了許多新奇的觀察和試驗，有一位愛麗絲（*Alice*）地方的女子，嫁給一個黑人，所生的子女，都是白種，到了第三代方出現了黑種。亞氏便懷疑第二代時，為何未出現黑種，其黑色的質素（*基因*），究竟隱藏在那裡？這便是奧地利的植物學家孟德爾（*Mendel，1822~1884年*），以豌豆的雜種受精實驗，而發表遺傳學上的「〈孟德爾定律〉（*Mendel's Laws*）」，它是遺傳的基本原理，由分離、優劣、獨立等三個法則組成，而身高或顏色等特徵，則由基因（*genes*）來決定。因此，我們當知在亞氏以前，希臘並無生物科學，由此得知亞氏的觀察和試驗，其成就的聲名，足以流芳百世矣！

（四）. 亞里斯多德對形而上學與神的史觀：

亞里斯多德的形而上學（*Metaphysics*）係由生物學脫胎而來，認為世上的一切事物，都由內在的衝動激發事物本身，使它變為更傑出、更高貴使然。物有法相（*指萬法性相，一切世諦有為無為，通名法相*）與造成法相之物質；物質充滿宇宙，法相建設宇宙。因此，亞氏認為法相是物質潛能的實現，是各種能力的總和，依此種能力，事物才能存在、行為、轉變。自然就是法相對於物質的征服，使得人類不斷地進步與榮耀。法相根據一定的目的改變物質，而物質拒絕法相之力的慣性，於是在人類有流產，在動物界有畸形。易言之，發展絕不是偶然，都有內在的能力指示一切，所謂內在的能力，不外乎是物的本質與物的構造等。故

決定事物命運的神（god，*支配自然與人類命運*），有如希臘諸神（the gods of the Greeks）、火神伏爾康（the god of fire, Vulcan）、愛神邱比特（the gods of love, Cupid）、戰神馬斯（the god of war, Mars），酒神巴克斯（the god of wine, Bacchus）等，就是事物的內部，亦就是造物所屬的種類及種性。因此，就亞氏的觀點而言，至高無上的神，完全和造成自然原因的主力相互符合。

亞氏懷疑：「宇宙間為何有這麼大的運動能量，繼續向前，沒有停止，天地六合無微不至（六合，*指事和與理和而言*），此種運動如何開端？」他把「不動之物」視為一切運動的最終原因，它就是一個「神」，一個沒有體質、不能分析、不佔空間、不動感情、不生變化、永遠完整的神。又認為神不創造世界、只是鼓動世界，它是世界一切果業的總動機，是一切事物的原動力，是整個世界的法相，是生命的大原則，也是生物遺傳的目標，又是一切權能、一切作用的總源頭。質言之，神是全宇宙的「圓滿實觀」（entelechy，*圓極*），使潛在的可能性實現，成為現實性的狀態。這也是9~14世紀研究邏輯學、形而上學、神學的教授（schoolman，*又稱煩瑣哲學家。*）所說的純粹活動，也是現代物理學和哲學中所稱的神祕的力量，具有磁石般的吸力。因此，亞氏所認知的「神」，其唯一職責，在於靜觀萬物的真諦（*佛家語、最真實之道理*），這種觀念引發「只佔有王位、不治理國政」的皇帝思想，難怪不列顛人喜歡亞里斯多德，其神和英國王室的皇帝極為相近。

（五）. 亞里斯多德對心理學與藝術的史觀：

亞里斯多德對於哲學、心理學上，所涉及「自由意志」與

27

「靈魂不朽」的重要課題，並未曾作出具體的答覆。他說：「我們無法使所希望的生活與現實的生活有所差別」，這顯然是「定命論」（determinism）的見解，認為人類的行動，莫不受到內外情勢的限定，個人對自身行為無法負完全責任。換言之，人的一切皆被命運註定，無法自己做主。可是後來他卻駁斥定命論，改為「宿命論」（fatalism），他認為如果我們能選擇具有陶冶品格的良好環境，則我們的生活就可以獲得改善。所以他認為從選擇朋友、職業、書籍、娛樂等方面而言，人類的意志，是相當自由的；但事實不然，宿命論認為所有事物，均遵循必然的超自然法則，無論人的意志或智力都無法加以改變，故又稱命運觀、命運論；一切順從命運，聽天由命（Submission to all that happens an inevitable）。筆者以個人一生的生活體驗，認為「宿命論」與「定命論」各對一半，因為環境、教育、遺傳三者所構成的人格三角形，顯然告訴我們，環境會影響一個人的成就，教育則能變化氣質，惟有遺傳因子無法改變您的形質。只有努力向上力爭上游，則所獲成就並非天生註定，故命運是掌控在自己的手中，不是佛陀、耶穌上帝、阿拉或任何天神所能左右，應是較具理性的人生觀。

　　亞里斯多德認為靈魂（soul）是有機體的生命原則，也就是有機體的能力和生活過程的總和。人類的靈魂，除具備植物界的滋養和繁衍的能力，加上動物界的感覺和運動能力之外，尚具有理智與思考的能力。因此，靈魂為人類身體施行各種功能的總和，但不能離開身體而獨立存在。質言之，靈魂存在於人的身體，不能像希臘神話中的迭達路斯（Daedalus），受邁諾斯（Minos）國王的命令，用水銀灌入維納斯（Venus，羅馬神話中的

愛與美的女神）的雕像，填塞空處使她成為人形一般，而是各有其獨特性，特殊的身體都有一個特殊的靈魂，只能生活於自己的身體內。因此，靈魂分為「被動的理智」和「自動的理智」兩部份。前者隨著人的死亡而消失；後者是純粹不朽的理智，具有普遍的性質，它可超脫人的肉體而不朽。至於人類個體所表現的慾望、人格，則隨著生命的消失，也跟著腐朽了。

亞里斯多德曾指出：「*藝術的創作，源於創造的衝動和發洩情感的願望，而藝術的法相在本質是事實的模仿；藝術就像一面鏡子所映照的自然，在鏡子中所反射的影子和自然一樣的真、一樣的美；作品的表現，必須達到此種境界，方能稱得上是藝術，這是模仿的能力。*」質言之，藝術的最高境界，並非以抒情為滿足，還需能實現理智或理性的條件，才能達到令人快樂的效果，達到最高境界。因此，藝術不能忘掉法相的目的，並獲得統一性；所謂藝術的統一性，就戲劇而言，便是全劇必須使情節和氣氛統一，不能使副劇情或與情節無關的插話混亂了內容。蓋藝術之功能，旨在藉由戲曲、歌劇、布袋戲及其音響設備，將個人抑壓的心情予以發洩。亞氏在2000多年前，就能將「洩情的臆說」（*指隨個人的臆度而說，並無根據*），發揮得如此淋漓盡致，使後人得能體會藝術的奧秘，啟導後世之功，堪稱無以倫比。其所主張之理念，猶如一匹駿馬，永遠漂浮在後代人的心靈上。

（六）. 亞里斯多德對倫理學與幸福本質的史觀：

亞里斯多德的聲望與日俱增，其研究漸離科學上的瑣碎事項，而逐步致力於較廣泛的「行為與人格」問題，他內心裡隱藏著：「究竟什麼是最圓滿的人生？人生的至善何在？什麼是道

德？人應如何去追求快樂？如何去尋著幸福與圓滿的人生？」因此，亞氏的理則學（*logic*，*邏輯學、倫理學*，*science of reasoning*）注重實際，力求簡單扼要；科學的素養，使他不熱中於追求超世的理想和空談玄妙的至善境界。有一位出生於西班牙的美國哲學家及詩人桑塔耶那（*George Santayana*，*1863~1952年*），主張惟心主義，為批評實在論（*realism*，*與觀念論相對*）代表之一，他對亞氏之評價說：「亞里斯多德對人性的看法，十分正確，他的每個理想，都具有自然的基礎；而他的每個事實，又都有一個以資前進的理想目標。」

亞氏坦白地承認：「*人生不是為善良而善良，生活的目的乃在於追求快樂。我們選擇了榮譽、愉快、理智，並不為了什麼，只是相信如果這樣去做，一定可以獲得最大的快樂。*」質言之，在亞氏的心目中，快樂就是至善，以快樂為至善，實為最明顯的哲理，沒有可懷疑之處。然而，如何尋覓快樂的本質和快樂的方法，才是吾人追求的目的所在。亞氏承認人之所以為人，是因為人有其特殊的氣質，應實質地掌握此項特殊的氣質，並盡量發揮擴張，人生的快樂便存在其中了。換言之，思想能力既然能提昇人的社會、政治、經濟地位，生活自然會步上快樂的境界，因而獲得「幸福和美滿」。這是亞氏的盼望和理念。

快樂的要件，首在有健康的身體作為基礎，應是追求理智的生活，而人類獨具的榮耀心和權力慾，亦是部份追求虛榮者的快樂來源之一。道德（*Virtue*，*又稱美德*）原本係指高潔的人（*a man of virtue*）、有男子氣概、有才能、有德行、有勇氣之意。今通稱眾人所應遵循之理法，而行為合於理法者為道德；故古德云：「道者，物之所由；德者，物之所得。」簡言之，人必須有清晰

的判斷、自制的能力、適當的慾望分配、工作藝術化等作為生活的基礎，才能根深柢固，立於不敗之地、不易受到挫折。尤其慾望常成為一位自命不凡、高高在上位者，一夕之間墮落於牢獄深淵，戒之！

美德並非天生，務必從生活中去體驗才能知曉，而「中庸之道」乃不失為一條捷徑可取之方法。凡事折衷而行，堪稱恰到好處，「中者天下之正道，庸者天下之定理」，所謂美德便在其中矣。舉凡懦弱和魯莽、吝嗇和奢侈、懶惰和貪心，自卑和驕傲，仇恨和阿諛之間，必可以勇敢、慷慨、進取、友誼等美德來化解。換言之，舉凡是正確而能適合社會規範之行為，方能稱為最有價值的美德行為；只有成熟老練的智者，才能妥當拿捏，因為美德是一種技能，惟有處世有方者，才能作到允執厥中，自無過不及之差謬。亞里斯多德進一步引申，他說：「美德不是遺傳，也不是先天，而是習慣。只有訴之行為，人類的美德始能形成。……人之善良，乃靈性終生所行之美德，故人的幸福與快樂，也非一朝一夕之間可以造成。」

蘇格拉底的弟子安蒂斯茲尼斯（*Antisthenes*，西曆紀元前5世紀左右，雅典的哲學家），係犬儒學派（*Cynic School*）的創始人，其主張捨棄人生的安逸、富裕與快樂，而實踐禁慾的生活。柏拉圖也是蘇格拉底的得意門徒，則批判：「安氏的虛榮心（*hypocrisy*，偽善、矯飾*simulation of virtue or goodness*，虛偽*dissimulation, pretence*），可從其外套的破洞中窺視出來。」顯然這是美德的極端表現，矯枉過正，忽視人性的本質，其結果猶如強求「曲木變直」，毫無意義可言。簡言之，懦弱者常指責合乎中庸之道的勇敢者為暴躁無道；而原本暴躁者又常指責真正

勇敢者為懦弱。現實的政治生態，何嘗不是如此，英國的「自由黨」（the Liberal Party，*創於1832年*）人，在「保守黨」（the Consenative Party，*創於1830年左右，由保皇黨改名而來*）眼光中，是激進分子；對左派分子（較激進之社會主義者）而言，卻又是「保守」的老頑固了，如何判斷，是非曲直，值得智者深思。

希臘七賢人（seven sages of Greece，*以米利都的泰勒士Thales為首*）在希臘帕尼薩斯山（Pasonassus Mountains）南麓的特耳非（Delphi）阿波羅（Apollo）聖地所建的阿波羅神殿中，雕刻了「切勿過甚」的成語。尼采（Nietzsche，*1844~1900年，德國的哲學家*）則認為，這是希臘人克服激烈衝動的必然趨勢；也正是希臘人對於「美德」二字的見解與省思。希臘人承認熱情本身並不是罪惡，它是美德的自然要素，因為一切美德都需要在熱情的要素中建立基礎，但勿過渡操作，而失去適度與和諧的準則，演變成罪惡，故謹守「中庸之道」，有其必要。

有一位美國普利茅斯（Plymouth，*麻薩諸塞州的都市，清教徒由此登陸美國*）殖民地的首任總督喀威爾（John Carver，*1576~1621年*），所撰《社會價值的評論》（Essays in Social Justice），這樣寫道：「*價值不是絕對的，而是相對的。……人的本性中，其某項特質，並非吾人所認知的豐富，因而，這種價值仍須再加以培養、涵養，始能脫胎換骨。*」堪稱有其獨到的見解。換言之，亞里斯多德仍然認為「中庸之道」，並非人類快樂的泉源，吾人仍須注重到世界財貨的分配，貧窮使人變得吝嗇，三餐不繼，何來美德。因此，亞氏認為資助窮人，須要幫忙的弱勢團體，是建立友誼的基本要求。友誼就像隱藏在兩個身體之內的靈魂，而真正的友誼，在於時間的綿延性，求其細水長流，不在於短時間之內

的強度，只有在時間綿延中，彼此的品格、美德才能流露出來，並非施捨者是債主，而受惠者是債務人的關係。亞氏強調：「施捨者對於受恩者的愛，就像藝術家喜愛自己的作品，母親愛自己的兒女。凡是我們所製造（即建立關係）的，總得持續愛護。」此項關係使美德持久，並發揮人性的光芒。

財富和友誼雖然可以增進快樂，但並非快樂的真諦，而快樂的真諦存之於內心，在圓滿的智慧和有理性的靈魂中。希臘哲學家伊比鳩魯（*Epicurus*，341~270年B.C.），主張由個人主義的倫理出發，藉自由闊達的議論，從混亂、痛苦、死亡的恐怖中解脫出來。然而蘇格拉底則認為伊比鳩魯式，從痛苦中解脫出來的快樂，如同搔癢，愈搔愈癢，易於產生惡性循環。亞氏亦認為政治事業，亦無法使人獲得真正的快樂，當然處理政治事宜，應以民利為依歸，但群眾的心裡好惡亦經常處於變動中，很難掌控其需求之目的，或快樂之要因，只有心靈上的快樂才是真正的快樂。質言之，亞氏指出：「*追求理智，可以得到快樂，此種快樂可以刺激心靈，可進一步追求更高尚的快樂：舉凡知足、有恆、閒適等，皆在此種追尋的範圍內。只有在此種追尋的過程中，方能得到真正而完美的快樂。*」簡言之，亞里斯多德採取莊重嚴肅的態度觀察一切，他要在有限的環境中，造就最理想的愉快生活，他像一位精明的將軍，部下雖少，卻要運籌帷幄，如指揮大軍，因應大敵，……他是自己最好的朋友，因為他喜歡獨居，且耐於孤寂（*living alone, without companions, lead a solitary*）。

（七）. 亞里斯多德眼光中的政治史觀：

亞里斯多德的理則學（*logic*，邏輯學），頗富於貴族色

彩，在雅典師事柏拉圖，為年輕的馬其頓王亞歷山大大帝（Alexander，356~323年B.C.）的老師，又是公主的丈夫，其所接觸的都是朝廷內的人物，其眼光與平民之間相差太遠。但他是個誠實的保守主義者（conservatism），主張維持現狀而反對政治、經濟、社會等方面之改革，不信任政治上任何之抽象原則或理想，彼等所唯一重視者厥為現實而已。因此，他一生渴望秩序、安穩與和平，他說：「輕易地改變法律，是一種罪惡，每當遇到變革的益處不大，君主不甚理想，法律有欠妥當時，還是暫時用哲學的態度，容忍下去為妙。改變舊有的法律，變動雖然微細，但因為牽動法律之真諦，其餘的法律都會受到影響。」易言之，我們千萬不可忽視前人的智慧、經驗，如果真的改變會產生那麼好的效益，則前人早已實行了。

亞里斯多德反對柏拉圖的唯心論（Idealism），因為柏拉圖的理想國，和現實相差太遠。他不贊成哲學家的統治者，像軍人一樣嚴苛地對待百姓；他雖然是一個保守主義者，但是對個人的價值卻非常重視，認為統治者，不應該以社會的功能和權力，來控制個人的自主權，應該以個人的權利去支配社會。尤其不贊同柏拉圖主張公妻制、又主張兒童公養，它必然會被破壞愛的真義；造成人類的自尊和愛心流失，亦成為紊亂社會秩序和倫常之根源。質言之，亞氏深深覺得：「*人世間的罪惡，並不起於私有財產制度，而是起因於人性本惡，一切罪惡都由本性而發，與財產多寡雖有關連，但關係不大。簡言之，人的本性，保守主義者持悲觀論，常懷救苦救難之心而觀察眾生，並觀世事幾無所樂而起悲感者；激進主義者持樂觀論，則觀世事一切無不快然自足者。故政治不在於改造個人，而是應依據人性去推動政治及社會*

改革，則社會平和始有指望。」

然而，亞里斯多德有一項錯誤的偏見，那就是極端輕視手工業的心理，他以哲學家居高臨下的傲慢態度，認為手工業專屬一群沒有心智的人，只配奴隸或雖然不是奴隸，但其心智已經喪失和奴隸相差不多的人去做。認為手工藝可以使心智遲鈍，工作一久，就沒有時間參與政治，縱然有時間也將失去政治的能力了。他更偏見地主張只有「悠閒階級」才可談論政治，工作的人，不配和政治發生關係，「最完美的政府，絕不允許工人作為公民。」這無異是哲學家的管見，不懂社會學、政治學、心理學真諦的唯我獨尊的士大夫觀念。所幸亞氏不是政治家，未握有政治實權，否則古希臘社會的悲劇，將不堪設想矣！

亞里斯多德雖有上項論述的偏失，但他研究金融界的問題，有其獨到之見解，他認為：「*從兌換錢幣中獲利，是商業中最不道德，最不可取之事，莫過於此。*」（*即套匯、非法匯兌，untruth exchange*），這一語道破人心叵測，更符合「人無橫財不富，馬無夜草不肥」的諺語。

（八）. 亞里斯多德對生育與教育的史觀：

英國的詩人梅勒狄士（*George Meredith，1828~1909年*）著有《利己主義》（*The Egoist，自我中心者*）及威寧格（*otto Weininger*）著有《性與性格》（*sex and character*），認為：「沉默是女子的光榮，因為文明化的巨大力量，是家庭與安定的經濟生活，這些都是婦女的創造物。」亞里斯多德認為太早結婚，品種就不強，試觀動物之中，幼年交合，則下一代多弱種。愛情固然重要，但健康更為重要，他進一步強調：「婚期的延長可收節

制之效，因為結婚過早的少女，其性行為常易流於放蕩，而男人正當發育之際，若太早結婚，則發育必受阻礙。」這便是亞氏的生育史觀。

亞里斯多德認為教育必須由公家來辦理，每個公民都應當接受政府所提設施，接受教育訓練，使國家的命運得以永續持久。他認為：「國家是多元性的組織，如果要使多元化的社會趨於單一，就非藉教育之功能不可；國家教育青年，使其能體認國家存在的意義及其重要，能遵守法律、恪守自由、民主、人權的觀念。」換言之，人的道德、倫理觀念，都從社會的制衡中泛生而來；因為有了文字語言，便產生社會組織；有了社會組織，便產生人類互動、互助的智慧；有了智慧便產生維護社會秩序的理念；有了秩序，則社會文明便應運產生。因此，在一個有文明和秩序的國家裡，個人才有發展的前途，社會繁榮進步方可期待。

亞里斯多德認為歷史悠久的舊社會，舊文化及其生活習慣，位居優勢的情境，不易於改變；而隨社會的演遞，政治的趨勢，務必作適度的調整或變革，但改變律法或社會規範，並非易事。尤其改變人心的思維，才是社會變革的最大困難，執政者務必有此種智慧，方能防止革命的爆發。貧富差距拉大，則救濟貧困或弱勢團體，成為掌權者維護政權的穩定，應列為最優先的施政目標，否則貧窮必然成為引爆區域戰爭，階級對立的重要原因。這些哲理看來淺顯易懂，但如何落實，雖事隔2000多年的現今，依然是世界紛爭，引發世界大規模作戰的要因。位居先進國家的英、美、法、德、蘇等富裕國家，仍應致力於平衡世界區域貧富失衡，僅知自身的利益，榨取亞、菲貧困國家的礦產，漠不關心饑餓的痛苦，則世界必然無安寧之日，世界平和必成為空中樓

閣、海市蜃樓！

（九）．亞里斯多德對政治哲學的史觀：

西曆紀元前8世紀的古希臘詩人荷馬（*Homer*），相傳為《伊里亞得》（*Iliad*）與《奧德賽》（*the Odyssey*，*長篇史詩，由24卷構成，描述奧德修斯的流浪與冒險。*）兩大史詩的作者。曾說過：「我們不應有多數的君王，我們只需要一個領袖。」這顯然告訴我們，對於這些君王而言，法律成為其施政的工具，無法限制他的行為。何況有才幹的人，自視非凡，無視於法律之存在，其本身就是法律，別人為其立法，亦無法用法律規範他。另有一位，西曆紀元前5世紀左右，雅典的哲學家，蘇格拉底的弟子安蒂斯茲尼斯（*Antisthenes*），曾說過一個寓言：「*有一天，群獸獻宴，兔子要求獸類應該平等相待，獅子反問牠說：『你的利爪在那裏？』想用法律來限制君王的人，那真是和兔子沒有兩樣了。*」

在古希臘時代，人總認為君主專制是最理想的統治方式，但難以實施，因為有才幹的人，未必就有道德，而有道德的人，又未必有才幹，二者缺一，政事必然失敗。今日馬朝益世犯科，便是血淋淋的教訓，「成德每在困窮、敗身多因得志」，而假借「為民服務」之口實，進行實質貪贓枉法之惡劣行為，堪稱厚顏無恥之流。無怪乎亞里斯多德指出：「*用金錢來收買政權，是一件多麼危險的事情；國家如果允許這種事情發生，那麼國家所重視的已不是人的才幹，而是人的財富，財富佔優勢，那麼上行下效，整個國家便要共同墮入貪財的惡習當中。*」質言之，民主政治，是為反對金錢政治之革命而興起的政治體制；統治者常因貪

愛錢財，被人民趕下臺而交出政權，由貧困出身的領導者執政，則貧弱團體必然受到關照，社會必然日趨平和。

因此，亞里斯多德探討這個互古恆存的政治問題，可得到次列三項結論：*（1）.社會群體應先決定政治的目標；（2）.必須限定知識道德兼備者才能出任公職；（3）.選舉權必須公平、公正，普遍民主化，嚴防行賄賂者當選出任官職。*因此，建立一套完整的文官培訓及升遷管道，是一件極其重要的必要措施。

（十）.亞里斯多德哲學的傳承與廣佈：

羅馬詩人霍里斯（*Quintus Horatius Flaccus*，*65~8年B.C.*），著有《諷刺詩集》（*Satires*）、《頌歌集》（*Odes*）、《抒情詩集》（*Epodes*）、《書簡詩集》（*Epistles*）、《詩論》（*Ars Poetica*）等名作。他在《詩論》中，提及演員與詩人時說：「如果你要我哭，就請你先哭吧！」他的格言是：「不要大驚小怪」，他沒有柏拉圖的熱心，更不像柏拉圖具有獨創、幻想以及神秘的特質；尤其不像柏拉圖的關切世事，希望世事都能理想化，只是個平靜又善疑的人。質言之，霍里斯太注重理則學，他的「三段論法」（*syllogism*），從大前提（*major premiss*）、小前提（*minor premiss*）而導出結論（*Conclusion*）的間接推理法。譬如大前提為「人必定會死亡」，小前提為「蘇格拉底是人」，而導出「蘇格拉底必定會死」的結論。他認為他的「三段論法」，是人類思維的唯一法門，他假定人類的思想淵源於前題，再從前提求得結論。事實不然，真正的思想方法，是有了結論，再求前提，正和他的假定相反。雖然如此，他的理則學在過去2000多年中，也歷經了奧坎瑪（*William of Occam*，*1300~1349年，英國的煩*

瑣哲學家，倡導唯名論，成為近代科學經驗思想的原動力）、羅吉．培根（*Roger Bacon，1214~1294年，英國哲學家，建立科學主義的傳統經院哲學*）、米爾（*John Stuart Mill，1806~1873年，英國政治經濟學者，著有《自由論》on Liberty．1859年，功利主義Utilitarianism．1861年*）等100多位學者的批評，仍然保留迄今，成為人類思想的嚮導。

亞里斯多德不做實驗，不立具體的學說，其對自然科學的觀察雖精密，但仍陷於籠統，未經融會貫通，無法擺脫形而上學的固有缺陷，太富幻想，這也是希臘思想家的共同缺失，常有黔驢技窮之歎。所以，希臘的哲學，光輝燦爛，為後世所不及，只是缺少綜合、歸納的哲學思維。美國詩人惠特曼（*Walt whitman，1819~1892年*），大膽率直地表達民眾的希望，並將民主主義、平等主義，愛國的情操發揮得淋漓盡致，創始不受傳統拘束的新詩型，代表詩集有《草葉集》（*Leaves of Grass*）及《鼓聲》（*Drum*）。

質言之，人生不要太看重感覺的快樂，如果能將惠特曼式的感覺快樂，加上亞里斯多德式的理智快樂，則可成為人生真正的快樂。英國人的品格鎮靜而冷淡，道德生硬而呆板，脾氣拘泥而守舊，之所以如此，顯然受到亞里斯多德的倫理學影響。英國詩人、批評家馬瑟．安諾德（*Matthew Arnold，1822~1888年*）說：「在他那個時代，所有的牛津大學教授，都認為亞里斯多德的《倫理學》是一本無可疵議的大著作；他的《政治學》，也在統治階級中佔據首要地位，該二書引領英國統治階級長達300年之久，其影響可能激發了許多偉大的成就，但也助長了苛酷冷靜的功利主義（*Utilitarianism，實科主義，以最大多數的最大幸福，為主*

要的倫理規範),導致英國走上殖民主義途徑。」

亞里斯多德的著作,從西曆紀元第五世紀,被聶斯托留(*Nestorius,西西里人,敘利亞神職人員,君士坦丁堡Constantinople總主教,在位期間428~431年。*)譯成敘利亞文。到了第十世紀時,又從敘利亞文譯成阿拉伯文和希伯萊文;第十三世紀時,又轉譯成拉丁文之後,原本淺陋的經院哲學派(*Scholasticism,歐洲中世紀的哲學主潮*)才改頭換面,成為篤定淵博的學問。著名的義大利哲學家、神學家、阿奎那・多瑪斯(*St. Thomas Aquinas,1225~1274年*)就是一位篤學之士,為道明會修士時,完成了《神學大全》(*Summa Totius Theologiae*),將經院哲學的思想表現到極致。此外,十字軍東征(*Crusades,11至13世紀,基督教與回教之戰爭*)又搜集了大批亞里斯多德的著作;1453年,土耳其人入侵東羅馬帝國,希臘學者攜帶亞氏著作,避難君士坦丁堡(*Constantinople*),使得亞氏的著作搜集得更完備。其對歐洲哲學界之影響,猶如《聖經》之對歐洲神學。因此,亞里斯多德的名聲達到了極點;惟到了1215年,羅馬教皇英諾森三世(*Innocent III,在位期間1198~1216年*),時駐巴黎的教皇使節,竟然禁絕亞氏著作問世流通。到了1231年,格列高里九世(*Gregory IX,在位期間1227~1241年*),又刪除亞氏被認為不穩妥的部分內容,形同白色恐怖,壓制亞氏撰述文稿的自由著作權利。此事件之後,直到1260年,羅馬教皇亞歷山大四世(*Alexander IV,在位期間1254~1261年*),始准許亞氏著作到處流行。

英國詩人喬塞(*Geoffrey Chaucer,1340~1400年*),著有《坎特布里故事集》(*The Canterbury Tales*)為中世紀英文文學作品中劃時代的傑作,係由31位坎特布里寺院的朝聖者,敘述的23篇故

事所組成,其生動活潑的描寫,成為英國文學史上的經典。喬塞曾撰述,他研究亞里斯多德時快樂說:

「*在他的枕頭旁邊,堆著二十本書籍,封面或紅或黑,內容盡為亞氏與他的哲學。*」

但丁(*Dante Alighieri*,*1265~1321年*)係出生於佛羅倫斯的義大利詩人,著有《新生》(*Vita Nuova*)及由〈地獄篇〉、〈煉獄篇〉、〈天國篇〉等三篇組成《神曲》(*La Divina Commedia*)。在《神曲》〈地獄篇〉中,也說:

「*我看到智者之師,立在一群哲人當中,受著眾人的讚揚與尊崇。我也看到柏拉圖與蘇格拉底,比別人更緊靠著立在他兩旁。*」

上述詩句告訴我們,亞里斯多德之所以能在1000年之間,始終保有不變的榮耀,世上沒有第二位人物,能如此長期控制了人類的心靈,可與他共久遠!

(十一).亞里斯多德的晚年與終結:

亞里斯多德的晚年,不如意的事接二連三而來,使其生活與思維產生變化。首先是為了挽救其姪兒克利斯特克斯(*Calisthenes*),因為不肯崇拜亞歷山大大帝(*Alexander*,*356~323年B.C.*)為大神(*被神格化的人adored or admired person*),而被逮捕;所以多方為難亞歷山大,而亞歷山大因與亞里斯多德

有師生關係，亦曾經很鄭重的暗示，皇帝是有權力將哲學家處死的。其次，在此同一時間，亞里斯多德又盡力為亞歷山大辯護，用以壓服雅典人的非難。亞氏反對希臘人狹隘的愛國主義；亞氏看待亞歷山大，就像後世的歌德（*Goethe，1749~1822年，德國詩人，作品有《浮士德》Faust，《少年維特的煩惱》The Sorrows of Young Werther*）看待拿破崙一般，只有倚賴他，才可在擾亂和混雜的世界中，求出哲學的統一。

然而，雅典是希臘首都，是古代希臘文明的中心地，人民是愛好自由的民族，對於亞氏的論述，痛加駁斥，厭惡亞里斯多德的心理也與日俱增。當亞歷山大在在雅典城中為亞氏鑄造銅像時，雅典人的反對聲浪更為激烈，而亞氏亦不甘示弱，失去倫理學中的亞氏特質，顯現一位熱血的北方人勇敢善戰之猙獰面目，使其仇敵增多了。不論是柏拉圖學院派的繼承者，蘇格拉底的辯論學派，或德謨斯底尼斯（*Demosthenes，384~322年B.C.雅典的雄辯家，以演講攻擊侵略希臘的馬其頓王菲利蒲Philip，呼籲團結對抗。*）的同伙人，都異口同聲，要求判亞氏死刑，或驅逐出境。

西曆紀元前323年，亞歷山大於征戰途中駕崩，安提巴特（*Antipater，398~319年B.C.*），以羅馬將軍之身分，受亞歷山大大帝之託，接掌馬其頓政權，他也是亞氏的老友，聽到雅典人宣佈而叛變，馬其頓人逃走，只有亞氏大膽的留下來。那時雅典城的主教，以否定的祈禱和犧牲的價值之罪名，控訴亞里斯多德所犯罪刑，亞氏自知眾怒難犯，只得選擇自動離開雅典。據希臘禁欲主義派的哲學家戴奧真尼斯（*Diogenes，400~323年B.C.*）說，亞里斯多德到了卡爾琪斯後，因生活習慣無法適應，生活上缺乏人照顧，不久便生病，深覺世事無常，自認沒有活下去的必要，

旋即服藥自殺而亡，享年62歲。同年，322年B.C.亞歷山大的仇
人德謨斯底尼斯（*Demosthenes*，*384~322年B.C.*），亦服毒自盡。
在短短一年之內，希臘失去了一位大皇帝，一位大辯論家及一位
大哲學家，昔日希臘光芒四射的榮耀，逐漸消失在無端雲霧中。
這正是生命的寫照，誠如古德云：

　　「*朝看花開滿樹紅，暮觀花落樹已空；若將花比人間事，花
與人間事一同。*」

　　暨佛家語：「*菩提本非樹，明鏡亦非臺；本來無一物，何必
惹塵埃。*」

　　易言之，從此希臘的思想光芒，羅馬的雄厚聲勢，相繼消
沉，大約有1000年的光景，歐洲陷於黑暗中，人只好靜靜地等待
哲學的復活。

註解

❶ 安納薩哥拉（*Anaxagoras, 500~428年B.C.*）係西曆紀元前5世紀左右，古希
　臘的哲學家、科學家，主張構成宇宙無數的元素（*種子*），是由最高
　獨立力量（*理性*），來支配旋轉運動產生的結果，而以各式各樣的比
　例結合於物體之中。

參、佛蘭西斯・培根對哲學的成就

（一）. 文藝復興時期前的希臘文化：

西曆紀元前338年，馬其頓（*Macedonia，原為巴爾幹半島中央的主要王國*）王菲力浦二世（*Philip II，382~336年B.C.在位期間359~336年B.C.*），重建馬其頓軍，征服希臘，大敗雅典人於克羅尼（*Chaeronea*）。三年後其子亞歷山大（*Alexander，356~323年B.C.*）火燒底比斯城（*Thebes*），雅典的命運終告結束，政治與思想同歸於盡。此時，希臘的抒情詩人平德爾（*Pindar，518~438年B.C.*）所遺留的精神雖然存在，但早已無法挽回雅典人的亡國命運了。不久之後，馬其頓人的亞里斯多德，以其北方民族的哲學思想，降伏了整個希臘。亞歷山大雖屬於北方蠻族，但因受過亞里斯多德的教化，所以對希臘文明異常尊重，而且運用其軍事征服的機會，發揚希臘文明；同時，希臘的商業勢力擴張到小亞細亞（*Asia Minor，被黑海、愛琴海、地中海所包圍的亞洲最西端半島，含土耳其的大部分地區*），舉凡經濟勢力所及之處，均收納為殖民地，形成龐大的馬其頓王國。亞歷山大時正值年輕，稚氣未脫，娶了東方大流士（*Darius，古波斯王*）的女兒為妻室；又用波斯的皇冠戴在自己的頭上，接受了東方人君權神授（*Divine Right Theory of King*）的觀念，採用東方人的迷信，自尊為神，在希臘人譏誚聲中死去。

換言之，東方人的靈魂說（*soul, departed spirit*），帶給希臘人一種冷漠和服從的精神，約在西曆紀元前310年，腓尼基商人季諾（*Zeno*，*335~263年B.C.*）成為希臘哲學家，斯多噶學派（*Stoic school*）的創始者，倡導節制情慾（*person of great self-control or austerity*），不問世事，獨善其身的東方固有思想。還有希臘哲學家伊比鳩魯（*Epicurus*，*341~270年B.C.*），主張由個人主義的倫理出發，藉自由闊達的議論，從混亂、痛苦、死亡的恐怖中解脫出來；大力提倡快樂主義，要人在快樂的生活中，忘掉一切不如意的痛苦。然而，斯多噶學派最重視倫理學，認為如果將「遵從理性的生活」，當成是「遵從自然的生活」，賢者的生活就必須是，雖有情念，但心卻不為所動（*無情念*）。意即要人忘記生活上的痛苦，雖受人壓迫，被人奴役，亦要快樂如初。因此，不論斯多噶學派和伊比鳩魯學派的學說，其目的殊途同歸，正如同德國厭世主義的哲學家叔本華（*Schopenhauer*，*1788~1860年*），認為絕對的現實是一種盲目和無止境的慾望，人在世上根本就是痛苦，而超脫痛苦的最終途徑只有藉著生活意志來克服。又如同法國哲學家、古典學者、歷史家洛讓（*Ernest Renan*，*1823~1892年*）的快樂論，二人的意見雖相反，卻相輔相成，同為19世紀啟蒙運動的有力學者，亦為歐洲革命運動的主要原動力。

西曆紀元前5、6世紀的希臘悲觀哲學家（*the weeping philosopher*）海洛克來特斯（*Heraclitus*），與樂觀哲學家德謨克利斯（*Democritus*，*笑樂的哲人*）兩相對照，再加上蘇格拉底的徒弟安蒂斯茲尼斯（*Antisthenes*）犬儒學派（*Cynic School*）的創始人和阿里斯蒂伯斯（*Aristippus*，*435~355年B.C.*）是塞利尼學派（*the Cyrenaic School*）之祖，提倡快樂主義。這四個人或學派之

間，彼此對人生哲理的觀點有別，互相對峙批判，但未引起希臘人的注意，而驕慢的雅典人，卻把它視為異端邪說，未加理睬。隨後希臘人看到克羅尼（Chaeronea）戰爭血流成河的悲劇，底比斯城（Thebes）的灰燼，方才注意到戴奧真妮斯（Diogenes，400~323年B.C.）的學說，他是希臘禁慾主義派的哲學家，在雅典提倡極端的禁慾生活。歷經上述教訓之後，雅典人的銳氣和榮耀頓然之間消失於雲端，歷盡滄桑的雅典人民，也只好接受哲學家季諾（Zeno，335～263年B.C.）所倡導的節制情慾之理念，不問世事的消極處世態度，或是接受伊比鳩魯（Epicurus，341～270年B.C.）所稱忘掉一切不如意的痛苦，尋覓快樂的生活。季諾以定命論（determinism）作為基礎，認為人類的行為，莫不受內外情勢的限定，一切事件皆為先驅設定，被命運註定，無法自己做主，進而建立他的出世主義（apatheia，佛家語，出離世間，過著無煩惱、清淨的生活。）對於世事冷淡、漠不關心、感覺遲鈍或無感覺（indifference, Mental indolence, insensibility to suffering）。這和東方人宿命主義（fatalism）沒有什麼差別，甚至連斯多噶學派的克利西帕斯（Chrysippus），也認為定命論與宿命論難以區別。因此，希臘的斯多噶學派認為人類在生存競爭的戰場中，遭遇失敗，不足為奇，人世間的生活，不如採取冷淡處世，較為適合。我們不要好高騖遠，宜盡量減少慾望，使得生活上的實際面和慾望能相互調節。羅馬斯多噶學派的哲學家塞內加（Seneca, 4B.C.～65年A.D.是一位悲劇作家），雖是尼祿（Nero，37~68年，在位期間54~68年，以暴虐和殘酷聞名。）皇帝的老師兼顧問，卻因參與皮索（Piso）的陰謀之嫌疑而被迫自殺。他曾說：「如果你所擁有的一切，不能使你滿足，那麼，即使你獲得全世界，也不會得到

幸福。」

希臘哲學家伊比鳩魯（*Epicurus*，*341~270年B.C.*）主張由個人主義的倫理出發，藉自由闊達的議論，從混亂、痛苦、死亡的恐怖中解脫出來。他是一位快樂（享樂）主義，耽於享樂（*devoted to pleasure*）、美食者。然而，其快樂論，並非感官上的快樂，而是理智上的快樂，舉凡足以擾亂心智的事，他一律不取，而他注重能夠引起和諧、平靜生活的快樂。他不希望追求庸俗的快樂，而是希望人能追求恬靜、安謐、心如靜水般的安寧生活情境。羅馬詩人魯克里夏斯（*Lucretius*，*94~55年B.C.*），著有哲學詩集《關於事物的自然》（*De Rerum Naturu*，*物的本性*）共六卷，將宇宙的構造和現象，不以神的存在為前提，而歸於一切的原子運動，加以論證說明。他以輕描淡寫的筆調貶斥快樂論。他和凱撒（*Julius Caesar*，*101~44年B.C.*）、龐貝（*Pompeius Magnus*，*106~48年B.C.*）同一時代的人物，都生活在動盪的時代裡。而魯克里夏斯卻用那一支銳不可當的文筆，運用其敘述平和與安逸的措辭，說明地獄並不存在，上帝亦不足畏懼。上帝以斯文的聖者，高坐在雲端而逍遙自在，沒有閒暇處理人世間賞善罰惡的瑣碎小事。可知魯氏的志趣，旨在掩飾宗教上的迷信和恐懼，使它無法成為社會的亂源，而擾亂人心。由於他對當時羅馬人的迷信行為，深不以為然，故提倡唯物論（*Materialism*），認為宇宙萬有盡可由物質以說明之，不承認物質以外尚有其他東西存在；即使人有靈魂，也要以肉體為主，肉體生長，靈魂才能生長，倘如肉體滅亡，則靈魂亦一同滅亡。因此，他推斷天地之間，除了原子、空間及法則之外，其他一切都是虛幻不實，而在各種法則之中，當以演進和分化最為重要。他以演進和分化來解釋宇宙萬

物，同時把物種原始、物種淘汰的本質加進去，成為他的宇宙論（*Cosmology*）。原本的宇宙論，係形而上學之一部，以世界萬有為一有系統之整體，而探討其根本之原理者，可概分為原子論、汎神論、目的論及機械論等四個派別。他認為國家的命運和個人的命運類似，大國的疆域如羅馬帝國，由小擴張為大，隨後由於財政不足，管理不善，又逐漸消滅於無形。人類處在殘酷的生活環境中，生老病死為一不變的道理，唯一的智慧，就是從恬靜中求生活，「要用平和的心靈，去默觀萬事萬物」，才能求得生活的舒適和快樂，這正符合了佛陀所說：「觀身不淨、觀受是苦、觀心無常、觀法無我」的境界。

古希臘哲人愛比克特塔斯（*Epictetus*）所著《論文集》，指出：「你如果不求萬事如意，而能聽天由命，則你的生活就會更為幸福。」顯然是一種消極的處世理論。此種思維正如俄國小說家杜斯妥也夫斯基（*Dostoevsky，1821~1881年*），所著《罪與罰》（*Crime and Punishment*）、《白痴》（*The Idiot*）、《卡拉馬助夫兄弟們》（*The Brothers Karamazov*）及處女作《窮人》（*Poor Folk*）等書，其主張的平靜勇氣；「絕不要說你失去什麼，卻要說你已還給原主子。你的兒子死了嗎？不，他只是歸還原主而已；你的地位失去了嗎？不，這也是歸還原主。」易言之，基督教的殉道者，就是懷抱這種必死的決心，忘我的道德觀，使徒共產的政治理想，末日審判的宗教心理等，都含有斯多噶學派的片斷哲學思維。

羅馬詩人魯克里夏斯（*Lucretius, B.C.?～55年B.C.羅馬詩人*），根據其所著《關於事物的自然》（*De Rerum Naturu，物的本性*），描述羅馬衰亡的要因，可歸納如次：

（1）.土地荒廢，使農業的生產力衰落。

（2）.經濟一蹶不振，政治組織瓦解，強盛的國力每下愈況。

（3）.繁榮的城市變成荒蕪的村落。

（4）.交通要道失修，商業價值消退。

（5）.強悍的日耳曼民族逐漸向羅馬滲透，壓倒了為數不多的羅馬知識階級。

（6）.東方的基督教文化，也隨著十字軍東征的效應，征服了羅馬的宗教文化。

（7）.政教紛爭，導致羅馬帝國的掌控權落入教皇手中。

（8）.羅馬教會的權力逐漸擴大，教會的數目、財富亦逐漸增加，無論富人或窮人，都必須捐贈財物給教會。

（9）.到了13世紀，全歐洲土地的三分之一，屬於羅馬教會；教會運用教條的魔力，統治歐洲人民的思想長達1000年之久，教會領袖創立獨斷的教義，以利掌控教友，約束人心的自由思想。

（10）.經院學派（scholasticism）的哲學家，仍以神學為主軸，只能在理性和信仰之間反覆闡釋基督教義，無法產生傑出而有創見的哲學大師。

　　到了13世紀初，阿拉伯人和猶太人，翻譯亞里斯多德的哲學著作，影響所及，動搖了整個歐洲的基督教世界。然而，羅馬教會有義大利的哲學家、神學家湯瑪斯‧阿奎那（Aquinas，1225~1274年）之支持，把亞里斯多德的哲學體系，轉變為中世紀歐洲的基督教義，旨在巧妙地掩人耳目。佛蘭西斯‧培根

（*Francis Bacon*，*1561~1626年*）係英國的哲學家、政治家、大法官1618~1620年，第一位採用歸納法來說明科學論的哲人，著有《隨筆集》（*Essays*），曾說得好：「那時的人，如果想運用才智心靈來研究物質，常因受到教會的有限允許，無法自由發揮，以致只好侷限於研究心智或心靈的切身課題，因而造成內容空洞，不切實際，不免令人失望。」

　　所幸到了11~13世紀末，十字軍為了從回教徒手中奪回耶路撒冷，西歐基督教徒展開7~8次的遠征，最後無法收復聖地而告失敗，招致教皇權力的衰退和封建貴族的沒落，促使中世紀歐洲黑暗社會的結束。然而，由於十字軍的東征，打通了東西交通，東方的奢侈藝術品及各種異端邪說的宗教思想，逐漸流入歐洲社會，從此羅馬教會的獨斷獨行教義，產生了動搖。復於此時，造紙技術從埃及傳入歐洲，而印刷術又自東方的伊朗傳入歐洲。由於印刷業的發達，各種表達思想的文宣，既方便又迅速的傳播，影響了整個歐洲的教育、思想界。

　　十五世紀初，勇敢的水手利用羅盤指南針，駕駛非動力的帆船航行世界。尤其是西班牙航海家哥倫布（*Christopher Columbus*，*1451~1506年*），使用仿古船聖瑪麗亞號發現新大陸，破除了人類對地球為宇宙中心的錯誤觀念。又，義大利天文學家伽利略（*Galileo Galilei*，*1564~1642*），運用望遠鏡（*GâlilēanTelescope*）觀察星象的運轉軌跡，改變了人類對天體的無知觀念，因而，跳脫獨斷教義的狹窄範圍。歐洲的大城市，如倫敦、巴黎等先後創建了大學、修道院，學者著手搜集資料，從事試驗、觀察工作。煉丹術（*Metallurgy*，冶金術，提煉出礦物中之金屬之技術）泛生了近代的化學；占星術（*Horoscope*，天體觀測，

或以黃道十二宮圖來算命）蛻變為近代的天文學（*Astronomy，研究天體之自然科學*）。至於動物學（*zoology，研究動物生態之科學*）則擺脫了昔日神話的外衣而成為一門現代化的學科。

這個復興運動發端於英國哲學家、科學家、聖芳濟派的修士之羅傑‧培根（*Roger Bacon，1214~1294年*），他致力於復興聖奧古斯汀（*St. Augustine，?~604年*）的體系，建立科學主義的傳統經院哲學。其後由義大利文藝復興時代的代表畫家、雕刻家、建築家、科學家達文西（*Leonardo da Vinci，1452~1519年*）全力發展。天文學由波蘭的天文學家哥白尼（*Copernicus，1473~1543年*），提倡地動說，認為太陽是宇宙的中心，加上義大利的天文學家伽利略（*Galilei，1546~1642年*）發現木星的四個衛星、落體定率及擺之定律等，二人集天文學之大成。電學則由英國物理學家吉柏特（*W. Gilbert，1540~1603年*）發現起磁力的CGS電磁單位=$10 \div 4\pi$安培次數，為電學集大成之學者。血液循環則由英國醫學家、英國皇家御醫哈維（*William Harvey，1578~1657年*）所發現而聞名，它成為醫學發展的重要基礎，所著《血液循環論》（*An Anatomical Treatise on the Motion of the Heart and Blood*）享譽全球醫學界。基於前述的科學知識之增長，無形中降低了人類對大自然的恐懼感，人不再去崇拜那些未知的情境，而是改採取征服，努力衝破原被束縛的觀念，展現了人類無窮的希望與期待。簡言之，佛蘭西斯‧培根以最具魄力的精神，手執木鐸金鐘的智慧，完成一部創時代的思想體系，領導人類進入一個嶄新的紀元。

（二）. 佛蘭西斯‧培根的政治哲理與生涯：

（1）.幼年時期的教育背景：

佛蘭西斯‧培根（*Francis Bacon，1561~1626年*）係1561年1月22日，出生於英國倫敦的約克爵邸（*York，約克王室，1461~1485年支配英國的王室，位於英格蘭北部北約克郡的首邑*），父親曾任伊莉莎白一世女王（*Elizabeth I，1533~1603年*）的掌印官20年，極獲皇后的信任。英國歷史學家麥考萊（*Macaulay，1800~1859年，散文家、政治家*），曾指出培根的父親尼可拉斯‧培根（*Nicolas Bacon*）「絕非平庸之輩，只因兒子的聲望太大，才被淹沒下去」。培根的母親是一位偉大的語言學家與神學家，其神學的見解，和當代的大主教相反。勇氣十足地訓練自己的兒子，從未有過厭倦或痛苦的表示。

佛蘭西斯‧培根身處英國伊莉莎白女王的朝代，國力的雄厚，是英國有史以來之最。當時正值新大陸發現之後，歐洲各國的商業重心，已從地中海轉移到大西洋，臨近大西洋的西班牙、法國、荷蘭、英國等國的國勢日趨提昇。文藝復興的重心，從佛羅倫斯、羅馬、米蘭、威尼斯，轉移到馬德里、巴黎、阿姆斯特丹、倫敦等新興都市。1588年，英國海軍打敗了西班牙的無敵艦隊（*Spanish Armada*），使得英國的商業勢力擴展到全世界，一時之間，英國的水手走遍整個地球，英國的船主，佔據了美洲大陸，而英國國內的城市，亦因商業的獲益而日益繁榮。

文學方面有西德尼（*Sir Philip Sidney，1554~1586年，英國軍人、政治家、詩人*），著有田園傳奇《世外桃源》（*Arcadia*）

和一系列的十四行詩《艾斯脫菲爾和史蒂拉》（*Astrophel and Stella*）；戲劇有莎士比亞（*Shakespeare，1564~1616年，英國的劇作家、詩人，著有37部的劇本*）；馬爾羅（*Marlowe，1564~1593年，英國詩人、劇作家、著有《譚伯南大王—第一部》Tamburlaine the Great、《馬爾他島的猶太人》The Jew of Malta、《愛德華二世》Edward II、《佛斯特斯博士的悲劇》The Tragedy of Dr. Faustus等代表文藝復興戲劇的作品，後因捲入政治陰謀而被殺害*）。處在此一偉大的時代和國家內，舉凡有為的人都有機會求得發展，而培根正逢偉大的時代所造就的偉大人物。

培根於1572年，即12歲時，進入英國劍橋大學（*Cambridge University，1209年創設*）的三一學院（*Trinity College*）就讀三年，對於學院的課程和教學方法，非常不滿，尤其對亞里斯多德的哲學系統非常厭惡，他認為哲學應該力求實用，哲學家應該利用智慧為人類圖謀幸福。16歲時就被選派為英國駐法公使之一，他在所撰《自然的解釋》中，敘述其接受任命為公使的心路歷程：

「相信我生在這個世界，是要為人類服務，為全體人類圖謀幸福，……我發現人類的工作，絕沒有比追求真理，發現新東西，更為迫切需要了；只有這一類事業，才能引導人類走向盡善盡美的境界。……我具有研究的熱情，懷疑而不獨斷的勇氣；有享受快樂而又不被快樂所誘惑；能忍受痛苦而又不被痛苦所傷的抑制力；有犯了錯，立即糾正，重建正確系統的敏捷身手；我不眷戀新奇，也不盲從先見。我最厭惡假冒，凡是假冒的東西，經過我的細心檢查，沒有不原形畢露的。因我相信我的本質就是這樣，所以很適宜從事哲學的研究，但是我的出生、訓練、教育都使我離開哲學，走上政治的道路。我更想到如果我能在政府中握

住重要差使，佔據重要的職位，我的言行當更容易使人信服，計畫當更容易獲得幫助，而我所希望的哲學事業，也就更容易達到目的，所以我終於決定從事政治工作。」

（2）.培根急於謀求高官，不顧情義：

1579年，培根時年18歲，父親去世，未留遺產給過慣了奢侈生活的青年外交家培根，使其生活陷入艱苦。他一方面研習法律；一方面透過其叔叔柏利（*William Cecil Burghley*，1521~1598 *年，英國政治家、曾任財務大臣、深受伊莉莎白一世的信任*），覓求榮升高官，期能脫離經濟苦境。但由於其才幹過分洋溢，形同乞討與賣弄才華，其傾注的誠摯，有如巴結，令其叔叔不敢相信，因而得不到正面的迴響與推薦。

1583年，年僅22歲的培根，幸運地被選為議員，且多次連任，其簡潔而明朗的辯解，令民眾讚賞。時人班・瓊生（*Ben Johnson*）描寫培根的辯才：「除了培根之外，沒有第二個人比他說得更清楚、鄭重、具有感動力，他的講詞緊湊貫串，無懈可擊，引人入勝，真是令人羨慕的演說家啊！」1584年，培根任國會議員期間，因反對女王之新稅法，而致宦途受阻。後得握有實權的艾色克斯伯爵（*Earl of Essex*，*曾創立艾色克斯大學，位於英格蘭東部*），於1595年，將其私有的地產贈送給培根，助其獲當女王之諮議會（*Learned Council*）的一名諮議，但培根個性耿直，並未聽其指使或命令。數年之後，艾色克斯圖謀監禁伊莉莎白女王，擬另立皇帝，事為培根所悉，寫信痛責伯爵的反叛行為。艾氏不聽勸告，復發動第二次叛變，率領軍隊攻入倫敦，時升任朝廷檢察官的培根，參與審判，摒除舊日情懷與私誼，主張嚴辦，

將艾氏判處死刑，這是培根對他的昔日恩人的報答。因此，使他
蒙上對朋友不義之惡名，其地位面臨岌岌可危，隨時隨地都被人
監視，仇敵可藉口謀害他，但培根的野心永遠不會滿足，其生
活依然奢侈，經濟青黃不接。終於在1598年因負債過多，被人控
告，卻不影響其升官的運氣。1603年，詹姆斯一世（*James I*，
1566~1625年，英格蘭王，在位期間1603~1625年）繼伊莉莎白一世
王位，培根之官運隨之好轉：

（A）.1603年，被封為爵士（*Knight*）——一個人的功績或
　　　對國家有功勞而授封的非世襲勳位，可冠上Sir的頭
　　　銜（*先生、公卿，冠於男爵baronet，騎士Kinght的受洗名*
　　　前的尊稱，如Sir Winston Churchill）。
（B）.1613年，出任朝廷首席檢察總長。
（C）.1617年，繼任掌璽大臣。
（D）.1618年，受命為位極顯赫的大法官。同年被封為維魯
　　　拉姆男爵（*Baron Verulam*）；英國的男爵稱為Lord，
　　　英國以外的男爵稱為Baron；維魯拉姆位於英國南部
　　　哈德福郡（*Hertfordshire*）。
（E）.1621年，復被封為聖阿爾班子爵（*Viscount St.*
　　　Albans），在英國是位於伯爵Earl和男爵Baron之間的
　　　爵位，為貴族的第四階級。

　　然而，好景不常，培根於1621年，以朝廷大法官的身分，
被控納賄，結果被判罰款四萬鎊，事後雖由詹姆斯一世赦免，但
被革除一切公職。此後即專心致力於學術研究。

（三）．佛蘭西斯‧培根的政治哲學：

柏拉圖希望哲學家能治理國政，而培根就是一位典型哲學家的執政官。培根一方面從事政治，擔任朝廷的檢察官；另一方面注重內心的修持。他的哲學成就，就是其格言：「隱居生活，最能引人入勝」得來的，他的內心思維是：

（1）．他希望一生兼成二家——哲學家兼政治家。

（2）．同一時間，從事兩種職業，是否因分心，減低自己的成就？他雖然懷疑，但是總覺得他的一生不妨兼做二事。

（3）．他覺得研究學問絕不是最終的目的，也不是智慧；一定要知行合一，而後所知才算是真知；否則，所謂知識只是經院法學（scholastic theories of law），即以經院思想為基礎之法學，賣弄學者氣派，流於形式，煩瑣哲學家中的一幕怪劇罷了。

（4）．用過多的時間去研究，是懶慢（an idle fellow）；用研究的名義去裝場面，是虛飾（falsehood）；專憑知識去解決問題，是學者的大詼諧（full of humor, funny）。

（5）．狡猾的人，厭惡知識；簡樸的人，佩服知識；只有聰明的人才能利用知識。

質言之，這就是哲學史上新生的觀念。經院學派係歐洲中世紀的哲學主流，把知識從實用中分開的哲學，宣告結束了。此種新生的哲學，重視經驗，也注重效果，實為開啟後世英國哲學的

先聲。晚近所泛生的實驗，也是從這裡演遞出來的。培根自始至終，未放棄求真求實的書生本色，也不厭惡沉思，他在追憶蘇格拉底的論述中，曾說：「沒有哲學，我真不願活下去。」他自認為研究學問比做什麼事業都更為相宜，只因為環境的影響，才違反適於研究學問的天性，而進入政治活動，這就是培根自我辯解的理由。所幸，他未變成令人厭惡的政客、政棍。

1592年，培根已31歲，首次發表《歌頌知識》（*Praise Knowledge*）一書，其中對哲學的熱情，洋溢於字裡行間，謹摘錄數語來彰顯他的才華：

「*我歌頌人類的心靈，心靈造就個人。人除了知識外，所剩下的還有什麼呢？感情的快樂，豈不勝過感官的快樂嗎？理智的快樂，不又勝過感情的快樂嗎？豈不知只有真正和自然相溝通的快樂，才有永無止境的進展嗎？不知道知識的功用，可以掃除一切心靈的紛擾嗎？真不知道有多少東西，完全出於幻想，完全由人類虛抬價值的！這些虛無的幻想、這些過高的價值，豈不是錯誤的暴風雨？會擾亂我們的心靈狀態。……人的生命，豈不是全靠真理來潤澤的嗎？*」

（四）. 佛蘭西斯‧培根的論文集內涵：

1597~1623年間，培根的哲學思想日趨成熟，其最精心的著作《隨筆集》（*Essays, an essay on literature*），為其徘徊於政治和哲學之間的最明顯寫照。培根一生的學術著作，涵蓋哲學及文學兩大學門。他從早年就在胸中孕育一部哲學名著，名為《大復興》（*Instauration Magna*），以詳述其對科學及哲學方面的新思想，但僅完成兩卷，即《學術之進展》（*The Advancement* of Learning，1605年）暨《新工具》（*Novum Organum*，*邏輯的 體系system of logic*，*Organum為亞里斯多德的著作*）。培根對於 哲學方面的貢獻，在於其一反中世紀經院學派的先驗演繹法 （*deduction*），由已知的原理或法則，引出特殊的論述（*of or reasoning by deduction*），而是崇奉現代科學的實證歸納法，主張 一切學術研究，均應以徹底的實地考查為基礎，避免資料不足即 妄下斷語。然而，也有許多學者認為，培根的方法實過於機械， 因而使其各項研究，多未能得到應有的邏輯結論。

　　然而，培根最為世人所熟知的文學作品，當首推其《小品 文集》（*Essays*，1597~1623年，又稱《隨筆集》），是為英國小品 文的始祖。內容充滿警世格言，歷經300多年時間的考驗，至今 讀來仍予人有新鮮之感。其題材包羅至廣，如真理、友誼、愛 情、讀書、生死、美醜、婚姻、財富、迷信等，涵義深廣，文字 洗鍊，為世所稱道。培根於病危臨終時，猶沉浸於利用冰雪以保 存食物的科學實驗，可謂盡瘁學術，死而後已！他在所撰《真理 篇》（*truths, quality or state of being true*），指出：「*不管是對真理 的探討，其目的在與真理為友；或是對真理的知識——其目的在 於歌頌真理；或是對真理的信仰—其目的在於欣賞真理；都是人 性最高的表現，是值得我們讚賞的。*」又說：「*我們和智者談 話，但在行為中，卻又與愚人謀畫。*」他有一句名言：「*有許多 書，只要嘗嘗它的滋味；有許多書，可以隨便吞嚥下去；但是有 少數幾本書，一定要我們咀嚼和消化過後，才能體會其真正價 值。*」質言之，我們身處雜亂無序的社會，每天都生活在網路網 際的墨水海洋，與無窮盡的瀑布中沐浴、奄奄一息及中毒中，好 像都是書本帶來的災難，而其實不能完全歸咎於它，人的心態及

思維，才是禍根所在。

　　培根的散文（文體不用對偶，亦不用韻者）質量俱佳，堪與莎士比亞的韻文媲美，其風格務實，在務實之中，又賦具文采之美，很具有羅馬歷史學家泰西塔斯（*Tacitus*，*55~117年，著有《阿吉利可拉傳》—Agricola*、《*日耳曼民族史*》*—Germania*、《*羅馬史記*》*—Histaries*、《*羅馬年鑑*》*—Annals等*）的風采。培根擅長拉丁文（*Latin，屬印歐語系，羅馬人的語文，後來成為羅馬天主教會的公用語，廣泛使用於法律、學術的領域*），將拉丁文的成語語法，熔為己用，自成一格；他又樂於使用隱喻來加強含蓄的韻味，成為伊莉莎白一世（*Elizabeth I，1533~1603年，英國女王*）時代的文學特質，亦是文藝復興（*Renaissance，14~16世紀，以義大利為中心之古典美術、文學及各種學術的復興運動*）以後的文學自然發展趨勢。

　　培根一生反對經院派的哲學，蓋其時哲學即神學，教士集會於經院，研究教理者，被視為經院學者（*Schoolmen*），以證明基督教理為目的，其理證雖精密，但內容過於迂曲煩瑣，故又稱煩瑣哲學家（*Schoolman*）。然而，培根卻對當時被鄙視的伊比鳩魯主義（*Epicurean*），主張由個人主義的倫理出發，藉自由闊達的議論，從混亂、痛苦、死亡的恐怖中解脫出來，倡言快樂主義，耽於享樂（*devoted to pleasure*）的論點，他卻毫無疑問，公然接納伊比鳩魯（*Epicurus, 341~270年B.C.希臘哲學家*）的哲學史觀，促成近代哲學史上的大轉變。換言之，哲學家太過於小心謹慎，反而自尋煩惱，沒有比斯多噶學派（*Stoic，由西須安的季諾Zeno，於335~263年B.C.，創立的希臘哲學學派*）倡言禁欲主義（*person of great self-control or austerity*），更有礙健康。換言之，

培根認為：「人的本性經常隱匿在內心深處，有時會被理智控制著，但不會因此就消失；理智和宗教只是將本性稍稍壓抑住，卻無法廢除，只有風俗習慣才能改變本性，或是征服本性。本性的潛伏，就像伊索寓言（Aesop fables），西曆紀元前6世紀左右，希臘的寓言作家，生於小亞細亞的佛里幾亞—Phrigia，曾是薩摩斯—Samos島的奴隸，他所著的《伊索寓言》以動物為主角，將貓變成的少女，平時很端莊，靜坐在一旁，但是一看見老鼠，就會暴露本性。」培根要我們順從慾念，不要勉強禁慾，否則一旦稍稍鬆懈，就會前功盡棄。

　　培根的倫理哲學，很接近義大利佛羅倫斯的政治思想家馬基維尼（Machiavelli，1469~1527年，著有關於國政權術的有名作品《君王論》—The Prince，1513年）主張只要是為了強化國力者，即使是不道德的政治手段，也應被正當化。這種無節操的陰謀家，賣弄辭令的權謀政客，認為人類如果無法對於罪惡的本質深入體會，則人類便無法將蛇的智慧（snake，陰險、冷酷的人，叛逆不忠的人—treacherous person，潛伏的危險—hidden danger，陰敵—secret enemy）和鴿子的馴服（pigeon，易受騙的人）聯想在一起，並予以分辨。易言之，如果我們對罪惡一無所知，則人類的美德就沒有保障。義大利人有句成語說：「他這樣善良就等於不善良」，此言雖然殘酷，但其含義卻極為深遠。培根的言行頗為一致，其行動與他所提倡的道德規範相當符合。他要我們誠實無欺，但又要要求我們學習狡猾（cunning，如狐狸般的狡猾—as cunning as a fox，可能源出自古代斯堪地那維亞語Kunnandi，知道Kunna。）兩者融合為一，就如同合金（Alloy），質地堅固，經久耐用，方能對世事靈活應對。培根平素的生活準則，

力求豐富多樣化，凡是能夠增長思想見聞或知識，都願嘗試，期能深化心靈。反之，培根不注重哲學上的單純沉思生活，他和歌德（*Goethe，德國詩人，1749~1832年*）很相像，最輕蔑知而不行的學說。

　　培根的哲學處處注重入世（*佛家語，入於世間以普度眾生，解除眾生的痛苦*）社會，又有萬事萬物理智化的處世態度。他一生始終不肯承認自己是無神論者（*Atheism, disbelief in the existence of a deity，無信仰，不信神*），曾用流利的話，辯解他的宗教信仰：

（1）.如果有人要我相信這個世界，並沒有一個主宰的神，那我寧可拋棄我的信仰，去相信神話中神鬼傳說、希伯來民族（*Hebrew，據《聖經》記載是亞伯拉罕Abraham、以撒Isaac，雅各Jacob之後裔的閃族民族*）的迷信、回教徒《可蘭經》（*Koran，是先知穆罕默德口授神的指示，經由弟子以阿拉伯語紀錄的回教聖典，全文共計114章。《可蘭經》最主要之四項義務為禮拜、佈施、絕食、參加巡禮。*）神的指示，……膚淺的哲學可使人走入無神論，而深究哲學的人，卻不得不回頭去依附宗教。

（2）.如果一個人不以表面的解釋為滿足，而能從瑣屑的事物中觀察其變遷，明白其中的道理，那麼就會知道這個世界不是盲目組織而成，自然就會走入信仰之路了。

（3）.過多的教派也是無神論的主要緣由。二個宗派相互敵

對時，最容易鼓舞民心去依附另一派，等到別派繁多
不勝擁護時，無神論就因此產生了。

（4）.世界和平、生活舒適，也會造成無神論；人只有遇到
絕境時，才會祈求上天，所以戰爭紛擾是宗教信仰的
最大原動力。

培根對於心理學的探究，有其獨特的見解與貢獻，他具有銳
利的眼光，善於分析問題的癥結。他認為：

①.從事聖職的人最好是獨身，因為慈祥的人，如果先填滿
池塘（指人的慾望），就不能充分灌溉土地了。一個人有
了家眷，便會為家業圖謀財富，一切向前的進展，無論
是道德的精進，或個人的修持，就會從此停頓不前。

②.舉凡偉大的人物，其偉大的精神，從來不被戀愛的感情
所誘惑；而偉大的事業，也只有在能夠拋棄感情時，才
會成功。

③.他肯定友誼的價值，認為：「人世間很少有友誼可言，
而在相同的地位，誠摯的友誼更是稀少。通常所謂友誼
都是誇大的，並沒有真實的基礎。」

④.一個思想紊亂，意見錯雜的人，如果有朋友互相磋商，
談談他的思想，也許可以略微澄清一些；……只因他和
朋友在談話之間，可以明察自己的思想，究竟是怎樣狀
態，而決定取捨。因此，和朋友談話一小時，效果勝於
自己默想一天。

培根對於《青年與老年》的論述中，有其獨特的見多識廣之

處，令許多人折服，他認為：

①.年輕人善於創新而不擅於判斷；宜於實行而不宜於磋商；可以提出新的計畫，而不能保持現有的狀態。

②.年輕人執行事務，理想遠大，但對於能否掌控則不過問；擅長煽動，但對於煽動後的收尾工作，則不過問。

③.年輕人偶有發現，就立刻奉為經典，堅持不放，卻疏忽圖謀革新的途徑。

④.老年人的心理，恰好相反：常持反對，顧慮過多，缺乏冒險的精神，後悔太早，不能徹底執行，半途而廢等現象，皆是老年人的缺點。

（5）.折衷實行才會有良好的結果。年輕人所享的自由太多，易於發生散漫與失序的弊病；所以父母應該謹慎持重，為兒女選擇適當的職業。培根認為希臘哲學家畢達哥拉斯（Pythagoras，西曆紀元前6世紀）派的原則：「選擇那最好的，社會習慣將會為你安排一切。」真的習慣才是一個人生活的主宰！

　　培根在其《論文集》中所表現的政治哲學，完全代表保守主義（conservatism，凡主張維持現狀而反對政治、經濟、社會等方面之改革者皆屬之）。質言之，培根的政治理想，是渴望有一個中央集權的政府，並以君主專制是最理想的政府組織（以一國世襲元首為君主，一人獨斷獨行，不受憲法限制者，是為君主專制國，如國府建立以前各朝代均屬之）。他認為政府的辦事效率，端視集權

的程度而定，顯然他是軍國主義者（*Militarism，以軍事為中心的政府、黷武主義—undue Prevalence of military spirit or ideals*），他詛咒和平，因為和平太久，鬥志將會消沉。誠如古代雅典的立法者索倫（*Solon，638~558年B.C.國制改革者，以智慧著稱。*）對克里薩斯（*Croesus*）的呂底亞（*Lydia*）王，所說的名言：「陛下，如果有人，以更優秀的鐵來攻打您時，無疑，他將是這些金子的主人。」雖然呂底亞是小亞細亞的古老帝國，在西曆紀元前7~6世紀，便是富饒的帝國而享有盛名，充分瞭解掌有政權的人，便可隨心所欲。這正是道盡中央集權體制的可怕，而培根卻只察覺君主專制的長處，未洞悉其背後隱藏的危機與可惡之處。

培根和亞里斯多德，雖然相距約1950年之遠，兩人都舉出預防革命的措施或方法，認為採取壓制輿論（*comment，評論—criticism*）並非上策，倒不如輕蔑輿論，令其自然消失，方是上上之策。他提到「反叛」（*revolt，反抗—Make a rising or rebellion*）的根原有二，即貧窮和不滿；其直接的原因和目的，諸如宗教改革、增加租稅、推行新法、移風易俗、解除權臣、解散軍隊、天災饑荒、獨裁專制等都可能引發人民叛變。明理的政治人物，就得採取分化敵人，聯合盟友，方可化解敵對態勢；反之，積極的對策，應力求國內財富分配均勻，縮短貧富差距，方是治本之道。

培根所希望的國家是，下層有擁田自耕的農民；中層有執行政事的貴族；上層則有哲學家的皇帝統治一切。他曾說：「試看過去的歷史，如果理政的人都是具有智慧的官員，那個時代沒有不興盛的。」真正道出為政之道無他，只憑智慧治理國事，則必政通人和矣！他常舉羅馬斯多噶學派（*Stoic*）的哲學家塞內加

（Seneca，4B.C～65年A.D.）的老師及顧問。任職期間，積極致力於國政的革新，提昇百姓的生活福祉，令人民稱頌不已！

（五）.佛蘭西斯‧培根在哲學史上的成就：

（1）.培根研提振興哲學的研究計畫：

培根為落實其哲學的大建設，提出七項研究方針與指標——

①.他在《寫作計畫》中，指出現代哲學的缺點，在於只顧因襲，不尋創見，以致永遠處於停頓狀態，故提出他自己新的研究計畫，來重新建造哲學體系。

②.他重新評估科學的分類，在每一類之下，都給以適當的材料，提出適當的問題，期能尋求解決之道。

③.他充分說明，如何解釋自然界的新方法。

④.他實地研究自然科學，考察自然界的諸種現象。

⑤.他指出智慧的階梯，以闡明以往思想家，如何邁向真理之門徑；同時，也指出真理，正在擺脫中世紀的無謂議論或辯解。

⑥.他預測幾種科學發展的結果，深信其預測方法，可獲得預期的結果。

⑦.他根據所應用的哲學，描繪一個科學的理想國（Utopia，烏托邦，理想的社會、政治體制—Ideally perfect social and political system），期能將其建設在科學之上，一旦開花結果，聲勢必然宏大，當可造福人類社會。

　　質言之，在人類思想史上，除了亞里斯多德之外，別無他人可與培根的思想相提並論。培根的哲學思維，不尚空談理論，而是在於實事求是，講究事實；其方法已經不在於注重沉思，而在於尋求具體的材料，作為論斷之依據。換言之，知識就是展現能力的表示，不是辯論或其他的裝飾品。知識是力量，絕不是意見，也不只是信仰，而是可以實踐力行的處方。培根耗費心力，著手規畫一切，就是要使知識能獲得一個堅固的基礎，而不偏於任何學派，或任何信條，認為只有功利與能力，才是最主要的基礎，它成為近代科學上首次發表的宣言書。

（2）.培根為哲學家研提知識改造計畫：

　　培根認為我們要征服自然，就應先適應自然，如果不能了解自然就要成為自然的奴隸；須知只有科學，才是建立烏托邦的基礎，才是走向烏托邦的康莊大道。因此，培根在《學術的進展》著作中，提出知識改進的計畫，它大膽地寫著：

　　「我要全心全力奠定知識的基礎；要注意那塊土地尚未開墾，……經過考察之後，便用公眾或私人的力量，努力改善荒地，務使收成年年增加。」

　　易言之，培根在1592年寫信給其叔叔，英國政治家威廉·柏利（*William Cecil Burghley*，*1521~1598年，曾任財務大臣，深受伊莉莎白一世的信任*）說：「我把所有的知識，都收集在我的範圍內。」充分表達他要深入研析各門科學，再加以綜合，俾能做成社會建設的大事業。此一偉大的目的與誓願，為培根而後的文學風格，塑造了相當巍峨的成就，成為英國散文文學的最高標準。

　　培根曾研究生理學及醫學，他主張醫生應研究比較解剖學

（*comparative anatomy*，*解剖生物體的組織結構—bodily structure*），
不僅解剖屍體，也要解剖活的動物體，並根據觀察所得，提出實
驗報告。培根進一步主張，如果病人病入膏肓，應採取斷然措施
促其安樂死，以解除痛苦，這是醫生應具備的權利。此種見解叔
本華（*Schopenhauer, 1788～1860年，德國厭世主義的哲學家*），認
為絕對的現實是一種盲目和無止境的慾望，故人生基本上即為痛
苦，而超脫痛苦的最終途徑，只有藉著生活意志來克服，深得學
者所贊同。叔本華一派的學者，認為醫生從事延長人類壽命，只
是增加生病者的痛苦，不如利用醫學技術結束病人的生命，會使
病人更覺愉快，也唯有這種加速人死亡的醫學，才值得敬佩。然
而，培根一生雖經歷各種不同的困境，不論是政治、婚姻，或敵
人環伺，使他常陷於困境，但從不為此否定人生的價值，總認為
生命是一件愉快的事情，不可輕言放棄。

（3）.培根在心理學方面的卓見：

在心理學方面，培根是一位「行為主義者」
（*behavourism*），認為人類的一切行為仍是刺激的反應，認同行
為的客觀性研究為基礎的心理學說。因此，他要研究人類行為的
因果法則，不許「機會」一類的字眼存在於科學的字典中，他認
為：「機會只是一件東西的名詞，但這件東西並不存在。宇宙間
有機會，正如人間有意志一般。」所有經院派哲學家，關於自由
意志的學說，都被培根拋棄一邊，而全世界所公認的「意志」
（*will*，*意志力—the freedom of the will*）不同於「理智」（*reason*，
理性—only man has reason）的學說，也被培根擱置在一旁，這與英
國的哲學家史賓沙（*Spencer*，*1820~1903年，社會學家，首倡進化論*

哲學。）將哲學原理記載於《綜合哲學提要》（*Programme of a system philosophy，1800年*）一書中的看法雷同。簡言之，培根常將中世紀的哲學名著，擇其具有特殊意義者濃縮成一句，然後將其他遺棄在一邊。

培根在社會心理學（*social psychology*）方面，強調：「哲學家不能忘記風俗、習慣、教育、例證、模仿、爭勝、朋友、友情、名譽、毀謗、書籍、法律等力量，而應盡力去研究探討，因為它處處控制著人類的道德觀念，所有人類的心靈，也都受著它們的支配與影響。」這正如晚近的學者，如羅斯（*Sir John Ross，1777~1856年，英國的北極探險家，著有〈加拿大北部沿岸航海圖〉及二冊《航海記》*）、華里士（*Wallace，1822~1913年，英國博物學家、旅行家，曾赴亞馬遜河、南洋等地從事探險、調查工作*）等從事探險及社會基本調查，了解世界真相。換言之，在培根的眼裡，世界上沒有一件事不屬於自然科學的範圍，諸如魔術、作夢、預言或精神感應術等心理現象，均屬自然科學的研究範圍。

培根在所撰《學術的進展》第八卷中，談論交朋友之道，頗值得吾輩借鏡與深思，謹摘述如次：

①*首要，成功的條件，不只要有知識，不僅要知人，而且要知己。知道他人，只是知道了一半，不如知道自己來得重要；也只有深刻地了解自己之後，才能真正地認識他人。*

②*其次，要明白與我們交往的人，其性格、慾望、見解、習慣、出生背景、缺陷、弱點、優點長處；其所結交的朋友、黨羽、敵人、性情脾氣、企圖等相關事宜。*

③凡是要做個成功的人，必須注重三件事：第一應當盡量
結交益友（友直、友諒、友多聞）；第二，自己的談吐
宜恰到好處，勿太溫柔、太富同情心，以免自身的威嚴
掃地；第三，時時展現自由與寬宏的心智，使心智能
甜、辣兼顧，並維持平衡。

然而，在培根的眼裡，朋友是一種工具，旨在幫助自己獲
得權力和地位，此種思維和義大利佛羅倫斯的政治思想家馬基
維尼（*Machiavelli*，1469~1527年）相似，馬氏在其所著國政權術
的名作《君王論》（*The Prince*，1513年），主張為了強化國力，
即使是不道德的政治手段，也應被正當化，顯然是一位無節操的
陰謀家，賣弄辭令的權謀政客。這與米開蘭基羅（*Michelangelo*，
1475~1564年，義大利文藝復興時期的雕刻家）、蒙田（*Montaigne*，
1533~1592年，法國作家），在其所撰《隨想錄》（*Essais*，
1580~1588年作）中，強調人類的理性往往容易犯錯，而且在人類
的知識領域中，沒有絕對之事，指出人要有充滿睿智的寬容之
人生哲學。英國政治家、詩人西德尼（*Sidney*，1554~1586年）著
有田園傳奇《世外桃源》（*Arcadia*）等三位，強調真摯友誼的可
貴，顯示培根的想法未必正確。究其原因乃是培根以商業價值
的思維去衡量友誼所致，所以培根的成功與失敗，均緣於此，
出之於此。培根引用希臘七賢（*seven sages of Greece*）之一拜阿
斯（*Bias*）的忠言：「*愛你的朋友，好像他就要變為你的仇敵；
愛你的仇人，又好像他就要變為你的朋友。*」因此，朋友相處之
道，首重任憑他和你如何知己，但千萬不要把自己的真面目和真
思維，完全暴露出來。談話時，應該學習多發問，少表示意見；

同時，說話時，應該多舉事實，多用旁證，千萬不要把自己的信仰、主張及判斷完全表達出來。外表的虛偽，有時可以抬高你的地位。簡言之，培根的思維，很像矮小的科西嘉人——拿破崙，內心雖單純，但其外表卻極盡鋪張、奢華之能事，培根則認為這是他獲得聲譽的必要步驟，如何取捨，值得智者深思。

（4）.培根對於哲學的愛遠勝於科學：

培根認為只有哲學，才能使勞苦的人獲得休息，悲哀的人獲得安慰；從了解真理而生出的平和生活，才是真正的生活；依賴知識的力量，才可以戰勝死亡的恐懼，減輕苦難的命運。培根曾引用羅馬最偉大的詩人維吉爾（*Virgil*，*70~19年B.C.*）著有《伊尼伊德》（*Aeneid*）、《農耕詩》（*Georgics*）及《田園詩詩選》（*Eclogues*）等名著，其著名詩句：

「*能洞察萬物之因果，並敢於踐踏一切憂懼，也能忽視命運的殘酷，而超越世上的得失，這才是真正的幸福。*」

有了哲學，人才漸漸明白有限的物質世界，只是一個大輪迴罷了（*輪迴為佛家語，謂眾生從無始以來，展轉生死於三界六道之中，如車輪一樣的旋轉，沒有脫出之期。*）因此，哲學引導人務必求得心靈的充實，其餘的物質需要可有可無。雖然祇得涓涓小智，卻可獲得無窮的愉快。質言之，科學必須有哲學做為指導，才能避免領導者無目的和無紀律的妄動，一旦政治運作脫離了科學與哲學，則整個政府便產生脫序現象，毫無行政效率可言。因此，培根強調：「如果皇帝都是哲學家，哲學家成為皇帝，則國家自然長治久安。……歷史可以證明，賢明的皇帝，或有學問的太子，來治理政事的時候，國家總是非常富足和安樂的。」培

根特別提出羅馬帝國皇帝杜密遜（*Domitian*，*在位期間81~96年*）以後，至康瑪達斯（*Commodus*，*在位期間177~192年*）以前，歷經112年，9位皇帝的治理，堪稱國泰民安，豐衣足食的時代，用以證明其言不虛。

　　培根的生活習性，很像希臘哲學家柏拉圖，樂於抬高自己所偏愛的東西之價值，認為這是人類組織的唯一救星；尤其強調政府組織的「分工合作」頗為重要，各種科學須分門別類，設置專家，著手研究規劃相關事宜，方能具體有效。採取有條理的分工，取代集體的運作，才能真正了解個人的能力；以有組織的科學知識，歸納出一個完整的系統組織，進而將此種大組織超越國家的界限，成為國際性結盟系統，則其成就必然宏大可觀。

（六）. 佛蘭西斯‧培根的邏輯思維體系：

　　蘇格拉底創立《新工具》（*Novum Organum*，*邏輯體系system of logic*），之前的希臘哲學家，只有德謨克利斯（*Democritus*，*460~360年B.C.笑樂的哲人*）能把握真理的直覺，和不為假象所迷惑的理智。因為《新工具》的邏輯體系，指出：「凡是服從自然或解釋自然的人，對於自然的控制，或對於自然的了解，都受到一個限制──就是不能超越他的觀察能力，亦即他對於大自然秩序的觀察，侷限在其控制力和理解力範圍之內。」此種邏輯思維，便造成希臘哲學的停滯後果；只因哲學界執迷不悟，固執亞里斯多德的推理方法，造成2000年後的希臘哲學毫無進步可言。因此，務必將中世紀的希臘哲學理論、臆說以及辯論等予以根除，再重新建造新的哲學思維與體系。

　　培根所研提建造新的邏輯體系，計有四個步驟與策略，謹摘

述如次：

①.*第一，要能「去除習智」的錯誤觀念；擺脫抽象的主義和理論，打破一切「種族的偶像」*（*Idols of the tribe*）。偶像係指以意象代表本體，思想代表實質的錯誤觀念而言。人類都錯認了感覺是一種事物的標準，因此，西曆紀元前5世紀，希臘阿布德拉（*Abedera*）的哲學家、詭辯派（*Sophist*）的代表人物，普洛特哥拉斯（*Protagoras*）曾說：「人類是萬物的尺度」，顯示人類所有一切知覺，不管是感官的知覺或是心靈的知覺，都以個人做標準，完全忽視對宇宙全體的關係。故人的心靈是最靠不住的，我們所思想的，不是實物的表相，而是個人的表相。質言之，人每當一個信念固定之後，就常堅決持守，並且把其他事物牽強附會，自作證明；凡不符合其信念者，便任意拋棄，用其主觀來否定，也不願放棄自己的偏見。諸如人世間的各種迷信，不論是占星術、圓夢、啞謎以及各種方術相士的迷信，都是以這種心理為根據。同時，人類依其個人的意志決定之後，便使用其經驗來歪曲事實。由於人的理性，根本不是純粹的光，在不知不覺之間，意志與情感就已經侵入了，導致個人喜悅的，必認為是真理，進而執迷不悟地加以相信。迷信者所看到的，只是少數應驗事情之一，而對大多數不應驗的事情，卻悶聲不語。在此，培根告訴我們說：「幻想為知識的仇敵，我們應當用事實或實驗，去制伏它才好。」

②.**第二，要能根除「洞穴的偶像」（*Idols of the cave*）的錯誤觀念**：每一個人都有他自己的洞穴，一旦自然的光線射入時，便立刻失去本來的面目。由於個人的品格，是由天性和生活中的體驗所陶冶而成。人的天生本質和個性有別，有的人賦具一副天生分析的頭腦，或綜合的腦筋，能分辨事物的差別處與共同處；所以可分別成為科學家、畫家、詩人與哲學家；又，有的人，天生好古，熱心崇拜古物；有的人，則輕視古物，偏愛現代化的新奇事物或創作。反之，僅有少數的人，能心平氣和，保持中庸之道，既不與古為難，也不特別與今為友，他們推崇的是真理。真理是不分古今、中外或派別的。美即是真，真即是美（*Beauty is truth, truth is beauty*）。

③.**第三，要能排除「市井的偶像」（*Idols of the market*）的心靈障礙**：當人類在市場互相交易時，其所使用的語言，係以群眾的理解力為根據，因其可靠性不高，所以改用語言文字，期能消除心靈障礙。因為不誠實、謊言等務必從根本予以破除。

④.**第四，要除去哲學家獨斷教義的「劇院的偶像」（*Idols of the theatre*）**：吾人常聽聞的哲學系統，都是哲學家獨自虛構出來的，和真實的世界相去甚遠。又，如詩人的舞臺上，其所展現的故事情境，雖精緻且安適，但與歷史故事相互對照，則差異甚大。諸如柏拉圖（*Plato，427~347年B.C.希臘哲學家*）所描寫的世界，並非真實的世界，都是他自己虛構出來的表象世界而已。

上述四種偶像（*idol*，*泛指神像、邪神、被崇拜的人物*），涵蓋基於人類的本性而產生的偶像；個人特有的偶像；起因於語言混亂的偶像；毫無意見地接納傳統而產生的偶像。把它當作偶像崇拜（make an idol of），甚至盲目地崇拜、醉心地崇拜（*Venerate or love to excess, practice idolatry*）。簡言之，它都是真理的障礙物，一日不除，則真理就無法昌明。人類向前邁進的過程，需要有新的論理方式，或新的思想工具（*novum organum*），方能引導前進的方向。例如，人類若不明白羅盤（*compass，具有32個方位*），就無法發現西印度群島（West Indies，*位於大西洋與加勒比海間，居民大半數為黑人與有色人種*），進而開拓人類向海洋發展的先導。

佛蘭西斯·培根認為未使用試驗和觀察的方法，便判斷萬物真象，形成獨斷教義和演繹法的錯誤結果；凡是以懷疑為開始的人，所獲結果才正確。這便是近代哲學的發展趨勢，亦是近代哲學宣告成為新學門的開始。法國的哲學家、數學家笛卡兒（*Descartes，1596~1650年*），在《方法論》（*Le Discours de la Methode，1637年*）提出準力學的概念，說明世界是由受數學定律支配的空間、質量、運動所形成的，他在哲學上被稱為近代哲學之父，經由「方法上的懷疑」，認為這是誠實思想的先決條件，而達到「我思，故我在」這種最初的確信。質言之，培根強調以科學的方法，從事搜集資料才能獲得正確的經驗，其方法甚為注重假設、試驗及演繹等研究程序，最終以「歸納的方法」為終結。

培根在研究萬物現象後面所存在的內在與秘密的性質時，常認為它是「現象的法相」（*佛家語、指萬法性相、一切世諦有*

為無為皆屬法相），其對於法相的假設、恰等於柏拉圖的觀念論
（*Idealism*，*唯心論，理想主義*），認為外在知覺的對象，是由各
種意義的觀念所構成的一種思想體系，它也是被理想化的事物，
理想的表徵（*representation of things in an ideal form*）。易言之，
法相的假設與觀念論，同為「形而上學」（*Metaphysics*，*純正哲
學，哲學的一派*），旨在探討存在、實體、宇宙、時間、暨同一
性等事物的基本原理之學問。培根所指的法相，就是組成本體的
許多純法則和規律，它與荷蘭的葡萄牙系猶太裔哲學家斯賓諾莎
（*Spinoza*，*1632~1677年*）所說圓的法則，就是它的本體，其意義
相通。雖然自然界的現象，就是許多個體組成，並依其特殊法則
所表現出來的結果，這些法則的調查、法則的發現、法則的修正
為研究者之主要職務；而自然界的現象、實物與法則相依相成，
須遵守中庸之道，不可偏廢。換言之，吾人研究事物的本體，務
必兼顧事物的法相，進而模仿法相，以求創新，達到人生最高境
界的意義。諸如吾人研究數學，旨在運用數學法則去核計實物、
建築樓房、橋樑。研究心理學便是運用心理學的原則，去了解人
性，改革社會，求其祥和進步。

（七）.佛蘭西斯‧培根的科學烏托邦：

培根在其死前三年，即1624年出版的《新亞特蘭提斯》
（*New Atlantis*，*亞特蘭提斯島係希臘神話中的豐饒島嶼，當地居民不
信奉神明而受到神的懲罰，一夜之間盡沉海底*），旨在描述烏托邦
（*Utopia*，*理想國*）的理想世界。在英國的小說家威爾斯（*Herbert
George Wells*，*1866~1946年，為科幻小說的開山始祖*），以其科幻小
說開始的眼光看來，這是培根對於科學最大的貢獻。因為近三百

多年來，知識界與發明界不斷地向愚蠢和貧窮挑戰，其心目中所想像的理想世界，都直接或間接受到培根的影響。從該小冊子裡，吾人能體會到培根的精神與道德，也體會了培根的生活與生命的原則，更體會了靈魂的秘密與上進心。

希臘哲學家柏拉圖，在其所撰《自然哲學》（*natural philosophy*）一書中，曾敘述有關亞特蘭底斯（*Atlantis*）的故事。阿特蘭底斯據傳說位於直布羅陀海峽的海克力斯之柱的西方海域，沉沒在西方海域中，面積可與歐洲大陸相比。培根和他同時代的人，都認為哥倫布（*Columbus，1451~1506年*）和約翰‧喀波特（*John Cabot，1450~1498年，威尼斯航海家，1497年發現拉布拉多Labrador半島*）所發現的美洲大陸，就是阿特蘭底斯島。當時並未沉沒在大海中，而目前剛毅勇敢的居民，其生活理念並不與培根所夢幻的烏托邦人相似，故另選一個地方為「新阿特蘭底斯」，以別於舊阿特蘭底斯。它位於麥哲倫（*Magellan，1470~1521年，葡萄牙航海家*）和德瑞克（*Drake，1540~1596年，英國艦隊司令，曾環遊世界一周。*）去過的太平洋島嶼，但與歐洲大陸相距甚遠，可供歐亞非各民族追尋的處所。

新阿特蘭底斯的故事情節，猶如英國小說家狄福（*Daniel Defoe，1660~1731年*）所撰《魯賓遜漂流記》（*Robinson Crusoe，1719年*）及出生於都柏林的英國諷刺作家斯威夫特（*Jonathan Swift，1667~1745年，聖派屈瑞克Saint Patrick教會的座堂主任牧師*）所著《格列佛遊記》（*Gulliver's Travels*），故事以一種浪漫而動人的方式開端。前者，他獨自一人在太平洋斐南得（*Juan Fernandez*）群島的無人島中，生活達五年之久（*1704~1709年*）；後者，於文中痛斥英國政治、宗教、社會、學術等各界，不公不

義的措施與迫害行為。斯威夫特也是一位尖酸的諷刺作家，文中充滿了強烈的諷刺意味，雖身兼神職，但卻十分關心政治、社會的變革，並且積極參與政治活動。

（八）．佛蘭西斯‧培根的哲學評語：

依英國歷史學家、散文家、政治家麥考萊（*Macaulay*，*1800~1859年*）的研究，認為培根的歸納方法（*Induction*），從個別的事實，推演出普遍性法則之方法；或由已知的原理或法則，引出特殊的結論（*deduction*）沒有什麼特別之處。他認為綜合前人的經驗和方法，把它轉化為有組織與有系統且可傳授的科學知識，便是法則的功效。蘇格拉底、亞里斯多德、羅傑‧培根（*Roger Bacon*，*1214~1294年，英國哲學家、科學家、聖芳濟派的修士，復興聖奧古斯汀的體系，建立科學主義的傳統經院哲學*）等，也都實行並發揚歸納的方法；到了伽利略（*Galileo*，*1564~1642年，義大利的天文學家*），更將歸納方法應用到科學上面。此四位賢者之中，惟有羅傑‧培根所利用的，確實屬於歸納方法，其他三位則非真正使用歸納的方法。希臘的醫學家希波克拉提斯（*Hippocrates*，*469~399年B.C.被西方醫學界尊為「醫學之祖」*），也運用歸納的方法。由此可知歸納的理則學，是自希臘人傳授而來，亦是此學說的淵源處。

當達爾文（*Darwin*，*1809~1882年，英國的生物學家*）讀完馬爾薩斯（*Thomas Robert Malthus*，*1766~1835年，英國的經濟學家*）《人口論》（*Essay on Population*，*1798年*）的主張：認為「人口增加率為幾何級數，而糧食增加為算術級數，因糧食不足，人口過剩的結果，將導致社會貧窮、道德低落，其解決方法是藉助人口

抑制」時，擬將人口增加大於糧食增加的原則，應用到一切生物上去。因此，擬定一個假說，認為當生物繁衍過剩，食物供應不足時，生物之間必起激烈競爭，其結果必然形成：「適者生存，不適者亡」；復加上優勝者隨環境的變遷而更加繁衍，在適應的過程中，生物因以進化，歷經二十年之觀察、研究、試驗而成就其「進化論」（*Evolution*）的學說。復就愛因斯坦（*Einstein*，*1879~1955年，出生於德國的美國理論物理學家*）在〈相對論〉（*the Theory of Relativity*）中，推翻了牛頓的力學，對自然的空間與時間賦予新的概念。

　　培根雖然是一位大法官，建立了許多科學原則，但不能真正體會當代的科學知識，他反對哥白尼（*Copernicus*，*1473~1543年，波蘭天文學家*）提倡地動說，認為太陽是宇宙的中心；抹煞克卜勒（*Kepler*，*1571~1630年，德國的天文學家*）發現行星運行軌道的三大定律暨布拉赫（*Brahe*，*1546~1601年，丹麥的天文學家*）的天體觀測紀錄；進而蔑視吉柏特（*Gilbert*，*1540~1603年，英國物理學家*）起磁力的CGS電磁單位$=10 \div 4\pi$安培次數；而對赫維（*Harvey*，*1578~1657年，英國醫學家、英國皇家御醫*）發現血液循環，更是不屑。質言之，培根熱衷於辯論勝於客觀的搜集資料和分析，以致其哲學與科學上的著述，散漫無章，鮮為學者肯定，形成一位天才學者的悲哀。猶如莎士比亞（*Shakespeare*，*英國劇作家，1564～1616年*）所缺少的，正是培根所擅長的淵博與哲理；而莎氏雖懂得一些科學知識，但都膚淺簡陋而不深入，所談論的是一般文人雅士的消遣話題，他接受占星術（*astrology*），便誤認為占星體，對人類命運未來具有某種控制作用。英國蘇格蘭的評論家、思想家、歷史家湯姆斯‧卡萊爾（*Thomas Carlyle*，

1795~1881年），對民主、英雄主義和革命都有獨到的見解，他推崇莎士比亞是最大的智者，也是幻想和熱情上的偉大人物。法國作家蒙田（Montaigne，1533~1592年），在其《隨筆錄》（Essais，1580~1592年）中，強調人類的理性往往容易犯錯，而且在人類的知識領域中沒有絕對之事，認為人要有叡智的寬容人生哲學。蒙田批評莎士比亞的名言是：「他的生命沉醉在愛情和戀愛的問題中，只有當其內心受到挫折時，才會想到哲學。」因此，莎士比亞的思想，既非與自己的生命相結合，更不是放眼於全人類的生活，他毫無改革的理念，並不像柏拉圖、尼采、培根等人物，將個人的生命傾注於世界改造事業的理念之中。

英國的詩人科萊（Cowley，1618~1667年），對培根的評語：「他可以站在科學王國的邊緣，遠遠地望見王國的快樂景色」，是千真萬確的。這可證明培根的抱負相當偉大。質言之，文藝復興時期內，培根是一位主要人物，他的言論使文藝復興生色不少，他的追隨者曾在1660年，組織皇家學會（Royal Society），以創設於1645年的自然科學協會（Philosophical Society）為基礎，而在1660年設立於倫敦的皇家學會，尤只獎勵有關物理學、力學、實驗等之研究。希望全歐洲的科學家，藉著他們的組織，可以如同培根在《科學的進展》一書中的預言，結合在一起，共同和自然作戰。後來，法國啟蒙運動時期，法國的學者狄德羅（Diderot）、阿蘭貝爾（d'Alembert）等人編纂《法國百科全書》（Encyclopaedia）。狄德羅（Diderot，1713~1784年）是法國哲學家，百科全書編纂者之一，在該書的緣起寫道：

「如果我們成功了，我們應當歸功於大法官培根，因為他在科學與藝術尚未成立之前，已經著有一本關於科學與藝術大辭典

的計畫了。那個偉大的天才，雖然因為時代過早，不能寫成一部已知事實的歷史書，卻寫成一本應知事物的大著作。」

　　法國哲學家、數學家、是《法國百科全書》（*encyclopedia，1751~1772年*）的編輯之一阿蘭貝爾（*d'Alembert，1717~1783年*），稱讚培根為「最偉大、最稱職、最雄辯的哲學家。」因此，培根逝世之後，英國政府便撥款將其全部著作付印，令英國思想界大受衝擊，紛紛朝向培根所開闢的哲學之路往前奔馳。他用西曆紀元前5世紀的希臘哲學家德謨克利斯（*Democritus，笑樂的哲人*）式的機械名詞，解釋這個世界，促成其秘書湯姆斯・霍布斯（*Thomas Hobbes，1588~1679年，英國的哲學家*）在其所著《巨靈》（*Leviathan，1651年*）中，闡揚其基於契約論（*contract theory*）的絕對主權觀政治哲學，主張徹底的機械唯物論（*mechanic Materialism*）。培根的歸納法，使英國的哲學家、政治思想家約翰・洛克（*John Locke，1632~1704年*），以契約說奠定自由主義的基礎，並且建立了經驗心理學，脫離神學和玄學（即形而上學）的束縛，即專於觀察事實。質言之，培根重視「商品」和「原料」的思維，使英國哲學家、法學家邊沁（*Jeremy Bentham，1748~1832年*）提倡功利主義，主張有用為善、無用為惡的思維，認為人生的最終目標是幸福快樂，而追求最大多數人的最大幸福，即是最崇高的社會道德。

　　總體而論，舉凡支配精神、征服隱忍精神的方法，吾人便可觀察到培根所倡言的思維之影響，並代表全歐洲民族的呼聲。由於這個呼聲，歐洲人民於覺醒之中，把原本一個荒涼遍野的大陸，從耕耘中轉變成生氣活潑的藝術和科學之聖地。質言之，培根希望人類不應自相殘殺，而是要集中力量除去足以阻止人類追

求幸福、進步的障礙。培根曾寫道：

「人類的野心約略可分為三種：第一種人，係專門仗恃暴力壓迫本國人，這種野心最為卑鄙，並且成為退化之族群；第二種人，眼光稍遠，想要在人類當中圖謀發展，國勢求其強大，土地求其擴張，此種人的野心雖可欽，但不免是一 種貪婪，成為人類戰爭的禍根；第三種人，想要以人類的才能、權利侵犯自然界，旨在擴大人類的生存空間，但忽略了大自然生態平衡的原則，終於給人類原本恬靜的生命意義和靈魂，帶來災難而扯成碎片。」

（九）. 佛蘭西斯‧培根的人生結局：

德國詩人、小說家、劇作家歌德（*Goethe, 1749～1832年*），曾擔任瑋瑪（*Weimar*）公國的宰相，其名著作品有《浮士德》（*Faust*）、《少年維持的煩惱》（*The Sorrows of Young Werther*），他曾說：「一個人的缺點，源於他所生存的時代，而他的偉大和德性，卻屬於自己。」如果把這句斷語，用來批評培根，那就非常恰到好處。培根有一段對「人生觀」的自我評述，說：

「凡是居高位的人，必須做三重的奴隸。第一重，他們是主權或政府的奴隸；第二重，他們是名譽的奴隸；第三重，他們是事業的奴隸。有這三重的壓迫，他們的自由完全被剝奪了。既無身體的自由，又無行動的自由，更無時間的自由……他們經過長時間的努力而登上高位，高升之後，痛苦反而加重；他們必須先經過卑微的努力而登上高位，高升之後，痛苦反而加重；他們必須先經過卑微的職位，而後才能佔到高位，當他們的位置剛剛穩

固之後，奪權的爭鬥又接著產生，偶一退步就會被人擠了下來，至少就會像日蝕月蝕一樣，漸失光輝。」

　　愛伯特（*Abbot*）是英國大修道院院長，也是轄聖本篤修道會及奧古斯汀修道會修士的首長，他仔細分析伊莉莎白王朝（*Elizabeth I，1533~1603年，在位期間1558~1603年，屬於都鐸王朝 House of Tudor*）的道德標準以後，就肯定的認為伊莉莎白王朝的主要政治人物，一律都屬於馬基維尼（*Machiavelli，1469~1527年，義大利佛羅倫斯的政治思想家*）的信徒。英國人文主義者羅傑·阿斯堪（*Roger Ascham，1515~1568年*），曾教授伊莉莎白女王古典語文，當他研究王朝的道德狀況之後，歸納為四句，並以俚語（*鄙俗之語，流行語Vogue Word*）來諷刺，其內容如次：

　　「詭譎、謊語、諂媚與美貌，這是在宮廷中獲寵的四大途徑，如果你不去侍奉這四樣，就請歸隱老家吧！」

　　這就是培根所處的道德環境，如果培根不為難艾色克斯伯爵（*Earl of Essex，1601年因案受審，培根參與而蒙上對朋友不義之惡名*），又不用苛刻言詞攻擊他人，而惹人反感；朝廷內的人，都認為培根的舌頭像一把剃刀，但他不去理會別人的警告，只因為他和掌權者詹姆士一世太好，而當上英國的司法總長。1621年一位失勢者控告培根受賄，最後自動寫了〈悔過書〉給詹姆士皇帝，雖被送進牢獄兩天，旋即被釋放出來，僅罰一筆重款來贖罪，而該筆罰款亦由皇帝代為支付。培根遭解職後，在其生前最後五年（*1626年去世*），雖家中過著安適而窮苦的生活，亦以活潑的哲學研究工作供他消遣。就在這五年之內，他完成了最傑出的拉丁文著作《科學的進步》（*scientific advance*）。1626年4月29日，培根在友人亞倫特伯爵（*Earl of Arundel*）家中逝世，享年

65歲。在培根的遺囑上寫下幾句傲慢，而又真切的語句，供世人
玩味：

「*我把靈魂留給上帝……我的肉身將在朦朧中被人埋下，我
的聲譽將傳至後世，更將流傳到國外。*」

培根依然不改其豪傑、文人的本色，留下令世人玩味無窮與
追思的名言。這也符合無名氏所留下的詩文：

「*今朝呀！今朝呀！您是世人所有。明朝呀！明朝呀！您將
獨葬荒丘。*」

肆、斯賓諾莎的哲理對後世的影響

（一）. 斯賓諾莎的生平及猶太裔的命運：

斯賓諾莎（*Baruch de Spinoza，1632~1677年*）係荷蘭的葡萄牙猶太裔哲學家，駁斥迪卡兒（*Descartes，1596~1650年，法國數學家、哲學家*）二元論（*Dualism, being dual，神與世界對立，精神與物質對立*），認為神雖擁有宇宙「內在因」的無限屬性，但對人類所得的認識只是其中的思維和延長而已，所以他主張汎神論（*Pantheism，神即萬物，萬物即神的形而上學之理論*）的一元論（*Monism，否定事物和精神二元性的理論*），認為全部的個體就是他們的樣態（本性）註❶。

西曆紀元前27年，奧古斯都（*Augustus，63B.C.～14年A.D.*）建立了羅馬帝國（*Roman Empire*），西曆紀元17年，羅馬人以強勢的軍旅佔領了耶路撒冷（*Jerusalem*）。耶路撒冷原本是猶太教、基督教、回教的共同聖地，被認為是天上的聖城（*the Heavenly City*），是神與聖徒的共同棲身立命之處。猶太人旋即被羅馬軍人驅逐出境，到處流亡，所到之處，經常被基督教徒與回教徒欺壓蹂躪、屠殺。他們不能購置田產，參加當地的同業公會，只有忍受別的民族之虐待；同時，常遭受帝王的剝削，而其待遇便是放逐、除名、侮辱、傷害。換言之，猶太人雖沒有任何政治組織，或法律保障，卻能以其忍辱的性格（*忍受各種侮辱而*

不起瞋恚惱恨。為六波羅蜜之一），來維繫社會的單一性，使其精神和肉體的一致，用以凝聚其種族與文化的單純，擁護固有的傳統宗教行為，歷經2,000多年的流浪之後，依然念念不忘其聖地的老家，並確保其固有文化的地位。

自從耶路撒冷淪陷之後，猶太人的遷徙，從個人的流亡轉變為集體的流浪，其流亡的路線計有兩條：

（1）.其中一批人，沿著多瑙河（*the River Danube，發源於西德西南部，注入黑海，全長2858公里*）、萊茵河（*Rhine River，歐洲西部的河川，源於瑞士，經西德、荷蘭注入北海*），流亡到波蘭（*Poland，位於歐洲東北部的國家*）與俄羅斯（*Soviet Union*）境內。

（2）.另外一批人，依賴摩爾人（*Moor，8世紀征服伊比利半島的回教軍主體*），征服西班牙的勢力，於711A.D.之後，遷至西班牙與葡萄牙，進入中歐的猶太人，則以經商與理財而聞名。

尤其進入西班牙的猶太人，接受阿拉伯人的數學、醫學以及哲學的知識，並以此等知識作為基礎，建立了猶太文化，其中以科德巴（*Cardoba*）、巴塞羅納（*Barcelona*）、塞維爾（*Seville*）三大學派最為著名。以此三大學派為基礎，使古代的東方文明，得能在12、13世紀時，大量輸入歐洲西部。其中以高瓦多學派的領袖麥穆尼地斯（*Maimonides, Moses ben Maimon，1135~1204年*），出生於西班牙的猶太人哲學家、猶太律法學家，傳授希臘哲學，尤其是亞里斯多德的哲學影響最大。他也是當代最著名的

醫學家，所著《徬徨人的指導》，針對《聖經》提出評論。隨後巴塞隆納學派出現了一位大哲學家赫斯達・克黎斯卡斯（*Crescas Hasdai, 1370~1430年*），創造了一套新理論震撼了猶太教義，對猶太人的神學增色不少。

　　棲居於西班牙國境的猶太人，歷經800多年的安逸生活，人口日漸增加，內部逐漸興盛，人民的財富亦有所增長。然而，此時斐迪南二世（*Ferdinand II，在位期間1452~1516年*）所建立的西班牙君主制度政體，於1492年擊敗了摩爾人的回教王國，下令將摩爾人驅逐出境。原本逐漸興盛的猶太教（*Judaism，又稱以色列教、摩西所創*），亦隨著回教徒摩爾人的失敗，又遭遇了空前的困境。新教徒（*Protestants，16世紀宗教改革時，分離出來的基督教徒*）組織異教裁判所（*Heathen Court*），如果猶太人願意順從教義，接受施行洗禮，方能繼續居住在西班牙，否則立即充軍治罪，沒收財產，但猶太人不從。西班牙皇帝斐迪南二世垂涎猶太人的財富，希望藉機併吞猶太民族的財產，令猶太人困惑不已！

　　此時面臨困境的猶太人，大多數都選擇被迫充軍，去尋覓避難的棲身處所，有的雇船渡海，原本希望在熱那亞（*Genoa，義大利北部的港灣都市*）或其他的義大利港口登陸謀生，但未被當地居民收容，只得在狹小船艙中和疾病搏鬥，直駛非洲，登陸後，慘遭非洲土人殺害，擬奪取大批珠寶；另有少數猶太人進入威尼斯，以其航海技術資助哥倫布（*Christopher Columbus，1451~1506年，義大利熱那亞人。*）發現美洲新大陸；還有大多數的猶太人，雇買帆船往還於互相仇視的英、法兩國之間，倖獲胸襟寬大的荷蘭人准許他們登陸，而得到棲身之處。

　　1598年，處於西班牙漸漸衰微而荷蘭日漸興盛之下，生活

在荷蘭的猶太人，早已與荷蘭人結合為生命共同體。兩者在阿姆斯特丹（*Amsterdam，荷蘭首都*），位於阿姆斯特丹河與愛塞湖的愛灣交會處，建立了第一所大會堂；75年之後，即1673年間，又建立了第二座大會堂，成為歐洲有史以來最偉大的建築物，除了事業日漸興旺之外，心靈還有了寄託，生活快樂極了。到了17世紀中葉，約在1640年，一位猶太青年烏利艾爾‧亞‧柯斯塔（*Uriela Costa*），深知文藝復興的意義，對於猶太舊教大起懷疑，寫了一本書，大肆攻擊來生的信念，此一反對的立場與猶太教的教義並無絕對的牴觸，但其立論對基督教可能被視為異端。因此，猶太人深恐荷蘭人，會因信仰理念的差異而遭受攻擊，以致扮演驅逐猶太人的角色，所以大會堂的主持人強迫柯斯塔撤銷其言論；果然，這位熱情的青年柯斯塔，抵不住固有的勢力而屈服，默默地退避家鄉，寫了一本攻擊會堂派的人而後自殺，他成為「近代中最偉大的猶太人」，可與時年僅八歲，後來成為近代哲學家中最偉大的斯賓諾莎媲美。

（二）. 斯賓諾莎的哲學成長歷程：

首先應當瞭解斯賓諾莎的心靈，就是以猶太人的奧德賽（*Odyssey，希臘詩人荷馬Homer所作的長篇史詩，由24卷構成，描述奧德修斯Odysseus的流浪與冒險。*）流亡曲作為背景，這使他成為道地的，甚且被教會除名的猶太人。父親是一位著名的商人，但他不希望繼承父親的事業，寧願依附在會堂四周求生活，因而吸收了猶太民族所有的宗教與歷史，被視為是民族的曙光，猶太民族的信仰，得能發揚光大。

其次，斯賓諾莎曾研修《聖經》（*Bible，聖典sacred book，*

在特定範圍中具有權威的書籍），繼而批評〈猶太法典〉（未含於舊約的猶太教律法的詳細說明書），其所下的評語頗為深刻精細，鞭辟近裏，為學篤實。最後他又研究李維‧班‧哲生（*Levi ben Gerson*，*1288~1344年，法國的猶太裔哲學家*）、伊本‧愛茲拉（*Ibn Ezra*，*1092~1167年，出生於西班牙的猶太裔哲學家*）、伊本‧迦伯羅（*Ibn Gebirol*，*1021~1258年，係西班牙的猶太裔哲學家*）的神祕哲學暨高多瓦學派摩西的奧秘學說（*中世紀成立的猶太神秘說*）。簡言之，斯賓諾莎的興趣廣泛，研究範圍相當博大，可見他具有過人的體力與智慧，其自我教育的毅力十足可觀。

摩西的奧秘學說認為神與宇宙為一體，對斯賓諾莎影響甚大；他也接受班‧哲生（*ben Gerson*）的見解，認為宇宙具有永久性，他更與克黎斯卡斯（*Crescas Hasdai*）有同感，相信物質的宇宙乃是上帝的身體。他也接納麥穆尼地斯（*Maimonides, Moses ben Maimon*，*1135~1204年，出生於西班牙的猶太人哲學家，猶太律法學家，受希臘哲學，尤其是亞里斯多德的哲學影響最大。*）對於永生問題所表示的意見，但對其所撰《徬徨人的指導》不敢引為滿足。換言之，信仰的最聰慧之辯護者，就是信仰本身的大敵，因為精神上的思想往往引發人內心的疑慮。麥穆尼地斯期望借用理性的智慧能力，來解決信仰的問題；伊本‧愛茲拉則倡導用理智來解釋信仰，兩人的見解雷同，同樣令斯賓諾莎融成一片疑雲與猶豫難解。

當斯賓諾莎克服了拉丁語的困難之後，他深入探討蘇格拉底、柏拉圖及亞里斯多德等哲學家的思想之外，樂於研究德謨克利斯（*Democritus*，*西曆紀元前5世紀的希臘哲學家*）的原子論、縱慾派的伊比鳩魯（*Epicurus*，*341~270年B.C.希臘哲學家*）及魯克

里夏斯（*Lucretius*，*94~55年B.C.羅馬詩人*）等三位的哲學。他對斯多噶學派（*Stoic school*）主張克己禁慾主義（*Person of great self – control or austerity*）的見解不太能接受。然而，他卻細心研究經院派（*Schoolman*，*煩瑣哲學的現代理論家*）的哲學，並接納其以幾何式方法來表達思想，諸如定理、定義、命題、證據、評註、推理等方法。他又研究勃魯諾（*Giordano Bruno*，*1548~1599年*，*義大利的哲學家*）主張神的精神與物質完全一致，但為羅馬教會所不容，而以異端被處極刑。勃魯諾的哲學思想體系與價值觀念，謹摘錄如次：

第一，他堅持統一性的觀念，所有的一切歸納起來，只是一個統一性的實體；同一原因，同一歸宿，神就是這個實體，實體也就是神，神與實體，也只是一個「一」。

第二，他主張心物合一，每一個實體—即使是極細微的實體，也由物質與精神的二種質素組成而無法分離。

第三，他認為研究哲學的目的，在於從錯雜之中，找出其統一性，心就在物中，物就在心中。

第四，哲學家必須要求獲得事物的綜合觀念，一切相反與矛盾的性質，都可以投入其中。

第五，最高境界的知識，就是普遍而又統一性的知識，其性質和上帝之愛相似，超越一切，勝過一切。

斯賓諾莎的哲學思想，深受法國哲學家笛卡兒的《方法論》（*Le Discours de la Methode*，*1637年*），經由方法上的懷疑，

而達到「我思，故我在」的影響甚大。笛卡兒為近代主觀論（*subjectivism*，*對於一切的真理或價值，只憑一己之意念,而作推測判斷之論說。*）與唯心論（Idealism，理想主義，認為外在知覺的對象，是由各種意義的觀念,所構成的一種思想體系。）的開山大師。笛卡兒是一位最注重意識的人，認為只有主觀的意識，超越一切，只有心，才能直接知覺心的作用，而心以外的「客觀的世界」乃離心而獨立，吾人絕不能直接體會其內容。質言之，必須依賴人類的知覺與感覺的作用，先將「客觀的世界」轉化成一個印象，印在心靈之上，讓心靈有所知覺。因此，哲學必須從個體的心靈與個體的自我上入手，並以懷疑的態度處之；他的著名議論「我思‧故我在」，其思想的根源，來自文藝復興時期的個人主義（*Individualism*，*以個人的自由為中心的一種社會理論socialism，利己主義egoism。*）笛卡兒的唯心論，是從個人主義出發，形成個人主義的必然結果。

斯賓諾莎後引發的認識論（*Epistemology, theory of the method or grounds of knowledge*）中，研究認識之起源、本質及其效力等課題，計分為唯理論、經驗論、觀念論、實在論、獨斷論與懷疑論等六種類別，其爭辯前後長達300年之久，主要學者摘錄如次：

（1）.萊布尼茲（*Gottfried Wilhelm Leibniz*，*1646~1716年*）係德國數學家、哲學家，大約與牛頓（*Newton*，*1642~1727年*）同時期發明微積分計算法，創設社會學院（*the Society of Sciences*），後改為科學院（*the Academy of Sciences*），並擔任首任院長。他認為一切事物皆由單子（*Monad*）所構成，單子是絕對單純且

完全獨立的存在，而單子與單子之間，不可能有直接的相互作用或影響，因此他的哲學被稱為「單子論」（*monadism*）。

（2）.約翰・洛克（*John Locke，1632~1704年*）是英國的哲學家、政治思想家，英國啟蒙哲學以及經驗論（*experientialism，以經驗為認知基礎的哲學—experiential philosophy*）的創始者，以契約說奠下自由主義的基礎，著有《人類悟性論》（*An Essay Concerning Human Understanding*）等書。

（3）.休姆（*David Hume，1711~1776年*）為英國的哲學家，著有《人性論》（*Treatise of Human Nature*）、《人類智力的探討》（*Enquiry Concerning Human Understanding*）等，在其哲學的懷疑論（*Scepticism*）中，認為人的知是受觀念與印象所限制，所以知識真偽的最終驗證是不可能的。

（4）.康德（*Immanuel Kant，1724~1804年*）是德國的哲學家，先驗派哲學的創始者之一，對批判哲學的確立，具有重要的地位。所謂批判哲學（*Criticism Philosophy*）其特徵是綜合經驗論和理性主義（*rationalism，在認識論中對理性的認識，有確實性之基礎的理論。*），立足於明晰的人文主義，而且留給後世克服二元論（*Dualism*），心與物以個別實體存在的學說；主張善與惡，為兩種獨立存在原理的學說。至於基督教的人性與神性，是個別存在的二元論（*being dual*），視前者的哲學論述為異端的哲學思維。

上述認識論（*Epistemology*）的論戰，並未獲得各學派的肯定或認同，也因為這種長期的論戰，造成刺激亦摧毀了現代哲學的正規發展。因此，斯賓諾莎不願讓自己迷失在「認識論」的論戰之中，他很重視笛卡兒所強調的：

（1）.在各種物質背後的純一「實體」（*substance*）。
（2）.重視精神背後的純一「實體」。

笛卡兒的二元論哲學，處處挑戰斯賓諾莎的統一性論述。笛卡兒希望以機械與數學的原則，來闡釋宇宙的萬有世界，當他理窮無法解釋時，則採用神與靈魂來闡釋。因此，笛卡兒認為一切世界，一切萬物，只是一部機械，世界之外有神，身體之內有靈魂，世界與身體的本質，卻是一部機械。這種機械論的學說，使笛卡兒的哲學停滯不前，而斯賓諾莎的統一性論述，卻朝前邁進發展。

（三）.斯賓諾莎遭會堂指控除名：

1656年7月27日，年僅23歲的斯賓諾莎被檢舉宣傳異教，遭會堂的長老召去審問其信仰，其過程雖不得而知，但要求他外表假裝鎮靜，服從會堂、保守信念，則教會同意給付他每年五百金作為報酬，而他拒絕接受這個條件，被教會開除。教會採取斷然的手段，用希伯萊（*Hebrews*，*閃族民族*）傳統的宗教儀式，把他逐出會堂。凡他所作文章，不准誦讀，他的一生，將永遠與以色列民族相隔離。斯賓諾莎的學說，不僅危害猶太教，也將傷害到荷蘭人的基督教教義，令會堂的長老深感不安，何況他們是寄居

荷蘭，處在此種情境下，宗教的成見加深。猶太民族前有烏利艾爾（*Uriela Costa*）對於猶太教舊教的懷疑論，後有斯賓諾莎的邪說，兩者均與地主國荷蘭的宗教信仰不合，造成會堂的長老採取斷然措施。

其次，猶太民族散居在荷蘭的阿姆斯特丹，既無政府組織，又無社會團體，只有依賴宗教的力量，在散漫之中，仍以猶太教的功能，促使民族團結生存。同時，宗教是猶太人的信仰，又是他們發洩愛國情緒的工具，而會堂是他們禮拜上帝之處，又是他們政治與社會聚集的中心點。因此，斯賓諾莎的論述，被認為是邪說，有汙衊聖經之疑，遭判定為異教（*Heathenism, or Paganism*）的行為，必受到教會排斥革除。

斯賓諾莎喪失對舊約（*Old Testament*）的信仰，又被除名，其內心的創傷可想而知；復因遭會堂除名之後，從未再加入任何教會，造成其生活寂寞潦倒，其怨言如次：

「*凡是想要研究神蹟的原因，想要用哲學家的態度，……就會被視為異端與不敬者，而且這種罪名是一群被民眾尊為『敬畏真主，善解自然的大師』所恩賜的。他們知道自己的地位完全被無知所維護，這種假面具一旦被揭穿，他們藉以保持權威的工具，必將『令人驚訝』地消失。*」

斯賓諾莎為求生活安全及研究哲學，而逃到阿姆斯特丹的郊區，並改名為班尼底克斯·斯賓諾莎（*Benedictus de Spinoza*），其閣樓住家的房東是一位門諾派教徒（*Mennonite*），該信奉門諾派基督教的年輕夫婦，在某種程度內對異教徒表示同情，他們夫婦很欣賞他在悲慘中所表現的喜樂面孔，偶爾唧著煙斗，一副鎮靜且和藹悅色的神情，在客廳裡談論各種神學與哲學的課題。

為了生活，曾在荷蘭學者所創立的學校裏教書，接著以磨透鏡（*Lens，放大鏡a magnifying lens*）度日。此種思維正與耶路撒冷的律法學家馬里爾（*Gamaliel，保羅的老師*）的觀念相符，他認為如果要圖謀生活，務必兼做副業，而勞苦的工作，可以使人培養道德，他指出：

「*凡是研究學問的人，如果不熟練一種技術，一定會成為流落的浪蕩子。*」註❷。

1660年，斯賓諾莎的房東遷到萊登（*Leiden*）附近的萊因斯堡（*Rijnsburg*），他只好一起遷移過去。該間房屋現在依然存在，旁邊的街道，就以這位哲學家的名字命名。英國湖畔詩人華茨華斯（*William Words-worth，1770~1850年，英國浪漫主義的先聲。*）就道出斯賓諾莎的心境：「生活非常清苦，思想卻非常高深。」他所磨的透鏡非常精巧，很得顧客的喜歡，但他那愛好智慧的心，勝過營利的心，所以他的工作，只求溫飽就已滿足，在其清苦生活中，卻自得其樂，有人勸告他信任啟示（*Revelation，天啟，神以自己之意志及其智慧，假種種方法顯示於人類。*）不要信任理性（*reason，明理的行為，中庸之道*）。斯賓諾莎的回答說：

「*我用自然的理解力去研究自然的真理，所得的結果，有時候雖然不正確，但卻能使感覺快樂；因為就在追求中，已包含了快樂的種子，追求的過程就是快樂，這樣，我的生活不是悲哀，而是喜悅；不是擾亂，而是恬靜；不是懊悔，而是和樂。*」註❸❹。

（四）．斯賓諾莎的哲學思維與逝世：

斯賓諾莎的哲學思維，與禁慾主義（*asceticism，嚴格克己主*

義，severely abstinent, austere）的哲學理念不同，所以他寫道：

「破舊的馬車，也未必能使我們成為聖者，因為虛偽儉樸的人，他那虛偽的行為，已經和正直的精神相違背，其內心毫無智慧的立足點；只有本性流露，不虛偽的人，其雄心才能征服自然，駕馭科學。」

斯賓諾莎在萊因斯堡住了五年之久，撰寫《理智的改進》與《倫理學》二書，其中《倫理學》，在1665年完稿，約經十年的歲月不敢出版，深怕遭到控告坐牢，直到1677年逝世之後，才與其所撰《政治論》及《虹霓論》同時發行。換言之，斯賓諾莎生前，只出版了二部書，其一為《笛卡兒的哲學原理》，另一為《宗教與政治論》，在1670年以匿名出版，曾被當代學術界視為名著，後因被政府禁止，改用醫學的標題暨歷史故事的標題，暗中銷售。該二本專著，獲得可拉羅斯（Colerus，曾為斯賓諾莎搜集資料作傳）評論：「小小一冊，藏滿了無數瑰寶，價值將永存不朽。」此項評論深得多數人同感。質言之，斯賓諾莎的信仰堅強，一有機會，必為自己的信仰辯論，其人品高尚。有一位阿姆斯特丹的富商迪・夫里（De Vries），曾經有一次拜訪斯賓諾莎，兩人相見之後，欽佩其為學處世的風範；想要將其財產留給斯賓諾莎，但斯氏不肯接受，並說出：「大自然常自滿足，我也是如此。」後來再三商議，才答應每年只拿150元。法國路易十四（Louis ⅩⅥ，1638~1715年，在位期間1643~1715年），在古典主義文學及巴洛克藝術的黃金時代，要求斯賓諾莎把他的第二部著作《宗教與政治論》題獻給他，則願以巨大的基金回贈，但是斯賓諾莎又用極誠懇的態度婉拒了，其高風亮節，令晚生欽服。

1670年，斯賓諾莎為了便與朋友通信，搬到海牙（Hague，

位於荷蘭的西南部北海岸）；1672年，荷蘭與法國發生戰爭，法軍入侵荷蘭，法國皇子迪·岡德（*De Condē*）藉機親近斯賓諾莎，特邀請他，願意以法國庫金餽贈斯賓諾莎，並希望把法國各學者介紹給他。這時的斯賓諾莎是一位聞名天下的「善良歐洲人」，不被狹隘的國家主義所籠罩，所以勇於穿越前線進入法國軍隊。當他返回海牙時，遭到激昂的群眾指責，有通敵之嫌。斯賓諾莎的房東凡登·斯必克（*Van den Spyck*），深怕這個通敵的行為，對他的房屋有所不利。斯賓諾莎得知此項訊息之後，很冷靜地對房東說：

「*我可以洗除賣國的嫌疑，請不必焦慮……假如憤怒的群眾無理取鬧，或者竟搗毀您的房屋，我一定親自下去辯論，即使像可憐的德·威特（De Witt, Jan）一般慘遭毒殺，也在所不惜。*」

後來群眾覺悟，深信斯賓諾莎是一位有品位、有操守的哲學家，對國事並無妨礙，此一風波隨即平靜化解。換言之，由上述事件得知斯賓諾莎，絕非過著貧困而又空虛的生活，他以磨透鏡的收入度日，有其基本的經濟保障，又有名望的學者為友，對當代的政治也勇於批評，堪稱絕非一位避世隱居的人。他置生死於度外，賦具冒險精神，勇於穿越前線進入法國軍營，雖殺身成仁，也在所不惜。1656年7月27日，雖被教會除名，聲譽雖一時遭受蒙蔽，而同時代的人反而更加尊敬他。1673年，被邀請擔任海德堡大學（*University of Heidelberg，位於西德巴登·符登堡—Baden Wurttemberg省，內喀爾河畔的大學都市*）的哲學講師，邀請時，曾用相當誠摯的態度，給予他：

「*最完全的哲學自由，因為國君相信您，雖然有絕對的自由，但不至於懷疑國教，而給國教難堪。*」

斯賓諾莎收到邀函後，以其獨特的人格素養，予以回絕：

「*親愛的先生，如果我存心要做個大學教授，則對於您所轉達之國王的誠意，應該誠心接納，我的願望也可滿足；何況這次的邀請居然能把哲學的自由附帶在內，更使我佩服至極。……但是我不明白究竟在什麼程度之內，這個自由權可以適用？究竟國教的範圍如何界限？這幾點我完全不明白，所以不能接受邀請。……親愛的先生，請您原諒我，我對於物質的享受已經很滿足，不願在現狀之外再有企求，我愛好清靜淡泊，現在的生活，確實使我獲得恬靜，參加任何公共事業，反而使恬靜生活遭受破壞，我決定不從事任何公共事業。……*」

　　1677年，斯賓諾莎的生命劃下了局點，年僅44歲，許多朋友早知他的壽命不會長久。他的遺傳性肺病、狹小的生活空間，加上磨透鏡所瀰漫的灰塵，造成它脆弱的肺葉腐爛，呼吸日漸困難。他把死亡置之度外，只關心生前所不能出版的著作，死亡之後，會因散亂而湮滅。他把原稿鎖在寫字檯的抽屜，把鑰匙交給房東保管，囑咐他萬一自己不幸時，就把稿件連同桌子一起送交阿姆斯特丹出版家哲安·里爾維茲（*Rieuwertz, Jan*）處理出版事宜。是年二月二十日，房東一家人去做禮拜只留美亞醫生（*Maya Doctor*）在家照顧，當他們回來之後，發現一代哲學家，已靜悄悄地躺在美亞醫生的手臂中與世長辭。所有的人都為他哀慟，樸實的人敬佩他的優雅人品；有學問的人敬佩他的智慧。出殯那天，許多哲學家、政治家送他返回淨土（*指聖人所住的國土，因為這種國土沒有五濁的垢染，故稱淨土。*）儘管每個人的信仰各不相同，但都在同一時間哀悼這一位哲學家。德國哲學家尼采（*Nietzsche，1844~1908年，提倡超越「權力的意志」之虛無主*

義）說：「*最後的基督徒，已經死在十字架；卻把斯賓諾莎忘記了。*」令人聞之心酸！

（五）. 斯賓諾莎的四部著作要義：

（1）.宗教與政治論：

《聖經》的語言設計充滿隱喻和寓言的意味，一方面是沐浴在有修飾、誇張之東方敘述的色彩中；另一方面是因為預言家和使徒，為了要喚起讀者的想像而後再授以訓諭，不得不使自己屈就於一般民眾的智力和胃口。全部《聖經》首先為一民族而作，其次為全人類而作。因此，它的內容，務必在可能範圍之內，與民眾的理解力相符合。換言之，務必使民眾了解，「《聖經》解釋的事例，須能選擇程序與風格，務必使沒有學問的人，讀了之後也會大受感動……它的目的，不在使人信服理智，而是在於激發人的想像力，並使之抓住不放。」宗教家需借用比擬、隱喻的方式來感動聽眾，效果會彰著，否則宗教就無人信仰了。

斯賓諾莎承襲這個原理解釋《聖經》，所以他說，《聖經》並不違反理智。假使依《聖經》的字義，用科學的歷史方法去解釋，則整部《聖經》，就要成為錯誤矛盾與不可能的記載了。質言之，斯賓諾莎用哲學的眼光，洞察入微，闡明真諦，則一切猶太教與基督教的誤會，就可以從此解除。他強調：

「*我真不懂，為什麼聲聲道德仁義的人，——通常宣揚愉悅、和平、節制、博愛的人——竟會心懷怨毒，爭鬥不休，我懷疑他們信仰的規範，與其說是他們所宣揚的美德，不如說是他們日常表現出來的仇怨。*」

因此，吾人得知，猶太民族之所以能夠繼續存在，就是因為要抗拒基督教的長期迫害，而凝成了一股足以存續的團結力量。如果一旦迫害消失，他們就要和其餘的民族互相通婚，不久，他們的民族就要被四周的民族所同化了。就人類發展演遞的歷史而言，這無異是給猶太民族莫大的利益。但是身為哲學家的猶太人，與身為哲學家的基督教徒，為何不能解除誤會，互相調和，各在和平與互動中過生活呢？這是斯賓諾莎大為不滿的地方。簡言之，如果想要達到前述目標，首先必須二個民族對耶穌的為人有澈底的了解，剷除片面的獨斷教義，則猶太民族就可以立刻承認，耶穌是最偉大與最高貴的先知了。

斯賓諾莎並不承認耶穌的神性（*god-hood*，*神格，集聖父、聖子、聖靈為三位一體的神*），但是在凡人當中，耶穌應該居於第一位。因此，斯賓諾莎認為：

「*神的永久智慧……在萬物中都有所表現，其中尤其是以人類所得的智慧為最多，人類當中，尤其以耶穌的智慧，最與永恆的智慧相近。耶穌降世，不只來教導猶太人，並且來教導全人類。因此，祂能了解全民心理，專門用比喻的方法教人。*」

斯賓諾莎承認耶穌的倫理與智慧最為相似，凡敬愛耶穌的人，就可同時獲得「神所獨具的理智之愛」。質言之，在斯賓諾莎的眼光中，耶穌的品格被評為：

「*無限高貴，能超脫一切成為動亂之源的獨斷教義，而進入真實博愛的境界，在他的聖名之下，一切口角與刀劍的自殺戰爭，都可以避免，人類將可以發現共同的信念，而輕啟和平相處之門。*」

（2）.智慧的改造論：

斯賓諾莎的哲學寶藏，從所撰《智慧的改造論》（*change one's wisdom*）中，可獲知其為何拋棄一切來研究哲學，他曾明言：

「經驗告訴我們，人類日常生活所發生的事情，都是虛無的幻影。害怕與被驚嚇，一定和人的心思產生相互交接，才能發生影響，而事物本身並無善惡利害可言。於是我決心去追求真實的善與真實的惡，到底這個宇宙內，是否有絕對的善與絕對的惡呢？……如果我們一旦發覺人世間的希望，只不過是暫時而飄緲的東西，我們的生活，就要陷入最悲苦的境地了。我們追求聲譽，必要會提高幻想的能力，它是滿足虛幻的希望而已。質言之，只有真正愛護真哩，真正獲得永恒智慧的人，才能從痛苦中求得最大的快樂。……只有我們的心靈與整個宇宙深深相契合時，我們所獲得的才是最高境界的善德。當我們的心靈知道愈多，才能體會自然的能力與自然的秩序。愈能體會自然的能力，就愈能控制心靈，並為它制定許多適當的法則；愈能體會自然的秩序，就愈能開放心靈，使它摒除一切無意義的束縛。只有智慧（*wisdom, knowledge, learning知識、學問*），才是生活的總樞紐。」

因此，常言道：「知識就是能力，就是自由。」人生的最大快樂，便是追求知識，並體會理解（*understand，有分辨是非的能力，明白事理intelligent*）的愉悅。斯賓諾莎曾經制定自己的「行為準則」（*behavior, conduct*），使自己的生活能正確地遵守這些規則，謹摘錄如次：

第一，哲學家一定要使他人能了解；同時，又必須為他人服
務；但不能服務過甚，而使自己的目的反而不能實
現。

第二，哲學家所享受的快樂，只能以保持健康為限，不能過
分。

第三，哲學家追求財富……只求能夠維持生活、保持健康就
滿足了；對於既有的習慣，一定要和我們預定的目標
不產生妨礙，才能繼續保存下去。

斯賓諾莎是一位誠實而且頭腦清晰的哲學家，他曾借用培
根（*Francis Bacon*，*1561~1626年*，*英國哲學家*）的語氣說：「在萬
事之前，我們必須創造一個可以改進的知識，並劃分理智的方
法。」因此，他只信任最完美的知識，其要旨與內涵，謹摘錄如
次：

第一種知識，可以稱作傳聞的知識（knowledge，見聞、學
問、學識）。

第二種知識，是模糊的經驗，比經驗差一等級的知識，如印
象式的經驗，便可歸入此類。

第三種知識，可以稱作直接的演繹，完全憑推理而得，不能
稱為科學的知識。

第四種知識，一方面根據直接的演繹，再加上直接的判斷，
成為最完備的知識。

斯賓諾莎相信，凡是學過數學的人，凡是學會歐基里得

（*Euclid*，330~275年*B.C.*）幾何學的人，其知識必從直覺而來，非常真確；例如3:6=4:X，X之質必定是8。但是斯賓諾莎認為：「只憑著這種數學知識，我們所能認識的事物畢竟有限了。」在《倫理學》（*Logic*，邏輯、理則學*science of reasoning*）中，他把第一種和第二種知識，合併為一；而把第三、第四種直覺的知識，稱為係一種能夠知覺事物永久關係的知識。斯賓諾莎的哲學系統，就建築在：

「哲學的任務，只是在表面的事物中，求出事物的原則與其究竟關係。」

因此，他把宇宙分成二個秩序：一為「暫時的秩序」，即是表面事務的「世界」；另一為「永久的秩序」，即是原則與架構的「世界」。他將兩者之關係，簡述如次：

「我所指的一套原因與真實的實體，絕不是指一套變遷的與個體的事物，而是指一套固定的與永久的事物。……我們並不需要了解太多個體的與變遷的事物，它都有一個真諦隱藏在固定的與永久的事例中，我們僅止於了解它的真諦、原則以及安排的程序，就可以了解整個宇宙了。質言之，個體的事物，必須依賴永久的真諦而成立；變遷的事物，必須依賴固定的狀態而確定，沒有永久的與固定的真諦，一切都不能存在；即使存在，也不能明白的顯示出來。」

上項論述，吾人可對照培根（*Francis Bacon*，1561~1626年）在其《新工具》（*Novum Organum*，指邏輯的體系*system of logic*，思考的工具方法*instrument of thought, means of reasoning*）所撰報告中，培根認為：

「在自然界中，除了顯示殊相的個體之外，其餘皆不存在，

但在學問的各部門中，這些法則的研究、發現及發展，都是根據理論與實際應用，交互運作而成的。」

因此，許多哲學家在基本上，都同意此二位學者的哲學觀點。

（3）.倫理學：

斯賓諾莎所撰《倫理學》，是一部近代哲學史上的寶貴創作，內容浩繁，係取範於幾何學的方式，雖有數學家兼哲學大師歐幾里得式的清晰，卻是一部不易於了解，常令讀者有點心灰氣餒的感覺。此部《倫理學》所敘述的內涵可概分為：①.自然與神；②.物質與精神；③.智慧與道德；④.宗教與不朽等四大章節。為便於深入探討，並客觀地了解斯賓諾莎所撰《倫理學》內涵，也許我們可以先閱讀傑可比（Jacobi）的評語，帕勒克（*Jackson Pollock, 1912～1956年，美國的抽象畫家。*）所出版的《斯賓諾莎》，暨馬蒂諾（*James Martineau，1805~1900年，唯一神教派的牧師、哲學家*）所撰《斯賓諾莎研究》，則必有登堂入室之感。

（A）.自然與神：

美國的哲學家、心理學家威廉·詹姆斯（*James William，1842~1910年*）係實用主義（*Pragmatism，指命題或理論的真理性，以生活上實際效用決定之。*）的創始者，他曾說：「所謂形而上學，除了思想能清晰地把握住事物的最終意義，能在事物實存的體系當中，探出實體的真諦，或如斯賓諾莎所說的，能夠想出真諦的實質外，就沒有其他意義。因此，形而上學，無異於真理的

統一性，或概念的最高境界。」簡言之，科學妄自驕傲，目空一切，當然看不起形而上學，但是每一種科學思想，都默認了形而上學的重要；科學所默認的形而上學，就是斯賓諾莎所說的形而上學，這便是近代講求實際的人，無法脫離被形而上學掌控的要因之一。

斯賓諾莎的哲學系統，有三個重要用語，即本質、屬性、格式。所謂「格式」，即是法相（佛家語，指諸法顯現於外，各別不同之相貌），其背後所蘊藏的一個永久不變實體；任何單一的事物均有其特殊的法相，或特殊的形狀，一切實體都隱藏在其內部。這種不變的實體，即是「本質」，它並非組成物質的原料，而是引用經院學派（scholasticism）而來，其性質是永久的、不變的，所有現象界的法相或格式，都是它的化身。斯賓諾莎在《倫理學》上將世界劃分為「本質的世界」與「格式的世界」；這和他在《智慧的改進》上所劃分的兩個界限——永久的法則、不變的關係、暫時的秩序及生老病死的事物界，相互比較，則吾人可發現這裏的「本質」，應該和前述的永久法則頗為相近。

斯賓諾莎又把「本質」視同與神和自然同一事物，認為自然有兩種性質：

（1）.第一種，為活動與生命的歷程：此與法國哲學家柏格森（Henri Bergson，1859~1941年）的主張：「真實的存在是純粹的持續，係具體的生命概念化之後，即成為無法把握的創造之進化，並以此發展出其直覺主義的、唯心論的—生之哲學。」相近。

（2）.第二種，為此歷程所製造的被動產物：此種被生產的

　　自然，係指一切自然的原料與自然的內容而言，諸如
樹、風、水、平原等皆是顯例。

　　斯賓諾莎排斥第二種，而肯定第一種，他認為自然、本質及神等三種均是名異而實同的存在事物。本質與格式、永久的原則與暫時的秩序、活動的自然與主動的自然、神與世界，在斯賓諾莎的哲學世界裏，都是兩兩相對的部分。其中第一部分代表宇宙的真諦；第二部份則代表宇宙的偶然。其所強調的本質，意義如次：

　　「我對神和自然的看法，與晚近的基督教徒所主張的完全不同。我相信神是一切事物的內因，絕不是外表的象徵，我說一切都在神當中，一切因神而生活，因神而運動。此種見解與聖保羅（*St. Paul*，?~67年A.D.，*提倡超越律法重視自由信仰的福音主義，在基督教史留下偉大的踪跡。*）所見雷同。我所說的神與自然同一，乃是本質上與原則上的同一，並非世俗眼光所見到現象與物質界的同一。因此，我的觀點與古代的希伯萊人（*Hebrew*，*是亞伯拉罕、以撒、雅各之後裔的閃族民族。*）的看法相同。」

　　斯賓諾莎認為：「神的意志和自然的法則，既然是同實異名，所以一切事物都是不變法則的機械作用，……世界絕不含任何心智的意圖，而是被決定了的，其世界觀是屬定命論的。只因我們自身行動前，在意識中總有一個目標，所以我們推想一切歷程，完全是以人為中心的思想，荒謬絕倫，與事實不符。」所有哲學上的錯誤，都應歸咎於「以人為中心的思想」所引起，此便是「人類的原罪」之發源處。人類總喜歡把生活上的缺點和神的善良來相互調和，卻忘記雅各天梯（*Jacob's ladder*，*夢想登天的*

梯子）的教訓，原來神的偉大，遠遠超越人類的善惡之上，而善與惡，僅止與人類發生關係，對於宇宙、永恆的宇宙而言，並無多大的價值可言。人是宇宙中的蜉蝣，朝生暮死，未能明白宇宙的真諦，卻經常以自我為中心，想支配或控制宇宙，這是一場永遠無法實現的夢境。

斯賓諾莎認為善與惡，僅是現象界的成見，並非永恆的實體所能認可。然而，我們的現實世界，應當是無限自然本質的展示場，並非是人類特殊的理想境界。善惡的意義是如此，而美醜的標準也是如此。柏拉圖（*Plato*，*427~347年B.C.希臘哲學家*）認為審美的判斷，係人類創造的法則與原動力，或者為神的永恆命令使然；但斯賓諾莎則認為它是人類主觀的知見而已。他要把神和人隔開，不承認神具有人形的觀念，有人責難他，他卻用希臘懷疑哲學家芝諾芬尼（*Xenophanes*，*570~490年B.C.詩人。*）所採用的語氣予以回擊：

「*你說我不肯把視覺、聽覺、觀察及意志等屬性獻給神⋯⋯你根本不明白，我所說的神，究竟是什麼樣子的。據你看來，上面各種屬性，最為寶貴，最能代表神的完整性，所以應當歸於神，我並覺得稀奇。我相信：如果三角形能夠說話，它所敘述的神，應該像三角形的樣式；同樣，圓圈的神，也必定具有圓圈的形式。世界上各種東西，都喜歡用自己的模樣來比擬上帝。*」

最後，斯賓諾莎認為世俗的人，都樂於把理智與意志的屬性歸根於上帝，但他則強調：「理智與意志都和神的本性不相符合；神的心靈，是散佈在時空二界的一切精神性，能成就全世界的總生命。一切事物，不管程度如何不同，都曾接受過生命；而生命與靈魂，是我們所認識世界的一面；另一面則是物體自身

和其廣延性。這二種屬性，我們才能體會出神或本質的作用。」
換言之，斯賓諾莎所謂的神，實質上具有心與物的二個屬性。變
動的事物代表物質，而物質背後所隱藏永恆的實體代表心。只有
心絕不是神；只有物質，也不是神。一定要有心的歷程與原子的
歷程，融合一處，組成世界的兩重歷史，這些過程的原因以及法
則，便是神。

（B）.物質與精神：

　　法國的哲學家、神學家馬布蘭西（*Nicolas Malebranche*，
1638~1715年）提倡「機械原因論」而聞名，他認為心與物二者各
自獨立，不相關連，始終處於平行的狀態。斯賓諾莎則強調「心
既不是物、物也不是心。人類大腦作用，既不是思想的原因，也
不是思想的結果，二者的關係，絕非獨立或平行。它並非二種過
程，亦不是二個實體，僅是一個過程的二面；就內在而言，它是
思想；從外在而論，則是運動。它們是一個實體，在內是心，從
外是物。心與物在本質上，係屬一個複雜的混合物，兼含二種作
用在內。心物二者，並不相互影響，它們並不是二個實體，而是
一個實體。」

　　質言之，斯賓諾莎從哲學思想上觀之，他認為：「肉體不能
決定心靈的思想，心靈不能支配肉體的運作，或其他的生理狀
態。其理由係心靈的判斷，與肉體的決斷、肉體的慾望……基本
上是同屬一件東西。一切世界，都包括外表的「物質」過程及內
部的過程，與吾人內省所得的心路歷程。因此，每一個階段其內
部的『心』之過程，必定與外部的『物』之過程相互符合。觀念
的秩序與事物的秩序，同屬一個秩序；而觀念的關係，又與事物

的關係相同。又，思維的本質與外在的本質，是同一件東西，若從其屬性觀察，在不同的時間，又可從另一個過程觀察其演遞。簡言之，許多猶太人的思維，雖不能清晰明瞭，卻與這種觀點略似，因為猶太人相信上帝和他的理智，暨其所體認的事物，原本就是同一件事物。」

斯賓諾莎承認「心」的作用與神經系統相互呼應，當人的「肉體」上有所變化時，則「心靈」上亦會發生相當份量的改變。因此，他指出：「凡是肉體上所發生的變化、必定會影響到心靈。正如思想的變化過程，會完全與心靈內部銜接，故肉體的變動，亦必定依據同一秩序銜接進行。正如同情緒與肉體為相依關係，吾人的觀念便是隨著肉體的變化，而發生複雜的改變。」此種思維與近代的「行為主義派」（behaviourism），認為人類的一切行為乃導因於刺激和反應，而以行為的客觀性研究為基礎的心理學說相符合。

斯賓諾莎在「物質與精神」章節中討論的第二個問題，是「理智與意志」的差別問題。他指出：「理智只是一套觀念的抽象與速寫的名詞；而意志則是一套動作或一套決意的抽象名詞。易言之，理智、意志和觀念所發生的關係，三者同屬一件東西；意志也是一個觀念，然後轉化成行為；觀念係行為的初步，行為則為觀念的終結，作成此種行為的要因，乃是有機體的活動所產生。」因此，斯賓諾莎充分體認到，能左右觀念在意識中潛沉或溢出的衝動力，便是人類所共同具有的意志，或稱之為「慾望」。這種衝動力就如同德國哲學家尼采（Nietzsche，1814~1900年），到處發現「權力的意志」；叔本華（Schopenhauer，1788~1860年，德國厭世主義的哲學家）到處發現生存的意志，是

同樣的道理。

斯賓諾莎強調：「每一種動物都會致力於謀求自己的生存，其所使用的力量，是其與生俱來的本能；每一種本能是為了保存個人而自然形成的工具。本能得到滿足時就快樂，受到阻礙便產生痛苦。苦與樂並不是本能的因，而是本能的果。簡言之，人類因生存的需要而決定本能，本能決定願望，願望決定思想及行為動作；至於願望的模式，又因秉性的不同，而各有差異。因此，人類的行為有其法則可循，可用數學性的客觀，諸如採用研究線、面、體的方法，來研究人類的行為準則。人性不能離開情感，就像氣候不能脫離冷、熱、風霜、冰雪的現象一般，故人類不能把熱情、慾望視為是人類的罪惡；反之，應把它視作是人類的特性之一。」

英國歷史學家佛路德（*Froude*，*1818~1894年*）稱讚斯賓諾莎的著作，是「任何道德的哲學家所不能比擬的名著。」德國柏林大學生理學家約翰尼斯・彼得・繆勒（*Johannes Peter Müller*，*1801~1858年*）在講述「本能與情緒」時，曾說：「論述情感的相互關係，應該推斯賓諾莎所撰《倫理學》為第一，從來沒有第二個人的著述可以比得上。」這位著名的大生理學家，竟如此地頌讚斯賓諾莎，並在其著作內，多處引用《倫理學》第三編中的學理，可見此人謙遜之一斑註❺。

（Ｃ）.智慧與道德：

倫理學的三大系統，係以理想品格與道德生活為主軸加以論述，其要旨摘述如次：

①.第一個系統，可用釋迦牟尼和耶穌作為代表人物，他們重視女性的道德，承認人的價值絕對均等，人生在世，最重要的是要能互相關愛，而互相關愛便是道德。

②.第二個系統，可用馬基維利（Machiavelli，1469~1527年）和尼采（Nietzsche，1814~1900年）作為代表人物，兩位都重視男性的道德，認為權力就是道德，權力勝過一切。

③.第三個系統，可用蘇格拉底、柏拉圖、亞里斯多德等作為代表人物，他們不主張女性的道德，也不主張剛性的道德，只有聰明與成熟的人，才能見機行事，極端重視智慧，承認智慧就是道德。

斯賓諾莎將上述三個學說，表面上近似極端相反，卻能取其長補其短，折衷而行，自成一個系統，能融會各說，而集其大成，實為近代哲學界頗為偉大的成就，謹就其內涵摘述於後：

（1）.首先，他把快樂與痛苦界定得很清楚，認為苦與樂是相對的，不是絕對的，它是過程而非狀態。一切熱情都是過程，一切情緒都是運動；一個人朝前邁進完美的境界與權力的過程，都是快樂；而向後朝向不完美的境界與失卻全力的過程，則是痛苦。所謂情緒係指身體內部的一種變遷，順著這種變遷，使人的行動能力增加，此項「情緒學說」的研究，應歸功於美國哲學家、心理學家威廉‧詹姆斯（James William，1842~1910年），他指出，情緒本身並無善惡，凡是能降低力量的就是惡（evil，危害、災禍、不幸），其

反面便是善（good，善良、有德行、美德）；愈能保持自己，並尋求自己有益處之事物的人，其德性就愈為高尚。斯賓諾莎並不要求為了他人的好處，而犧牲自己的利益，他認為自我主義（*self realization*，*自我實現，英國人格林Green的倫理學主張*）是自求生存的本質之必然推論。世上沒有一個人，肯把自己所推斷的善，輕易放棄，除非另有發現更有益的善。

（2）.其次，就斯賓諾莎的倫理學眼光而言，理性既不與自然相互衝突，理性所作的決定，每一個人應當愛護自己，應當追求與自己有益的事情，應當指引自己的生活朝向圓滿的方向前進，並盡量保持自己的生命、權威及一切。質言之，斯賓諾莎的倫理學，並不建立在博愛主義（*Philanthropy*，*慈善love of mankind*）與人性本善的基礎上，但主張合理的與必然的自我主義，強調「道德的基礎，在於能保持個人的生存，凡是具備這種能力的人，他的快樂才是無窮的。」因此，尼采如同斯賓諾莎，均對人類所表現於外的謙遜（*humble*，*謙恭*）不能贊同，它是野心家的偽裝、或者是奴才（*slavery*，*沒有獨立性的人物showing no originality or independence*）般地懦弱的德性，毫無力量可言。他認為道德是才能與權力的一種形式。古羅馬共和時代的雄辯家、哲學家西塞羅（*Cicero*，*106~43年 B.C.*）曾道出：「即使是歌頌謙遜的哲學家，也不會忘記把自己的大名放在內頁裡面。」因此，斯賓諾莎有句名言：

「*最看不起自己的人，最接近於傲慢。*」（*Proud*，*高傲而輕蔑的態度with proud contempt*），他反對沒有真才實學的自負，且自大會使人困擾、自大的人常自命不凡，走入諂媚的陷阱。

（3）.第三，斯賓諾莎的倫理學，仍然歸於溫和，深知人類本性的嫉妒、怨恨、反抗、蔑視等情緒的反應，其破壞力可怕。為挽救此項社會群體的病態，首先應壓制情緒，並以愛心取代怨恨，用以達成消除報復心理的滋長。換言之，凡用愛心來消除怨恨的人，其奮鬥是快樂的，且相當樂觀，其戰勝是必然的結果，並不需要命運作為外援。因此，他認為聰明而有智慧的人，不以武力來戰勝心靈，卻用偉大的靈魂來征服心靈。斯賓諾莎的倫理真諦，是屬於希臘式的，認為：「智慧是道德的首要基礎，也是道德的唯一基礎。」它很像蘇格拉底的哲學思想。他指出，人的情緒必須經過長時間的考量之後，才能見到問題的真相，才是尋覓解決問題的要領。

（4）.第四，斯賓諾莎對於理智與情感的問題，有其超越蘇格拉底和斯多噶學派（*Stoics*，*315年B.C.左右，季諾 Zeno所創的希臘哲學派*）的獨到見解，他指出：「若無理智的節制，則情感是盲目的，兩者並非茫然地對立，在其相互競爭中，由於情緒是較深植於人心的遺傳基因，故較易佔優勢。只要我們能夠培養出清晰與妥適的觀念，則情緒自然會失去勢力。換言之，一切的欲望，均由不妥適的觀念所泛生而來，就會轉變為

情緒。如果欲望從妥適的觀念所產生，立刻就會變為道德。人世間所存在的是智慧沒有道德（*moral*，*指能區別是非善惡*）可言，故認為智慧即是道德。」

斯賓諾莎所論述的倫理學，是來自形而上學，他從理智的力量，察覺出永恆的法則（*Eternity Rule*，*超越時空而無變化，哲學家每以神性當之。*）而建立了倫理的法則。只有心靈接受理智的支配時，所產生的思想，才能有機會受到現在、過去或未來之觀念的影響。質言之，他認為憑著想像與理智的力量，才能使經驗化為先見，具備此種先見的智慧，我們方能擺脫昔日的奴隸，成為將來的創造者。因此，他肯定地指出：「*情感的惰性，就是人性的枷鎖；而理智的行為，才是人類獲得自由的通道。我們所追求的不是超越自然法則，而是超越畸形的情感。戰勝了個別的本能，壓制不能相互呼應的情感，則我們的理性，才能呈現完善的結局，這才稱得上有智慧的人，其所受到的幸福，才是聰明而有智慧人的幸福。*」所以，斯賓諾莎心目中的理想人物，並非亞里斯多德的貴族式英雄，亦非目空一切的尼采式的超人（*尼采倡言對於超人的道德之支配，以及權力意志的虛無主義，應超越、克服它*），而是和平鎮靜，善與人相處的聰明人。在理智的指導下，做一個偉大的哲人，並不一定要處在他人之上來統治他人，而是要超越於偏頗與惘然的慾望之上，用智慧來管理自己的思維與行為，此言令眾多有智慧的士紳，同感敬服。

斯賓諾莎認為意志是不自由的，也因為我們的行為是靠經驗來決定，所以統治者經常假手於人民的期望與懼怕的心理，來轄治人民的行為，使社會的秩序趨於進入常軌。因此，定命論

（determinism）認為人類的行為，莫不受內外情勢的限定，以致個人對自身行為無法負完全責任，人的一切皆被命運註定，無法自己做主。此種思維模式，灌輸到各個階層，成為社會多數人用來決定行為的根據。反之，定命論培養了人類較為優越的道德生活，它教導人不要輕蔑或仇恨任何人；基本上肯定人類「沒有罪惡」，即使吾人懲罰異端，也不必以「恨」為出發點，應當以寬恕他們所犯的錯誤或罪惡，成為社會步上和諧的基本思維。

　　綜合上述，吾人得知斯賓諾莎的定命論，促使人類應本著堅強而不怨、無喜的心情，去承受命運的遞變，能欣然接受自然的生滅法則。雖然有時會反抗命運，但卻不會詛咒命運，而進入沉默體會的境界之後，才恍然大悟宇宙中的哲理。吾人可由次列哲人的名言體會生命的真諦：

①.希臘哲學家柏拉圖，在其《理想國》中，曾表示同樣的理念：「我有一個永恆的真諦固定在心，所以沒有閒暇去顧慮人世間細微的屑事，更不會懷恨人類，或嫉妒人類；我的眼光永遠朝向著固定的原則。我的思維與宇宙的真諦，同其始終，同其命運。一切都循著次序，模仿自然，且根據自然法則，向前進展。」

②.德國的哲學家尼采說：「必然的事情不會傷害我，愛好自然，乃是我的本性。」這就是尼采希望到達的境界。

③.英國的抒情詩人約翰‧濟慈（John Keats，1795~1821年），著有《恩迪朱歐》（Endymion）、《希臘古壺吟》（Ode on a Grecian urn）、《夜鶯頌》（Ode to a Nightingale）、《秋之頌》（Ode to Autumn）等，其墓碑

*上刻有「這裡躺著一個名字寫在水上的人」字樣。濟慈
的詩大多完成於1817~1820年間，詩中感情豐富、想像高
妙、詞句亦優雅，其名言：「忍受所有赤裸的真理，注
視環境及一切平靜，那便是主權的頂峰。」*

上述三位哲學家，教導吾人讚美生命，不會害怕死亡。將智
慧用來體會生命，不是用來體會死亡，此種功能，可以使人類殘
缺的自我獲得恬靜，令有限的生命得到調適，這正是哲學家對人
類的偉大貢獻之一。

（D）.宗教與不朽：

斯賓諾莎的哲學很像《聖經》〈舊約全書〉（*Old
Testament*）中的詩歌智慧書所載〈約伯記〉之主角約伯（*Job*），
約伯雖出身於富有之家，但卻被神科以極為嚴厲苦難的重擔，以
考驗其耐性和誠心，促使約伯陷於非常失望、疲憊的情境中，但
始終堅信神的善良和正義，而終成為堅忍和耐苦之典範。斯賓諾
莎的性格，很能代表猶太民族性，他的民族是上帝的選民，又為
何遭遇許多災難，被人殘殺、放逐，而得不到安身立命之處？他
提出永久的與不變的法則，來安撫自己起伏的思維，希望將自己
的期望能與宇宙法則融合為一，成為與自然不可分離的結合體，
達到所謂：「最崇高美德的善良，能使人的心靈與大自然，以同
一步調相互往來的境界與智慧。」此種「汎神論」（*Pantheism*）
認為神即萬物，萬物即神的形而上學之理論（*worship of all the
gods*），在哲學上假定有絕對永久之渾然一體，而視萬有其表現
之一部分。難怪波斯的諷刺詩人奧瑪·開嚴（*Omar Khay-yuan*，

1048~1122年）所著四行詩集《魯拜集》（*The Rubaiyat*）說：「他從不肯稱一為二」。又，聽見美國自然主義者梭羅（*Henry David Thoreau*，1817~1862年）於華爾騰湖（*Lake of Walden*）湖畔，過著自給自足的生活，所著《湖濱散記》（*Walden, or Life in the Woods*，1854年。）主張接近自然，提倡樸素生活，曾在森林中隱居兩年，真是快樂如神仙，其樂無比。

斯賓諾莎認為：「如果把個人看作宇宙整體的一部分時，個人將是不朽的；人類的心靈，不能與人類的肉身同時消滅，至少必須有一部流傳於不朽。」他所指的不朽恰與英國的女小說家喬治‧艾略特（*George Eliot*，1819~1880年，*本名Mary Ann Cross，原姓Evans*），著有《亞當‧比得》（*Adam Bede*）、《佛洛斯河上的磨坊》（*The Mill on the Floss*）、《織工馬南傳》（*Silas Marner*）等不朽的名著相似，這正是最美麗，又是最合邏輯的詮釋，頗能激發人類力爭上游的功效。

有關斯賓諾莎提倡不朽之說，旨在希望人類能朝永生之路奔馳，他所指的不朽，有兩種意義：

① 第一，他將不朽與永恆分得很清楚，就心靈不朽的觀點而論，他不認為想像、記憶等具有延續性，人死後，這種延續性早已消失。此種觀點與亞里斯多德的主張不朽，卻否定人死後不再記得生前的事情雷同。

② 第二，他反對報償之說，福澤不是道德的報償，而是道德的本身。因此，思想的不朽，不是清晰思想的回報，而是清晰思想的本身，依賴此種思想，可呈現生命的真諦；因為每個真理，都是永恆的創造，人

類在無限的時間內，將永遠受其影響。質言之，斯
賓諾莎的倫理學，就以此種莊重與渴望的見解作為
終結，他的結語是：

「心靈的權力超越情感的權力；而有智慧者的地位，比愚人
要優先；有智慧者的能力，比愚人要優越。愚蠢的人，只憑著貪
慾的領導，常被外物所動搖，從未享受心靈上真正滿足的幸福；
反之，智者是擅於體認真理的人，在精神上難以動搖，他在永恆
的必然當中，深深體會了自己的狀態，他從不曾止息於這種存
在，但常常感到滿足。這是我所開闢的新道路，雖然很難達到，
但卻已經發現了。……凡是優越的東西，總是很稀少的，而且又
是難以攀及的。」

（E）．政治學的論著：

在斯賓諾莎所生存與活動的時代裏，計有英國的哲學家湯瑪
斯・霍布斯（*Thomas Hobbes*，*1588~1679年*）闡揚基於契約論，主
張絕對的專制政體，強力反對英國人反叛英王。復有約翰・密爾
頓（*John Milton*，*1608~1674年*，*英國的詩人*），則擁護革命運動，
恰與霍布斯持相反的見解。德・威特（*De Witt. Jan*）是斯賓諾莎
的好友，所著的政治哲學，主張共和政治，兩者的主張雷同，均
希望在荷蘭境內，擴展民主精神，以作為他國的典範。這套政治
哲學成為盧梭（*Rousseau*，*1712~1778年*，*法國哲學家*），倡導理想
共和國，引發法國大革命（*French Revolution*，*1789~1799年*，*平民
革命*）的主要根源。

斯賓諾莎認為一切的政治哲學，均以辨別自然秩序與道德

秩序作為分界點。早期的人類社會，並無法律或社會組織的規範，人所關心的只是自己的生活利益，每個人的行為只對自己負責，一切法律都不存在；罪惡二字在自然的國家內，並沒有什麼意義。那時自然界的原則非常單純，除了個人所不喜歡做的事情之外，未曾有法律的規範，故戰鬥、怨恨、憤怒、叛逆及貪慾等情事，並未加以禁止。質言之，強權就是公理，二者同歸於一；各民族之間，並沒有利他主義（*Altruism，regard for others as a principle of action，法國人孔德Auguste Comte，1798~1857年所創*）的存在。因此，民族之間，不但沒有共同的組織，也沒有彼此可信賴的公認權威，更談不上法律與道德了。國際間只倚恃武力、權力及狡滑的外交，掌控弱勢國家的資源，而自居於「列強」的地位；物種之間，亦依其「適者生存，不適者則亡」的物種軌跡，存續於地球上。

　　由於人類的歷史向前推移，個人從生活中，從自然界中，學習到法則，逐漸降服於社會與道德的約束力，強權雖是公理，但全體的強權壓制了個人的強勢。於是個人的強勢權力，便一部分交給有組織的社會。就形而上學而言，人類學得用理性來認識事物間的秩序；在倫理學中，採用理性來建立情感世界的秩序；在政治學上，明瞭如何運用理性的方法，來治理人與人之間的秩序。因此，斯賓諾莎強調：「一個完善的國家，絕不剝削人民的自由，它要使每一個人的生活或是行為，都有充分的保障；同時，要引導個人運用理智，來謀取快樂、幸福的生活。」這才是國家存在的目的與價值。

　　斯賓諾莎指出，國家和其他的有機體相似，執政的人永遠佔據權位，不肯退讓，常常堅持要維持其生存，統御人民，成為

侵犯與剝削人民生活權利的機關。這時，人民應如何對付這種
霸道的統治者，他認為只要抗議的權利還未被剝削，言論的權
利還繼續存在，就應群起抗議，希望能獲得和平改革的機會。
這是人性使然，處在這種被迫害的情境下，人民一定會群起走
上街頭，肆無忌憚地反抗政府，國家的法律也將失去尊嚴。反
抗的民眾，並不把這類抗議視為一種差恥，反而會認為是一件
神聖的事情。反之，斯賓諾莎承認國家雖有其存在的必要，但
不認為國家有無限的權力，諸如法國大革命時，急進派的領袖
羅伯斯比（*Robespierre，1758~1794年*）推動恐怖政治（*the Reign of
Terror*），於1794年被送上斷頭臺，結束其恐怖統治時期。他不
希望國家的權力無限增加，甚至連人民的思想、靈魂也將由國家
來支配，如此，則這種國家必遭人民推翻滅亡。

斯賓諾莎批評秘密外交，有一段名言，他認為：

「*為了國家的利益而採取秘密行動，是那群渴求權力的人所
唱的高調，……但是政府採取這種似是而非的言論，想一手掩盡
天下人的耳目，愈想把人民帶到雙性的領域，其壓迫百姓的程度
自然更加嚴重。……其實，寧可把國家的計謀洩漏給敵人，卻不
能讓專制皇帝，把秘密的政績遮掩過去。統治者遮掩慣了，在不
知不覺之間就增加了許多權力；統治者在戰爭時欺騙敵人，等到
和平的時候，又要矇蔽百姓。*」

換言之，斯賓諾莎認為民主政治，雖然是合理的政治方式，
但是施行既久，則平庸無能的人，必定佔據權位，淺陋阿諛之士
必得勝利，而淺陋的人位居上位，則自尊自重的人士必然遠遠逃
避。他們的才能遠高於庸人之上，卻讓傭人來治理國事，必定為
國家帶來災難，才俊之士感到恥辱，必定群起反抗。因此，民主

政治如何擢拔賢能之士，以利治國，成為一項重要課題。換言之，斯賓諾莎必須提出擢拔賢能之士的方法，才不流為空言。

在結束本章之前，我們想起十五世紀中葉至十六世紀上半葉，義大利佛羅倫斯的政治思想家馬基維尼（*Machiavelli*，*1469~1527年*）所著有關於國政權術的作品《君王論》（*The Prince Il Principe*，*1513年*），他一生致力於勸導義大利的權貴，把祖國義大利從入侵者、佔領軍與異國統治者的暴行中解救出來。他還引用義大利的詩人佩脫拉克（*Petrarca*，*1340~1374年*，*人文主義者*）詩句：

「不要畏懼野蠻的暴政，大家拿起武器來，戰鬥將很快結束；因為祖先的勇氣，在我們義大利人的心目中，並未消亡。」

這才是真正馬基維尼主義（*Machiavellianism*）的真正核心價值，值得有智慧、有遠見的政治人物深思學習。

又，十七世紀法國箴言（規勸之語）作家拉羅希福柯（*Rochefoucauld*，*1613~1680年*），其箴言主張人類行動的主要動機，即為利己主義（*Egoism*，*認為追求自己的利益為人類行為的根本，自我本位、私心systematic selfishness*）的諷刺哲學，他有句名言：「最狡猾的聰明，會做出最不可思議的愚行。」狡猾即奸詐之意，故俗語說「如狐狸般的狡猾」（*as Cunning as a fox*），常出壞主意（*skill in deceit*），是欺騙、虛偽、詐欺之同義語。

（六）. 斯賓諾莎的哲學對後世的影響：

斯賓諾莎未曾對其哲學體系創立學派，在其1677年2月逝世之前，許多哲學界人士，均避之唯恐不及，但隨後恢復了對他的讚譽，謹條述如次：

（1）.英國的哲學家大衛·休姆（*David Hume*，*1711~1776年*），著有《人性論》（*Treatise of Human Nature*）、《人類智力的探究》（*Enquiry Concerning Human Understanding*）等，在其哲學的懷疑論中，認為人的知識受觀念與印象所限制，所以知識真偽的最終驗證是不可能的。因此，休姆用「可厭的臆說」來譏評斯賓諾莎的哲學論述。

（2）.德國的劇作家勒辛（*Lessing*，*1729~1781年*，*評論家*），使德國戲劇從法國古典戲劇的舊習中掙脫出來。他原本是一位大評論家，在1780年和傑可比（*Jacobi*）的談話中，極力推崇斯賓諾莎的哲學思想。

（3）.猶太裔的德國哲學家墨西·孟德爾頌（*Moses Mendelssohn*，*1729~1786年*），係勒辛的好友，與康德（*Kant*，*1724~1804年*，*德國的哲學家，經驗派哲學的創始者*）也有文學上的來往。勒辛相當熱愛斯賓諾莎，所以在《賢人納容》（*Nathan der Weise*）的戲劇中，將活著的商人和已故哲學家斯賓諾莎的身上，所獲得的猶太人的理想型態，融為一完整的概念，予以展現出來。

（4）.德國詩人海德（*Herder*，*1744~1803年*，*評論家*）係浪漫主義運動的先驅，以基督教人道主義為出發點，撰寫一本有關斯賓諾莎的哲學系統，使得一些心胸磊落的神學家，開始注意斯賓諾莎的倫理學。

（5）.一位與海德同一哲學派系的奇萊爾馬歇

（*Schliermacher*），亦著書論及「神聖而被除名的斯賓諾莎」。

（6）.德國的浪漫派詩人哈登柏克（*Hardenberg*，1772~1801年），也以筆名諾瓦里斯（*Novalis*，小說家）稱斯賓諾莎是一位「被神所陶醉的人」。

（7）.傑可比（*Jacobi*），又把斯賓諾莎介紹給德國詩人、小說家哥德（*Goethe*，1749~1832年），當哥德第一次讀完斯賓諾莎的《倫理學》，就大受感動。哥德的靈魂，深入其哲學系統，此後他的詩歌與散文，處處表現出斯賓諾莎的哲學思想。質言之，哥德從斯賓諾莎學得教訓，接受自然加諸人身的限制，他感受了斯賓諾莎的怡靜，竟使自己超脫了極端浪漫主義（*romanticism*，反古典主義，主張感性、尚美、主觀的意念，代表作家有哥德、席勒、拜倫、雨果、大仲馬諸人），而進入嚴肅主義（*rigorism*，倫理學的一派，以制慾之理性生活為道德之鵠的者，如康德、斐希特。）哥德晚年的恬靜生活，應歸功於斯賓諾莎的哲學啟示。

哲學家結合了斯賓諾莎與康德的認識論（*Epistemology, theory of the method or grounds of Knowledge*），研究認識之起源、本質及其效力等問題，計分為唯理論與經驗論、觀念論與實在論、獨斷論與懷疑論等類別，旋即啟發了次列三位哲人的崇拜：

①.費希特（*Fichte*，1762~1814年），德國唯心主義和國家主義論的哲學家，於1808年法軍佔領普魯士時，在柏林演

講〈告德國國民書〉而聞名。

②.謝林（Schelling，1775~1854年）德國一元論（Monism，否定事物和精神二元性論，dualism, pluralism）的哲學家，主張精神與自然的絕對同一性。

③.黑格爾（Hegel，1770~1831年），係德國哲學家，將純粹存在視為純粹思想，並認為宇宙即是純粹思想的展開，哲學乃是將此種展開用辯證法解析的絕對觀念論之體系。

　　上述三位哲學家，其所主張的汎神論（Pantheism），認為神即萬物，萬物即神的形而上學之理論。因此，斯賓諾莎所倡言「自我生存的理念」，產生了費希特的「自我」（self，執拗self-will）、叔本華的「生存意志」、尼采的「權力意志」暨柏格森（Bergson，1859~1941年，法國哲學家）的「生之哲學」，造成哲學史上的研究風潮。

　　然而，黑格爾卻反過來批評斯賓諾莎，說他的哲學系統太過於枯燥，缺乏生趣。這就是黑格爾僅止於看到斯賓諾莎的「永久法則」與「絕對的理性」等靜態的層面，而忽略其所闡釋的「動態本質」之結果。到了1688年，英國光榮革命（The Glorious Revolution，1642～1688年）時期，斯賓諾莎的哲學思想，才到達巔峰狀態。年輕的英國浪漫詩人、評論家柯爾里吉（Coleridge，著有《忽必烈汗》Kubla Khan）及華茲華斯（Wordsworth，1770~1850年，英國湖畔詩人之一，與柯爾里吉合撰《抒情民謠集》The Lyrical Ballads），經常以激發俄國知識分子，大放厥辭談論「偵探之鼻」（Spy-nosa），指責英國政府派出特務（Spy，

偵探secret agent）來監視不滿分子，用以教訓政府之不當措施。

其他諸如英國浪漫詩人雪萊（*Shelley，1792~1822年*），在其著作《西風頌》（*Ode to the West Wind*）、《寄雲雀》（*To a Skylark*）、《雲彩》（*The Cloud*）等抒情詩暨《普羅米修斯解放》（*Prometheus Unbound*）等革命詩劇，經常會引用斯賓諾莎《宗教與政治論》原文。喬治‧艾略特（*George Eliot，1819~1880年*）英國女小說，其作品《亞當‧比得》（*Adam Bede*）、《佛洛斯河上的磨坊》（*The Mill on the Floss*）、《織工馬南傳》（*Silas Marner*）等均可看到斯賓諾莎的哲學思維影子。

斯賓諾莎逝世200年之後，1882年由各界募捐所得在荷蘭的海牙（*Hague*）建造了一座雕像，這個紀念碑，充滿了人世間的情感基礎。法國的古典學者、哲學家、歷史家洛讓（*Ernest Renan，1823~1892年，著有《Origines du Christianisme》，將歷史的方法運用到聖經的故事*），在此座雕像紀念碑舉行揭幕典禮時，曾有一篇精采的演講詞；用來終結這一章也最妥適；洛讓寫道：

「*這位人物，從他那花崗石的寶座上，將向世人指出他所發現的幸福之路。往後的世代中，儒雅之士旅遊路經此地時，當會禁不住想著：也許上帝垂教吾人的最寶貴啟示，便盡在此矣。*」

註解

❶ 斯賓諾莎（*Baruch de Spinoza, 1632~1677年*），其拉丁語名字為Benedictus de Spinoza。1632年出生於荷蘭，父母親是經營進出口的貿易商，家庭生活寬裕。從小就進入當地的猶太神學校，學習希伯來文、猶太法典及中世紀的猶太哲學。同時，他接受拉丁語文的訓練，並憑藉著拉丁

語文（*Latin，屬印歐語系的古代拉丁姆人、羅馬人的語言，後來成為羅馬天主教教會的公開語文*），得以有機會接觸笛卡兒（*Descartes，法國的哲學家，1596～1650年*）等人的著作。

　　在哲學上，斯賓諾莎是一位一元論者（*Monism，否定事物和精神二元性的理論dualism, pluralism*）或泛神論者（*Pantheism，神即萬物，萬物即神的形而上學的理論*）。他認為宇宙間只有一種實體，它即是宇宙整體的本身，而宇宙和上帝原本就是同一回事。此種思維係基於一組定義和公理，藉由邏輯的推理而獲得。質言之，斯賓諾莎的基本思維，肯定上帝包括了物質世界和精神世界。他認為人類的智慧是上帝智慧的組成部分之一。因此，他認為上帝是人世間每一件事的「內在因」，祂通過自然法則來掌控世界；而物質世界中所發生的每一件事，都有其「內在因」，及必然性可循。倘若人類能將週圍環境所發生的事件，視為必然性，則人類便容易與上帝融為一體。因此，斯賓諾莎指出人類應該在「永恆的相下」（*sub specie aeternitatis*），來觀察自然界各種事物之演遞與生滅。

❷ 門諾派源於初期的領導者西門斯・門諾（*Menno Simons，1492~1559年*）神父所創的宗教，隸屬於再洗禮派。門諾派於16世紀興起於荷蘭夫里斯蘭（*Friesland，荷蘭北部的一省*），是基督教新教徒的一派，與再洗禮派持相近的主張，反對幼兒洗禮、服兵役、就任公職。德國的門諾派曾定居於凱薩琳二世（*Catherine the Great，1729~1796年，俄國女皇，曾二次發動俄土戰爭，擴大俄國疆域。*）統治下的俄國，19世紀時因免除兵役義務越來越困難，故教徒大量移居美國、巴西謀生。

❸ 華茲華斯（*William Words-worth，1770~1850年*）係英國湖畔詩人（*Lake Poets*）之一，與柯爾里吉（*Samuel Taylor Coleridge，英國浪漫派詩人、評論家、鴉片癮者，著有《老水手之歌》The Ancient Mariner.*）合撰《抒情民謠集》（*The Lyrical Ballads*），成為英國浪漫主義的先聲，1843年被封為英國桂冠詩人（*Poet laureate，當代最傑出的詩人*）。華茲華斯是批評家安諾德

（*Matthew Arnold*，*1822~1888年，英國詩人，批評家*）列為僅次於莎士比亞（*William Shakespeare*，*1564~1618年，英國的劇作家、詩人*）及密爾頓（*John Milton*，*1608~1674年，英國的詩人*）的英國最佳詩人，主張詩必須取材自日常生活，使用人類實用的文字及加入想像的色彩，其詩超脫塵俗，將自然界的聲音與回憶中的景象，經由想像而戲劇化地表現出來，他是個人價值及尊嚴的衛護者，睥睨歷代詩壇的自然詩人。

❹ 萊登（*Leiden*）是荷蘭南荷蘭省的一個城市，擁有118,000名居民，它與萊茵斯堡（*Rijnsburg*）、法爾肯堡（*Valkenburg*）等六處，形成一個城區，共計有254,000名居民。它位於老萊茵河（*Oude Rijn*）上，其南端距離海牙（*Hague*）20公里，北端距離哈勒姆40公里，而卡赫湖（*Kagerplassen*）休閒區正好在萊登東北部。

　　萊登自1575年成為荷蘭的大學城，如今擁有萊登大學（*Leiden University*）和萊登大學醫學中心（*Leiden University Medical Centre*）。在歐洲，萊登與牛津（*Oxford，位於英格蘭東南部牛津郡Oxfordshire的首邑。*）堪稱雙子，前者是歐洲大陸聲望及學術地位最高的大學所在地；後者是英格蘭最古老的牛津大學所在地。萊登建造在一座人造山上，今日稱為萊登城堡（*Burcht Van Leiden*），位於老萊茵河和新萊茵河的交匯處。

　　據史載，萊茵於1047年被神聖羅馬帝國，法蘭克（舍利）家族（*Franconian, or Salian emperors*）的亨利三世（*Henry Ⅲ，在位期間1039~1056年*）劫掠。13世紀初，阿達（*Ada, Countess of Holland，阿蘭女伯爵*）逃到此處避難，當時她正在與他的叔叔威廉一世（*William I, Count of Holland*）進行內戰，威廉圍困了據點並俘虜了阿達。萊登在1266年獲得了城市權（*City，指依特許證所制定，且有大教堂的都市*）；1389年時人口已增加到約4,000人。到了15世紀末，萊登的紡織業發達起來，主要有寬幅細毛織品（*broadcloth，寬幅羅紗，手織木棉襯衣料*），在驅逐西班牙人之後，發展了重要的印刷及出版業，使人類文明更朝前邁進一大步。

　　1572年全體荷蘭人一起反抗西班牙，在長達80年的戰爭中，充分發揮抗衡的作用。1574年5月至10月間，萊登原本被西班牙圍困，隨後改變戰略，通過破壞堤防的策略，讓船隻可以駛向四方的水域城鎮補給糧食，萊登從而得以解圍。1575威廉一世，為了獎勵萊登人的英勇抵抗，建立了萊登大學，並且首次發行紙幣，促進商業交易與發展。換言之，萊登也是17世紀早期清教徒（*pilgrim*）前輩移民的地方，此後他們離開了萊登前往新世界的麻薩諸塞（*Massachusetts，美國新英格蘭地方的一州*）。17世紀，萊登極其繁榮，原因之一是弗蘭德來的難民推動了紡織工業，形成荷蘭黃金時代，萊登成為第二大城市，僅次於阿姆斯特丹。

❺ 約翰尼斯·彼得·繆勒（*Johannes Peter Müller，1801~1858年*），係德國生理學家、海洋生物學家和解剖學家，生理心理學的創始人，實驗生理學之父，曾提出脊髓反射理論、神經特殊能量論。

　　繆勒出生於柯布倫茨（*Koblenz*）的貧窮鞋匠家庭，1819年進入波恩大學（*University of Born*）就讀，1824年成為波恩大學生理學及解剖學講師，1826年升任為該大學的生理學教授。1833年轉赴柏林洪鮑特大學（*The Humboldt University of Berlin*），擔任該校解剖學與生理學教授，直到1858年4月28日逝世。繆勒所著作的《生理學元素》（*Elements of Physiology*），奠定現代生理學思想與應用的基礎。放射蟲（*Radiolarian*）這個名詞就是繆勒所創造，他辨認出放射蟲屬於根足動物（*Rhizopods*），其形狀類似阿米巴原蟲（*amoeba，原生動物，變形蟲*）。根據繆勒的說法，有些放射蟲缺乏骨骼，形狀多樣化，分類學上則以其骨架特徵，作為區分之依據。

伍、法國文學家伏爾泰的哲學思維

（一）. 伏爾泰的生平與成長背景：

伏爾泰的本名為佛朗歌斯・馬利・阿魯埃得（*Francois Marie Arouet，1694~1778年*），係1694年出生於法國巴黎一個富裕的中產階級家庭，家中排行第五，最年幼的孩子，父親佛朗歌斯・阿魯埃得（*Francois Arouet*），是一位法律公證人，曾任審計院司務（*官名，掌理庶務*）；母親瑪莉・瑪格麗特・杜馬（*Marie Marguerite d'Aumart*），來自普瓦圖省的貴族家庭。因此，母親教他智慧與聰明，父親則留給他魯莽與輕易發怒的性格，從小身體非常衰弱，其一生大無畏的精神，始終受到疾病的折磨。據說伏爾泰才智聰明，3歲能夠背誦文學名著，12歲便能作詩。在高中時代，伏爾泰便掌握了拉丁文和希臘文，後來更進而通曉義大利語、西班牙語及英語。1711至1713年間攻讀法律，在投身文學之前，為法國駐荷蘭大使館擔任秘書和法庭的書記，出入於貴族圈中。他以詩人的敏感性格，經常撰文針砭（*喻規勸過失*）時尚、評論朝政，以犀利和妙語引人矚目。

伏爾泰從小就有志於文學，但其父親認為散文與詩詞微不足道。不過著名的詩人狄・嫣可拉斯（*De l' Enclos, Ninon*），見到伏爾泰的相貌，就認為長大必定大有作為，所以當他逝世時，致贈二千法郎（*Franc*）給伏爾泰購買書籍，其幼年的教育即獲益這筆

款項資助。在此同一時期，有一位生活放蕩的長老，教他背誦禱詞，又傳受他懷疑哲學（*Skepticism philosophy*，*對特定的事實及理論的真實性存疑，即懷疑論者。*）隨後有一些耶穌會的教士教他辯證法（*Dialectics*，*指形而上學的矛盾及解決其方法的批判論；一種思想在完成的過程中，所必須經過正thesis、反antithesis、合Synthesis三個階段。*）換言之，伏爾泰幸運地獲得周邊熱心人士的教導，而得到這些能懷疑一切事物的法寶，使他對任何事物產生存疑，終於成為一位傑出的熟習辯證法的學者，正式成為文學界的有為之士。

　　1715年，伏爾泰時年21歲，前往巴黎市，眼見法蘭西國王路易十四世（*Louis X Ⅳ，1638~1715年，在位期間1643~1715年*）駕崩不久，由年僅五歲的路易十五世（*Louis X Ⅴ，1710~1774年，在位期間1715~1774年*）掌政，因年紀太幼不能理政，大權操在攝政王手裏，造成巴黎政局紊亂，缺乏社會秩序。此時法蘭西出現財政危機，攝政王為了節省宮中養馬支付，將皇宮中的馬匹賣了一半，伏爾泰得知此項消息後，便撰寫文稿諷刺此一事件，認為假如能把宮庭中的笨驢淘汰若干，一定更為合理。因此，1715年，年僅21歲的伏爾泰，因寫詩諷刺掌權者攝政王奧爾良公爵（*Duke Orleans，奧爾良王朝的支持者，七月革命之後統治法國。*）而被流放到蘇里。

　　1717年，伏爾泰又因諷刺詩影射宮廷的淫亂生活，並在文章中有二首詩詞，直接指名道姓譏罵攝政王，說他有篡位的野心，令攝政王大為惱怒。亦因此項不實的指控，旋即將引發諷刺此種 "笨" （*bumbler，小官僚妄自尊大pretty official dom*）的措詞，都歸罪於伏爾泰的身上，由他一個人承擔。因此於1717年4月16

日，被送進巴斯底監獄（*Bastille，建於14世紀，專門囚禁政治犯的監獄。*）吃牢飯11個月。當他被囚在巴斯底獄時，改了姓名，自稱為伏爾泰（*Voltaire*）。根據18世紀英國蘇格蘭的評論家、思想家、歷史家湯姆斯·卡萊爾（*Thomas Carlyle，1795~1881年*）對民主、英雄主義和革命都有獨到的見解，其論著普遍受到歡迎，所撰《衣裳哲學》為其最偉大的作品。他認為伏爾泰（*Voltaire*）的名字係阿魯埃得（*Arouet*）一字的變換，該名字似乎在伏爾泰舅舅家族也曾有過。

伏爾泰在監獄中約經十一個月的光景，專心寫詩，完成了一首冗長而有價值的史詩《亨利亞德》（*Henriade*），描述亨利四世（*Henry Ⅳ，1553~1610年*），那瓦爾（*Navarre*）的國王，創立法國的波旁（*Bourbon*）王朝，在位期間1589~1610年。那瓦爾（*Navarre, Span. Navarra*）位於西班牙北部的地方，係西班牙到法國西南部的中世紀王國，地處庇里牛斯山脈（*Pyrenees Mountains*）西南斜面的山岳地帶，主要收入來源為林業和畜牧，夏季把羊群趕往高原的牧草區，冬季則飼育於山谷間，此種移牧方式自古行之。除此之外，在獄中完成了他的第一部劇本，描述關於路易十五（*Louis ⅩⅤ*）的攝政菲利普二世（*奧爾良公爵*）的《俄狄浦斯王》（*Edipe*），在該作品中，他首次使用「伏爾泰」作為筆名。

1718年3月間，法國路易十五世的攝政王，良心發現他所監禁的年輕人伏爾泰並沒有犯罪，所撰諷刺詩為其言論自由的範圍，立即放他出獄，並支付相當金額的賠償。伏爾泰亦無怨言，寫了謝函感謝他在監獄中，雖無自由，但備受攝政王的照顧，萬分感謝，以祈求攝政王讓自己照顧自己。出獄不久的1718年秋，

《俄狄浦斯王》在巴黎上演，引起轟動，伏爾泰亦因此劇的演出，而獲得「法蘭西最優秀詩人」的桂冠。質言之，伏爾泰從此由監獄中，邁向政治、文學舞臺，他的著名悲劇《伊底帕斯王》（*Oedipus*），也在1718年順利出版，在巴黎連演45夜，打破了巴黎戲劇界的新紀錄。然而，伏爾泰是一位年輕的戲劇家，也常常不太講禮貌，他在戲劇中，也寫著二行不太得體，且表示漠不關心的評語：

「*我們的牧師，絕不像我們所想的那樣；她們的知識，在我們看來，實在毫無意義。*」（第四幕第一節），這無異中借用阿拉斯佩（*Araspe, the king of Cyprus*）國王的語氣，說出內心的思維：

「*讓我們信任自己，用自己的眼睛，去看一切事物；讓這些親眼目睹的事物，成為自己的神諭，自己的神壇，以及自己的上帝。*」無怪乎他那白髮蒼蒼的父親，在悲劇散場後，就說：「*啊，這惡棍！這惡棍！*」來掩飾其心中的感受與喜悅。

（二）. 伏爾泰的早期思維與處世風格：

伏爾泰係法國文學家、思想家，其啟蒙思想對於法國大革命產生很大的影響，所撰文稿，筆鋒犀利且善於諷刺，為當代文學權威，作品以《憨第德》（*Candide*）最膾炙人口。伏爾泰早年即受自由主義思想的洗禮，年僅24歲，於1717年由於撰寫諷刺攝政王的詩，而被監禁於巴斯底監獄（*Bastille，專門監禁攻評政府者及文學家之處*），於獄中完成了悲劇《伊底帕斯》（*Oedipus，希臘傳說的故事*），翌年出獄；1726年，伏爾泰又遭貴族德·羅昂的污辱及誣告，又被投入巴斯底監獄達一年，出獄後，又被驅逐出

境，流亡英國。

伏爾泰在英國流亡期間（*1726~1728年*），是他人生的新時期，他在英國棲居3年，詳細考察了英國君主立憲的政治制度和當地的社會習俗，深入研究了英國的唯物主義經驗論和牛頓的物理學新成果，成為反對封建專制主義的政治主張和自然神論，成為最具有憑據的哲學觀點。因此，《哲學書簡》（*Letters Concerning the English Notion*），宣揚英國資產階級革命的成就，抨擊法國的專制政體，這是伏爾泰在英國三年所得的觀感和心得的總結，也是他的第一部哲學和政治的專著。1729年，伏爾泰得到法國國王路易十五的默許，正式回到法國；之後，他陸續完成和發表了悲劇《布魯特》、《薩伊》、以及歷史著作《查理十二世》等。然而，當伏爾泰於1734年，正式發表《哲學書簡》，出版後立即被查禁，巴黎法院下令逮捕作者。迫使伏爾泰逃到希萊（*Cirey，距巴黎東南東約241公里*）夏特勒侯爵夫人（*Emilie du Chatelet*）的莊園，隱居15年之久。

法國文學批評家聖佩甫（*Sainte-Beuve，1804~1869年*），曾對伏爾泰的表演藝術下了評語說：「他的身上，簡直附著魔鬼。」而迪邁斯特（*De Maistre*），也以同樣的語氣尊呼他說：「他是繼承地獄所有魔力的唯一人物。」換言之，伏爾泰一生最能代表的特質，是他那永遠不衰竭的精力暨其光明磊落的心靈。他計有九十九卷的著作，其題材包羅萬象，尤如一部百科全書（*encyclopedia*），其心靈頗為精細，而其心理平衡，且富於彈性而又精準無比，故常將世間的忿怒之事，化解為趣事，烈火成為光明的指示燈。在他的同時代中，他是最為勤勉耐久的人；他的秘書說：「伏爾泰除了時間之外，對什麼金錢、財物都不吝

嗇。」因此，伏爾泰常勉勵人應把自己放置在工作之中，使生命能夠穩固永久，認為工作是最有效的娛樂，可以壓抑生活中的陰影。假如您不願自殺，最好找點工作做，此種真言，是人生浮世的忠言，人人理應尊重。

法國詩人、小說家、劇作家、浪漫主義運動的先驅雨果（*Victor-Marie Hugo*，*1802~1885年*，《孤星淚》*Les Misérables的作者*），曾經說過：「只要呼喚伏爾泰的名字，就可以招出18世紀的特性。義大利有一個文藝復興運動，日耳曼有一個宗教革命，而法國有一個伏爾泰。他對法國的貢獻，既抵得過文藝復興的運動，也抵得上宗教上的改革，並且完成了法國革命的一半工作。」質言之，伏爾泰把有防腐作用的蒙田（*Montaigne*，*1533~1592年*，*法國作家*），在《隨想錄》（*Essais*）中，強調──人類的理性往往容易犯錯，而且在人類的知識領域中沒有絕對之事，指出人類要有充滿叡智的寬容之人生哲學（俗稱懷疑論），予以發揚光大。

法國的醫師、諷刺作家、人文主義者的拉伯雷（*Francois Rabelais*，*1495~1553年*），所著《賈甘裘與帕塔庫留耶魯》（*Gargantua and Pantagruel*）全五卷，其所描述傳統秩序與腐敗的神學、不正當的社會現象等以尖刻諷刺的手法，用以讚美人性，探究真理的文章，獻給法國社會，對法國文藝界帶來莫大的影響，成為文藝復興精神中最具特色的作品，亦使通俗而健康的詼諧，深植法國人心。換句話說，拉伯雷（*Rabelais*）對宗教上的迷信及政府腐化的事件，強烈提出抨擊，其作為較馬丁・路德（*Martin Luther*，*1483~1546年*，*德國的宗教改革者*）、伊拉斯摩斯（*Erasmus*，*1466~1536年*，*荷蘭人文主義者*，*所著《愚人*

頌》Eñcomium Moriae，批判教會、開創宗教改革之風潮）、喀爾文
（Calvin，1509~1564年，法國的神學家，宗教改革者，所著《基督教
綱要》對原罪說、神之預定與選擇的教義，提出強烈的批評）、諾克
思（Knox，1505~1572年，英國蘇格蘭新教徒的宗教改革者，1560年
確立了長老派教會的地位）、曼冷屈頓（Melanchthon，1497~1560
年，德國的人文主義者，支持馬丁路德的宗教改革，亦譯為米蘭
敦。）等五位的批判更為激烈，更加徹底。

　　伏爾泰更令人敬服，他曾幫助彌勒波（Mirabeau，1749~1791
年，法國政治家、文學家、法國革命時第一次國民會議的中心人
物）、馬拉（Marat，1743~1793年，法國革命的領導者、哲學
家、醫師、物理學家，於洗澡時遭刺殺身亡）、丹頓（Danton，
1759~1794年，法國革命時期的政治人物、國民公會議員、第一任
公安委員會委員，與羅伯斯比對立，被處死於斷頭臺上）暨羅伯斯
比（Robespierre，1758~1794年，法國大革命時的政治人物，急進派
領袖，推動恐怖政治，1794年被送上斷頭臺）等人物，製造了許
多火藥，炸毀法國的舊王朝。因此，法國浪漫派詩人、政治家
拉馬丁（Lamartine，1790~1829年，著有《默想詩集》Meditations
Poétiques）說：

　　「假如我們以人的成就來評判一個人，那麼毫無疑問的，伏
爾泰必定是近世歐洲最偉大的人物，……上天給他八十三歲的壽
命，使它能有充裕的時間，漸漸分解腐敗的王朝，使他有充足
的時間來和時代奮鬥。當他逝世的時候，他已經是一個成功者
了。」

（三）.伏爾泰在法國巴黎時期的作品：

伏爾泰一生中，曾經被人放逐、監禁，他的每一本作品與每一篇文章，都遭到政府與教會嚴厲取締過，但仍然以無比的毅力堅持真理，勇往向前邁進，最後許多諸侯、教皇及在位的皇帝，都以禮相待；也為了他的存在，造成王朝的地位，陷於搖搖欲墜的情境。在那個獨裁專橫的時代，人民最需要勇於站出來的反抗者，誠如尼采（*Nietzsche，德國的哲學家，1844～1900年*）所說的：「笑獅應該到了，好了，伏爾泰終於到了，他大笑地破壞一切不合理的制度。」伏爾泰與法國哲學家盧梭（*Rousseau，1712～1778年*）代表了兩種社會的呼嘯，希望從封建制度的經濟狀況與政治形態，轉換為中產階級，用以滿足人民的需求；從舊有習俗中自求解脫而訴諸理性；或從舊法規中力圖擺脫不合理的拘束、苛求而能回歸自然。因此，中產階級的法國人民，對伏爾泰的理性主義（*rationalism，即理性主義，凡不能以邏輯或科學方法證明合理者，皆不可信。*），或是盧梭的自然主義（*Naturalism，主張在文學、藝術上，對人類、自然、社會現實給予真實表現的主義。*）深表歡迎。伏爾泰與盧梭在法國革命爆發之前，就是從事解放法國社會的舊有習慣與成規，刷新原有的感情與思想，使人民的心靈能接受新的試驗，建立新社會的價值與信念。質言之，哲學和歷史就如同理智和情感，一種無意識的轉化，而改變了人外在的意識思維及價值觀。

當法蘭西國王路易十六（*Louis ⅩⅥ，1754~1793年，在位期間1715~1792年*），在教廷的監獄中發現伏爾泰與盧梭的著作時，曾感嘆地說：「毀了法蘭西的，就是這兩個人！」他所說

的法蘭西，應該指的是他自己所掌管的王朝而言。拿破崙一世
（*Napoleon I*，*1769~1821年*，*法國皇帝*，*在位期間1804~1815年*）也
曾說：「假如波旁王朝（*Bourbon*，*法國王室*，*從1589年亨利四世
繼承王位*，*曾分別統治法國、西班牙、那不勒斯*），能控制出版的
話，它的壽命必定可以再延長若干年；槍砲打垮了封建制度，墨
水卻把近代的社會組織完全瓦解了。」換言之，伏爾泰也說：
「書籍的力量足以統治世界，其影響力佔了首要地位。……一旦
一個民族開始思維社會情況之後，任何力量，都無法抑止。」自
從法國社會出現伏爾泰之後，法蘭西民族便運用思想，期望能改
變國家的命運，提昇人民的福祉了。

　　1718~1726年的八年間，伏爾泰身處法國巴黎的上流社會，
度過愉快的生活；但是他的命運有了很大的轉折。他只不過是一
位天才，既無社會地位亦無爵號。有一次伏爾泰與一群人共同在
酒店中餐敘，用他那固有的傲慢神情，作了簡短數分鐘淋漓盡
致的演講；演說結束之後，有一位羅翰爵士（*Duke Rohan*）的貴
族，在屋角遠處問：「是那一位啊！竟敢在這裏高談闊論？」此
時的伏爾泰，壓不住其意氣高昂的態度，立刻大聲回答說：

　　「*我的主啊！你所詢問的人，並沒有偉大的爵號，但他的名
字，卻贏得眾人的尊敬！*」

　　伏爾泰不得體的回答，形同造反的行為，所以尊貴的邊疆
侯爵（*Margrave*，*鎮守邊境之將軍*，*位僅次於王*，*12世紀之後改為世
襲*，*並加封號*），便藉其權勢，雇人在黑夜中襲擊伏爾泰，第二
天他便走進羅翰爵士的包廂要求決鬥，遭回絕之後，透過其表親
警察總監逮捕，送回巴斯底監獄吃牢飯。1726年，他自願流放英
國而被釋放，在英國度過了三年，於1729年方返回法國。

（四）. 伏爾泰在英國倫敦時期的作品：

伏爾泰在英國倫敦時，首先認識英國保皇黨的政治家波林布魯克（*Henry St. John Bolingbroke，1678~1751年，伯爵*），由於他深具政治學及哲學的修養，旋即利用聚餐機會，介紹英國當代大文豪，諸如出生於都柏林的英國諷刺作家斯威夫特（*Jonathan Swift，1667~1745年，聖派屈瑞克Saint Patrick教會的座堂主任牧師*），然而，伏爾泰不曾偽裝自己的門第，也不願看見作家自貶身價。雖然，斯威夫特著有《格列佛遊記》（*Gulliver's Travels*），係英國政論家，以痛斥英國政治、宗教、哲學而聞名於世，伏爾泰也以不亢不卑的友善態度與之交往。有一次，英國王政復古時代的喜劇作家康格利夫（*William Congreve，1670~1729年，著有《為愛而愛》Love for love*），說自己的劇作只是瑣屑小品，不足掛齒，情願別人把他視作一個悠閒的文人，而不是一位作家。伏爾泰聞後，大不以為然，便直言：「既然你只是一個悠閒的文人，則與其他的人一樣，我也絕不來拜訪您了。」這便是伏爾泰的耿直個性，符合益友有三的原則，令人敬服其為人處世的直言態度。

最令伏爾泰驚奇的是，諸如波林布魯克（*Bolingbroke*）、斯威夫特（*Swift*）、艾迪生（*Joseph Addison，1672~1719年，英國評論家、詩人著有《詩作戰役》，影響英國文學鉅大。*）等享有高度寫作與思想的自由，其人民的輿論絲毫不受統治者的限制。當英國清教徒宗教改革（*reformation*）時，曾於1649年1月30日在白廳（*White Hall*）前，公開處死查理一世（*Charles I，1600~1649年，英國國王*）；又從海外輸入一個皇帝威廉三世（*William III，1650~1702年*），於1688年的光榮革命後受英國議會召聘，與其

妻瑪麗（*Mary*），在1689~1694年間共同治理英國。同時，又能組織議會，使它的權勢超越歐洲君主之上。在英國並沒有巴斯底監獄，而有爵位的人，絕不可能隨心所欲地指派士兵無故逮捕人民；在多達三十種宗教中，卻沒有一位祭司，而教友會（*the Society of Friends*，*教友派信徒Quaker*）的行為大膽，使其他教徒莫不衷心佩服，勇於倡議恢復基督教原始狀態，主張廢除一切宗教儀式，求救濟於心靈為宗旨，並主平等，斥戰爭及世俗娛樂，其教徒或稱之為顫慄者（*Quakers*）、含譏誚之意。伏爾泰從英國民族中所獲得的印象，其深刻程度，即使數十年之後，依然無法忘懷英國民族所享有的自由人權。

　　伏爾泰有感於英國自由思想的可貴，在其所撰《哲學辭典》（*Philosophy Dictionary*）中，曾道出：「可以確信的是吩咐我們要去友愛敵人，毫無怨言地忍受痛苦的上帝，絕不會叫我們渡過海峽為那些兇手，去戕害自己的同胞。因為那些身著紅衣，頭戴兩尺高帽（*Cardinal*，*主教皆著紅衣紅帽—Cardinal's hat，故俗稱紅衣主教*。）的兇手，在徵募老百姓當兵時，還不時顯露他們殘暴的本性，不斷鞭笞所騎的笨驢……。」換言之，在17世紀的上半葉，英國哲學家培根（*Francis Bacon*，*1561~1626年*）的思想相當受到重視，其所推動的新策略，施行無阻，成效良好。英國哲學家湯姆斯・霍布斯（*Thomas Hobbes*，*1588~1679年*），繼承文藝復興時期懷疑學派（*Skepticism*）的精神，發揚光大，構建了一套完整的機械式唯物論（*Mechanic Materialism*），在英國未曾被視為異端而遭排擠。

　　又，英國的哲學家、政治思想家、啟蒙哲學及經驗論的創始者約翰・洛克（*John Locke*，*1632~1704年*），以契約說奠下自

由主義的基礎，所著《人類悟性論》（*An Essay Concerning Human Understanding*），以心理學者的身分，解析人類心理現象，絲毫不沾染神秘色彩。其他尚有英國小說家威廉‧柯林斯（*William Collins，1824~1869年，英國偵探小說之始祖*）、英國宗教改革家威廉‧丁道爾（*William Tyndale，？～1536年，英譯聖經者，因主張聖經權威性勝過教皇，被視為異端，遭羅馬教皇保羅三世Paul III，在位期間1534～1549年，處以火刑。*）暨其他自然神論者（*Deism，雖然承認有神的存在，但卻否定神蹟、啟示及超自然基督教教義的理論。*）採取大膽的態度懷疑傳統的教義，重建教徒對上帝的信仰。

當英國的物理學家、數學家、天文學家牛頓（*Newton，1642~1727年*）逝世時，伏爾泰時年53歲，參加了隆重的國葬，他寫道：「誰是最偉大的人物，許多人都會異口同聲地說，應該是牛頓，值得我們瞻仰，他並非用暴力來奴役我們的人，而是用真理來管轄我們心靈的人。」質言之，伏爾泰致力於研究牛頓的著作，相當徹底，並把牛頓的學說傳入法國，驚醒了法國的思想界。

伏爾泰於1726~1729年等三年間，自願流放英國，廣結名流，吸收了英國的文學、科學及哲學，並以法蘭西文化與法蘭西精神，將各種英國所具有的優良素質，化成智慧與辯才的菁華；同時，把所獲得的印象，撰寫為《英國書簡》（*Lettres on the English，1778年正名，形同English sonnet*）轉送給朋友。該書簡的內涵及影響如次：

（1）.將英國的政治自由與知識界的獨立自主性，和法國的

專制與約束相互比較，故不敢出版。他有鑒於法國哲學家、劇作家、批評家及百科全書編纂者之一狄德洛（*Denis Diderot*，*1713~1784年*），因出版《關於盲人的書信》，被捕下獄吃牢飯六個月；復看到法國博物學家戴蒲豐（*Comte de Buffon*，*1707~1788年*），因著有《博物誌》（*Histoire Naturelle*），於1751年，被迫公開取消有關地球年齡的見解。同時，政治學者福雷萊（*Freret*），因對法國國王的權力起源，作了批判性的研究，遭致被送進巴斯底監獄吃牢飯。此種焚書坑儒之惡風持續到1788年始告解除。但1815年法國復辟時代開始後，此種惡例再度被採行。

（2）.伏爾泰又痛貶法國的墮落貴族，與專抽十一稅（*指收取人民收益的十分之一*）作為教會和神職人員的費用。同時，法國政府採用將批評者關進巴斯底監獄，來回答人民的質疑，令人民感到失望。

（3）.伏爾泰在書簡中，激勵中產階級，盼他們抬起頭來，爭取應有的適當地位，獲得應有的權利與尊嚴，這無意中成為法國大革命的前奏，使法國獨裁政權坐立不安。

（五）. 伏爾泰與夏特勒侯爵夫人的傳奇故事：

當伏爾泰於1729年，被法王默許自英國返回法國之際，有一位缺乏職業道德的出版家，竊取《英國書簡》（*Letters on the English*）的底稿，並未獲得作者的許可，就逕自出版，高價出

售，令法國人大為吃驚。1734年，巴黎議會立刻宣佈禁止發售，並搜集書本焚毀，斥之為「敗德的作品，不僅違背宗教，更是背叛道德，嚴重的妨礙政府的威信。」伏爾泰亦覺得自己又接近巴斯底監獄了，旋即自我放逐地逃離巴黎，投靠遠離巴黎241公里的友人夏特勒侯爵夫人（*Émilie du Chatelet*，*1706年12月17日~1749年9月10日*）的壯園。當時夏特勒侯爵夫人年僅28歲，而伏爾泰已是40歲的中年人。她是一位法國的數學家、物理學家和哲學家，其一生奇才之處甚多，謹摘錄數則如次：

（1）.1725年6月26日，芳齡19歲，與軍人夏特勒侯爵（*Marquis Florent-Claude du Chastellet*）結婚，育有三子後，兩人協議分居。

（2）.1731年，時年24歲，和黎塞留公爵（*Due de Richelieu*）發生戀情，鼓勵他先行研習高等數學，以便進一步探討牛頓的理論。因此，她和法國數學家莫泊提斯（*Maupertuis*）有了學術上的交往。

（3）.1734年，邀請伏爾泰住進她所擁有的洛林省（*Lorraine*，*位於法國東南東，佛日山脈和馬士河之間*）希萊（*Cirey*）別墅，同時，進行物理學和數學方面的研究，並依據牛頓所著的《自然哲學的數學原理》（*Newton's Principia*）譯成法文，並發現了物體的動能與其速率的平方成正比。

（4）.1737年，發表《火的物理學》獲得法蘭西學院的首獎。她在科學上的成就遠超過伏爾泰。

（5）.1740年，為13歲的兒子寫了《物理學教程》

（*Institutions Physique*），灌輸科學與哲學的新思想。

（6）.1748年，約43歲左右，她又愛上了一位年輕軍官聖朗
　　　貝爾伯爵（*Marquis de Saint-Lambert*）並懷孕，產後六
　　　天死於血栓（*Thrombus*，*人體循環系統中，因血液凝固
　　　而阻礙血液循環之病症*）。

　　伏爾泰與夏特勒侯爵夫人住在希萊的別墅中，雖然是少婦配
中年情夫，其所競爭的正是科學上的發明與啟示，造成小小的希
萊小鎮，竟然成為法國思想界的總樞紐。成群結隊的貴族與新崛
起的中產階級，都趕來膽仰伏爾泰飄然出世的風采。他很樂於作
為一個腐敗與光燦社會的中心人物。難怪與伏爾泰等啟蒙運動有
交往的俄國女皇凱薩琳二世（*Catherine II*，*1729~1796年*，*在位期間
1762~1796年*），稱他為「愉快的聖潔者」。因此，在伏爾泰的身
上找不出英國蘇格蘭的評論家、思想家、歷史家卡萊爾（*Thomas
Carlyle*，*1795~1881年*）的憂鬱症（*Melancholia*，*指一個人精神蒙障
礙、思慮及運動皆是呆滯狀者*）。他自得其樂說：「*有時候，糊塗
是一件很甜蜜的事，我認為人類的莊重，只是一種病態。*」

　　伏爾泰就在與夏特勒侯爵夫人相處愉快的時段，先後完成
《沙第》、《戇第德》、《米克羅梅加》、《天真的人》等傳奇
故事諸書。在他「九十九卷」著作中，以這個時期的作品，最
能代表他的真精神。其中有關《米克羅梅加》係模仿英國諷刺作
家斯威夫特（*Jonathan Swift*，*1667~1745年*）所撰《格列佛遊記》
（*Gulliver's Travels*）的作品，惟對於宇宙的幻想比原作更為充
實。在該書的結尾道出伏爾泰的心聲，他說：「我們應當譴責那
些坐在高位之上，本性強暴的野蠻人，他們安居在王宮中，只要

發一道命令，就有千萬人民互相殘殺，殘殺結束後，他們就感謝上帝，慶祝成功。您們要殺，就應該殺這一班人。」

伏爾泰在晚年完成《憨第德》（*Candide*）的名著；而沙第（*Zadig*）是巴比倫的哲學家，他是最聰明的人，所知道的形而上學，比任何哲學家都要深入透徹，他認為最透徹的知識，就是毫無所知。後來沙第從巴比倫城出來時，為了救人自衛，打死人而被捕，淪為奴隸，他向主人講授哲學，不久便做了主人的親信顧問。沙第勸他的主人訂定一條奇異的法律，改變婦女的殉葬風俗。這條法律規定：「在殉葬前，寡婦必須先和一個英俊的男人共度一個小時。」這就是希萊小鎮的夜晚風光，相當有趣。

（六）. 伏爾泰與腓特烈二世的交往：

伏爾泰於1736年開始與普魯士王子腓特烈（*Frederick*）通信，這位王子就是後來的腓特烈二世（*Frederick II，1712~1786年*），通稱「腓特烈大帝（*The Great*）」。菲特烈是一位自由的思想家，反對獨斷主義，所以伏爾泰對他抱著很大的希望，以為他繼承腓特烈一世（*Frederick I，1657~1713年，在位期間1701~1713年*）王位之後，一定能支持啟蒙運動，使這項劃時代的運動能普及人間。腓特烈王子第一封給伏爾泰的信，十分恭維伏爾泰，該信內含如次：

「您是法蘭西最偉大的人，自從有了您以後，使得人間的語言生色不少，……我能與您生在同一時期，做同一時代的人，實在太榮幸了，……誰能使精神愉快呢？精神上的享樂，豈不是勝過其餘的享樂嗎？」

因此，伏爾泰把肥特烈當作丟尼修（*Dionysius，第一世記的*

雅典人，受聖保羅*St. Paul*的影響改信基督教），而自己比作柏拉圖
（*Plato*，427~347年*B.C.*希臘哲學家、蘇格拉底的弟子）。基於禮尚
往來的規矩，王子既然來信，伏爾泰便回信，寫道：

「*一個王子撰文反對恭維，就像一個教皇批評自己的絕對正
確，一樣難得。*」

腓特烈王子收信後，立即送伏爾泰一本《反政治權謀論》
（*Anti-Machiavel*），在該書中，王子敘述他的主張：「反對戰
爭，維護和平」，令伏爾泰動容，能有這種愛好和平的君王，是
多麼令人欣慰的事。

然而，當腓特烈於1713年繼承王位之後，便舉兵入侵西利西
亞（*Silesia*，古代公國和東歐的一個地區，曾多次分別被普魯士、奧
地利、匈牙利、荷蘭以及捷克等國瓜分），進而攻擊全歐洲，造成
歐洲捲入流血時代。

1745年，伏爾泰被提名為法蘭西學院會員的候選人，於是夾
有詩人與數學家的名氣，返回巴黎，為了爭取這項多餘的虛名，
他自稱為善良的天主教徒，並歌頌耶穌教會的所作所為；第二年
他當選了，且在該學院歡迎會中發表一篇演講，它迄今仍然是法
國文學史的重要作品。從此伏爾泰創作了許多劇本，其中較為成
功的劇本，計有《伊底帕斯王》、《莎瑞》，其他還有1741年的
《穆罕默德》、1743年的《麥羅普》、1748年的《史密瑞美斯》
暨1760年的《唐可利得》等劇本留存人間。

伏爾泰與夏特勒侯爵夫人，經過十四年的恩愛生活之後，兩
人的愛情日漸趨於冷淡。1748年，侯爵夫人與美少年的聖朗貝爾
伯爵發生曖昧關係，被伏爾泰發覺之後，尤為憤怒，但當聖朗貝
爾伯爵向他求饒的時候，他的怒氣立即融化為祝福。他羨慕第三

者的幸福，曾寫下一首相當幽默（*Humor*）的短詩：

「聖朗貝爾、那花兒全是為您而開，玫瑰的刺都向著我，玫瑰的花都屬於您。」

1749年，侯爵夫人突然間因難產，導致發生血栓症而仙逝，他的丈夫、她的伏爾泰、她的聖朗貝爾都守在遺體旁，默不作聲。就在這種沉默的情境中，他們互相諒解了。真的，為了懷念共同的損失，他們三個人，從此反而成為朋友，這就是當代法國社會精神的特徵。

伏爾泰自1749年9月，喪失小三夏特勒侯爵夫人之後，擬專心著述，藉以度過寂寥而頹喪的晚年。他首先撰寫了《路易十四》。但突然間接到腓特烈的邀請，要他進入波茨坦王宮（*Potsdam Palace*，位於柏林西南，乃普魯士王室發祥地，饒具宮殿林泉之勝，有腓特烈大帝的遺宮。）協同他處理國政；信內附有3,000法郎的旅費，令其樂不可支。旋即於1750年動身出往柏林，並於同年7月24日，他給友人狄亞真陀（*D' Argental*）的信函中，詳述波茨坦王宮的狀況：

「十五萬的軍隊……有歌劇、喜劇、哲學、詩歌，莊嚴與仁慈兼備，武力與文藝兩全，有雄壯的號聲，又有優雅的琴聲。一切都是柏拉圖理想的實現；有柏拉圖式的晚餐、柏拉圖式的社會，又有柏拉圖式的自由……誰會相信呢？但這是明明的事實！」

歷經幾年之後，他又寫信給狄亞真陀，他的盼望是：

「……假如能與三、四文人共居一處，以才能相尊，不猜忌，互相愛護，各自在平靜中過生活，各人培養自己的藝術，談論藝術，作為生活的指導，這是多麼愉快的生活—我幻想著，以

為將來總有一天可以住在這樣的天國內。」

　　就上述情境而言，伏爾泰所認同的生活目的達到了，感到十分滿意。

　　由於伏爾泰的智慧與腓特烈不相上下，兩人相處言談之間，毫無隱瞞之處。伏爾泰自己的敘述指出：「*每個人都很勇敢的思想，每個人所想的也都非常的自由。腓特烈一手抓傷了我，卻用另一手來撫慰您，我對他的抓傷毫不介意⋯⋯我經過了五十年的風波，才找到了避難的港口！我找到了皇帝的保護，又找到了哲學家的對話，更領略了他為人的風趣，這三樣都聚集在他一身；十六年來，他費盡了心力，抵禦我的仇敵，安慰我的心靈；天下確實的事物，就是普魯士王的品性。」*

　　1751年11月，伏爾泰為了改善自己的經濟環境，未經同意而違背了腓特烈皇帝的命令，投資撒克遜公債（*Saxon funds*），賺了一大筆錢。他的經紀人以宣佈秘密為要脅，向伏爾泰勒索分紅，遭伏爾泰扼喉而死。腓特烈獲悉而憤怒，兩人親密關係出現裂痕。到了1752年，腓特烈為使法國的啟蒙運動和德國人發生直接關係，特地從法國聘請數學家莫泊提斯（*Maupertuis*）前來協助，而與他同來的數學助教柯寧哥（*Koening*），因雙方解釋牛頓的原理發生了爭執。腓特烈偏袒莫伯屠斯的見解，而伏爾泰則袒護柯寧哥，而與皇帝敵對。伏爾泰本著一支禿筆，撰述《雅喀基博士的辯難》，專門攻擊莫伯屠斯，並交給出版商出版，令腓特烈顏面無光，其怒氣如烈火沖天，而機警的伏爾泰就在此種烈火之中，闇然逃出柏林的波茨坦王宮。

　　伏爾泰安全地逃到德國的法蘭克福（*Frankfurt，位於西德梅茵河Main River沿岸的城市*），雖非腓特烈所管轄，但仍然運用其

權勢關係，加以逮捕，要求把皇帝所寫的一首詩《巴拉斯的神像》，交還腓特烈，始得釋放。該首詩的文稿在伏爾泰逃亡過程中遺失，歷經數星期的尋找，方覓得而歸還皇帝，而伏爾泰在此一段時間，無形中受到監禁，形同變相的牢獄生活。伏爾泰終於獲得自由，本想返回巴黎，但消息傳來，他已遭法國政府驅逐，無家可歸。1754年，用了整整三個月的時間，希望在日內瓦（*Geneva，瑞士的都市，國際聯盟總部設於此地*）附近，找一個「適合的墳墓」，僅祈求巴黎與柏林的專制皇帝不要打擾他。最後買下萊德里斯古堡，在這裏安心植樹，療養身體，並從事最高貴與最偉大的文化創作事業。

（七）. 伏爾泰在萊德里斯古堡時期的作品：

1754年，伏爾泰被放逐，其真正原因為何？值得吾人探討與深思。因為他在柏林發行一部《從查理曼到路易十三的國家道德與其精神》，堪稱是一部「最具野心、最巨大、最特殊、最大膽的著作。」伏爾泰當時和侯爵夫人住在希萊的別墅，深受侯爵夫人的鼓勵，因為她對當代的歷史相當不滿意，希望有一部新的歷史書出現。侯爵夫人曾說：「我曾讀過希臘人與羅馬人的歷史，內容生動如畫，所以很能引起我的興趣。……至於近代的史書，除了雜亂，別無長處。一大堆沒有關連的瑣事，成千上萬不長進的戰爭，不僅不能啟示心靈，反而傷害了心靈。」伏爾泰聞得此一席肺腑之言，便順其口吻說：「*歷史只是罪惡與不幸的描述而已！假如能把哲學應用在歷史上面，而從變化不定的政治當中，求出固定而貫徹心靈的形跡時，則對現代史學家所犯的毛病，或許就可以免除了。只有哲學家，才有資格撰寫史書。*」因此，難

怪伏爾泰寫信給英國小說家、哥德式傳奇的先驅賀拉斯‧華爾波爾（*Horace Walpole，1717~1797年，以恐怖小說、藝術論及書簡集而聞名。*）的信中直言：「*當我們讀雅克賓黨Jacobin Party與郎格斯特黨的歷史，就像在閱讀強盜故事，令人難以置信。*」質言之，世界各國的史書，都被假歷史學者所杜撰而來的故事，一直到了有學養的哲學家出現，才指出一道歷史光明的前程。哲學家以其賦具理性的態度進入黑暗中，發現人類的心靈早就被錯誤的史事所包圍，以致無法求得心靈的解放。諸如儀節、碑文及其他各種記載，不僅無法闡明真理，反而更加證明了荒謬的確實性。歷史成為活人對死人玩耍的把戲，如果人類以改變史實，來滿足對未來的展望，則歷史只能證明一切事實都是謬理不實了。

伏爾泰為發掘真正的史實及其中的真理，他研讀俄羅斯的歷史，又讀瑞典王查理十二世（*Charles ⅩⅡ，1682~1718年，在位期間1697~1718年。*）如何進軍俄國，於1700年在那耳瓦（*Narva*）打敗彼得大帝（*Peter，1672~1725年*），但於1709年於波塔瓦（*Poltava*）之役慘敗，後在與挪威的戰爭中陣亡。他又讀法王路易十三與路易十四時代的記載。他致力於搜集歷史材料，探知史蹟真相。他認為：

> 「*瑣碎的事實與歷史，就像乞丐與軍隊之間，二者簡直毫無關係可言。吾人必須從大方向去觀察歷史，才能在瑣碎繁雜的重壓之下，求得一線光明。*」

我們有了「史實」的資料，必須用編年家的魄力，追求一條統一的原理，構成有層次的文化史，只有文化的線索，才能扼住

歷史演遞的主要關鍵。他說：

「*歷史研究不應該以皇帝為中心，應該以運動始末以及全體人民作為中心。歷史對象不是一個個的國家，而是全體人類；不是片斷的戰爭，乃是整體人類心理的進步。戰爭與革命，只是計畫中的最小部分，戰勝敵人或被敵人打敗，劫掠他人的城市，或自己的被他人劫掠，像這一類的事實，只是偶然的舉動，並沒有什麼了不起……只有人心的進步才值得大書特書。*」

易言之，伏爾泰要寫一部不以戰爭為對象的歷史，而是以社會全體為對象。目的在於寫出一部關於人類心靈的歷史，絕不以片斷的事實為滿足。在他的史書中，對於王侯的史蹟也將略而不述……唯一的目的，在於闡明人類全體，如何能從野蠻的時代，進入文明時代的歷程。他在這篇《道德論》（*moral philosophy*，道德哲學；*morality*，道德律。）的史書中，將帝王的地位以輕輕的一筆帶過，卻埋下了法國大革命的一粒種子，成為打倒專制政治的民主主義先聲，無形中給波旁王朝（*Bourbon*，法國的王室，從1589年亨利四世Henry IV，繼承王位開始；曾分別統治法國、西德、西班牙、那不勒斯。）的沒落，預鋪了一條不歸路。據英國歷史家巴克爾（*Henry Thomas Buckle*，1821~1862年，著有《英國文明史》*The History of Civilization in England*，1857~1861年。）指出：「伏爾泰為後世的歷史科學，建立一個主要的基礎，其後繼學者，發揚其歷史學者的風範，諸如：

(1).英國歷史學家吉朋（Edward Gibbon，1737~1794年），著有《羅馬帝國衰亡史》（The History of the Decline and Fall of the Roman Empire）。

（2）.德國的古羅馬史學家尼布爾（*Barthold Georg Niebuhr*，
　　1776~1831年。）終生研究古羅馬歷史的演遞，對古羅
　　馬的史學研究貢獻良多。

（3）.英國歷史家巴克爾（*Henry Thomas Buckle*，*1821~1862*
　　年），著有《英國的文明史》，對英國文明的演遞，
　　留下不可磨滅的功勞。

（4）.英國歷史學家格羅托（*George Grote*，*1794~1871年*），
　　所著《希臘史》，認為僭主政治是無限制的個人專
　　政。

　　前述四位都是伏爾泰的受惠者和追隨者，伏爾泰的哲學和歷
史觀，無異是他們的先鋒。然而，此種大著作，竟然遭到放逐的
命運，其原因是書中的直言，顯明得罪了每一個士紳階級，尤其
令教士階級無法容忍。據伏爾泰本人所說，追隨者英國史學家吉
朋，更把書中的精華，發揮得更為透徹，更加詳盡，認為自從基
督教傳入羅馬，征服了異教徒之後，羅馬的內部，日漸崩潰，終
於引起野蠻人的入侵，所以據此推理，羅馬之亡，實亡於基督教
之內鬥與排外，但被基督徒認為是冒昧而唐突的推論。

　　由於此書一反前例的批評，結果使得基督徒無孔不入的聲勢
大為收斂。換言之，歐洲人突然間發覺他們的文化並非無所不
包，也因此降低了歐洲文化的地位，被指責為不忠於歐洲的議
論。因此，認定伏爾泰身為歐洲人而不忠於歐洲人，顯然是大逆
不道的行為，所以法國政府宣佈：

　　「這個法國人不把法國人置在首位，卻把人類全體放置首
位，無疑是一位叛逆罪魁，從今天起不准他再進入法國的國

界。」

這種狹窄的治國思維，無法提昇其社會福祉，邁向文明發展的境界，令有識之士嘆息。

1755年11月，葡萄牙首都里斯本（*Lisbon，是一個港灣都市*），發生大地震，市街大半遭到破壞，死難者高達三萬餘人，當天正恰是「萬聖節前夕」（*Halloweén，11月1日的前一天，即10月31日晚上。*）教堂裏擠滿了作禮拜的信徒，於是死神和鬼魂四處遊蕩，趁著他的敵人群聚歡樂的時刻，大開殺戒而打了一場勝仗，伏爾泰聽到此項噩耗，使其信心與希望幻滅。然而，當時的法國傳教士都認為這場浩劫是上天對里斯本人民的懲罰，這是何等殘忍的謬論！伏爾泰獲知此言，不禁勃然大怒，旋即提筆發表一篇熱情的詩，在詩中，他信心十足地提出一個古老的宗教難題：

「*如果不是上帝能夠阻止災禍而祂不肯阻止，就是他願意阻止而無能為力；不管是前者或是後者，都是對上帝尊嚴的重大打擊。*」

哲人斯賓諾莎對哲學研究，主張汎神論（*Pantheism*），認為神即萬物，萬物即是神的形而上學的一元論。伏爾泰對於斯賓諾莎的哲學觀念，認為有待商榷。斯氏以為「善」與「惡」不能應用在宇宙全體事物中，並且從永生的觀念而言，人世間的悲劇係屬微不足道的事情。易言之，伏爾泰的論點恰巧相反，他在詩中明白寫著：

「*我是巨大全體中的弱小部分，不錯；可是一切動物都是因天譴而生，一切有知覺的東西，都生在同樣的鐵律之下，像我一樣受罪，也像我一樣死去。*」

「因此全世界的各個分子齊聲嘆息，大家都為苦難與殘殺而存在。人是探究自己的門外漢；他不知從何處來，也不知往何處去。在一灘泥淖之中受難的塵粒，給死神吞食，給命運戲弄；可是沉思的塵粒，他那遠眺的眼睛，被思想引導者，測量過暗淡的星宿。我們混合在無窮無盡之中，我們自己如何，自己絕對看不見，也不會明白。這個世界，這個驕傲與荒謬的戲臺，充滿著高談幸福的可惡傻瓜……。」

（八）. 伏爾泰在佛爾納時期的作品：

1758年，伏爾泰離開普魯士之後，在瑞士邊境和法國接近的一個叫凡爾納（Ferey）地方，購置房產，定居下來。他一生流浪生涯，東奔西跑並非由於神經質所致，而是他的生命不能得到保障，才是其遷徙的主要原因。時年事已64歲，才找到這個安穩的住處——家。他隱居園林中，以種植果樹為樂，種下四千棵果樹，成為嘉惠後人的恩賜；同時，藉此良機，療養身體，專心致力於最高貴與偉大不朽的文學創作事業。換言之，小鎮的凡爾納（Ferey）頓然之間成為歐洲知識階級的活動中心，舉凡有學問的士紳，有見解的統治者，都親自來訪。其中涵蓋有懷疑學派（Skepticism，信奉古代希臘懷疑主義的人，主張對一般真理的確實認識是不可能的。如休姆‧笛卡而等意在排除傳統思想，將一切事件訴之於理性，均屬此派）的教士，自由派（laissez faire，主張自由放任不干涉政策policy of non-interference）的貴族，有博學的少女，有來自英國的吉朋（Edward Gibbon）與波茲維爾（James Boswell，1740~1794年，英國蘇格蘭作家，原為律師，曾出版紀錄強生談話的傳記文學名著《強生傳》The Life of Samuel Johnson，

1791年），有啟蒙運動的叛逆者，如法國哲學家、《法國百科全書》（*Encyclopédia*，*1751~1772年*）編輯之一阿蘭貝爾（*Jean le Rond d' Alembert*，*1717~1783年*，*法國的哲學家*）、赫爾維第（*Helvetius*）等當代有名望之士，使其每日的接待費不勝負荷。

伏爾泰除了有接待不斷的賓客之外，還有從遠處寄來的信件，其數量的浩大、內容的豐富，實為當代所罕見。其中有日耳曼的鎮長，瑞典的克斯道夫三世（*Gustavus III*，*瑞典國王*）、丹麥的克莉斯丁七世（*Christian VII*）暨俄羅斯的凱薩琳二世（*Catherine II*，*1729~1796年*，*俄國女皇*）等均來信請教改革事宜。最後，腓特烈大帝（*Frederick II*，*1712~1786年*），歷經一年的疏遠之後，也與伏爾泰恢復聯絡，並且用極誠懇的態度，寫信給一位被稱為「凡爾納皇帝」的伏爾泰，並且直言道：

「*您有許多地方虧待了我，但是這一切我都原諒您了；您想聽一些甜蜜的話嗎？好，我可以將真情告訴您。據我看來，您是這個世紀中最優越的天才，我欽佩您的詩歌，又熱愛您的散文……從沒有一個作家的感覺能夠像您那樣的敏銳，嗜好能夠像您那樣的確實而又精緻。您的言談風趣迷人，您能在同時娛樂他人，而又教訓他人。在這個世紀中您是最富於誘惑性的動物，您要誰愛您，那個人就不能敬愛您。您可以在冒犯別人之後，立獲別人諒解的心靈。總而言之，假如您不具備人形，您必定是最完美的了！*」

伏爾泰雖嘗過巴斯底獄窒悶的鐵牢風味，其人生觀理應是非常樂觀，但事實並非如此。他最反對的就是不自然的萊布尼慈（*Leibniz*，*1646~1716年*，*德國哲學家*，*倡言「單子論」mõnadism*）式的哲學。有一位青年繼承萊布尼慈的哲學思想，認為我們所居

住的世界是「一切可能的世界中，最完美的一個」，而撰寫論文反駁伏爾泰的哲理。伏爾泰獲悉其意見之後，以四兩撥千斤的方式，回答說：

「可是假如您能憑證據，把這個世界上為何有許多人不願生存，而寧願自殺的理由，用論文的形式，或用其他方法明白的告訴我，那我更感激不盡了。我等待你的論據、您的詩歌和您的責罵。說句良心話，對於這類事情，我們二人都不會很清楚，但有您與我的爭辯，我覺得非常榮幸。」

1756年，普奧之間，爆發了七年戰爭（*Seven Years' War*，*1756~1763年*），普魯士有英國，奧國則有法國、俄國、瑞典、薩克森等同盟國，戰爭結束後，英國獲得法國在美洲及印度的殖民地。戰爭的導火線，只是為了爭奪加拿大幾英畝雪地的管理權問題，它應該由英國管轄，還是法國管轄？戰爭爆發了，令整個歐洲都遭受到蹂躪，難怪伏爾泰視為瘋狂與自殺式的戰爭。就在七年戰爭初期，伏爾泰接到盧梭（*Rousseau*，*1712~1778年*，*法國哲學家*）有關〈里斯本一詩〉的公開答辯。盧梭認為這場浩劫完全是人禍，人類自己作孽，假如人住在空地上，不住在城市裏，則被壓死的人民就不會那麼多。此篇議論刊出之後，引發法國思想界的震動。伏爾泰在驚駭之餘，深恐自己的聲名，被盧梭當作唐‧吉訶德（*Don Quixote*，*西班牙作家塞凡提斯Cervantes所撰諷刺小說*）般踩在泥土中，於是用他「最犀利的筆鋒與知識武器」反擊盧梭，完成了名著《憨第德》（*Candide*）。他一反悲觀主義的思維，採取輕鬆的態度活在現實的故事中，令人在徹悟這世界的苦難本質之時，能發出會心微笑，展現書中簡潔而含蓄的藝術本質；該書是闡釋一些記敘與對話，以迅速的動作，描述大自

然的規律。因此，19世紀下半葉的法國小說家安納托爾・法郎士（*Anatole France，1844~1924年，散文家，1921年獲諾貝爾文學獎*）批評他說：「筆一到伏爾泰手中，便奔、笑不已。」使得這部名著，成為法國文學中最精采的短篇小說。

憨第德（*Candide*）一字的原義，是率直、誠實、坦白、無成見、公正、不造作等，明顯的指出，這是一位誠實而簡樸的少年，他是威斯特發里亞（*Westphalia，德國西北部的舊省，普魯士之一省。1648年，三十年戰爭結束後，列國在此締結威斯特發里亞和約Peace of Westphalia*）男爵的兒子，又是那位博學的潘格羅斯（*Pangloss*）的學生。潘格羅斯是一位兼通玄學、神學、天文學的教授，他說：

「這是可以證明的，一切事物都有其最根本之目的，我們試看那鼻子是為了架眼鏡的……豬是生來給我們終年有肉吃的。因此，假如有人說一切都不錯，我們就可以斷定是謊話。他應該說一切事情，都有其最根本之目的。」

正當潘格羅斯津津樂道講述《憨第德》情節時，威斯特發里城已被保加利亞（*Bulgaria，巴爾幹半島上的共和國*）的軍隊攻下了，年輕的憨第德也被充軍了。他被趕進營房裏，生活受到拘束，他決定悄悄地溜出營房去散步。想用自己的腿去散步，是人類與動物所應有的權利，於是向前走了二十里路，就被四個身高六尺的英雄追到了。他們把他綁起來，帶回牢房，問他願意遊營示眾，吃三十下棍子，或立刻把兩個子彈裝進腦殼中去。他表示不服氣，因為人類有自由意志，他的抑制告訴他說，這二種刑罰，他都不喜歡。但是爭辯都是白費，被迫必須二者之中選擇一種，他憑著天賜的自由權決定，願意接受棍刑三十下，他忍受了

兩次始告結案。

　　憨第德終於逃出營區的牢房，動身前往里斯本（Lisbon，葡萄牙首都），在船上遇到了他的老師潘格羅斯教授，得知男爵與男爵的夫人都已被害，威斯特發里亞城也遭軍隊破壞，師生兩人抵達里斯本後，生活面臨絕境，各自敘述了前後所遭遇的困難情境。憨第德逃出里斯本天主教的審判所之後，又跑到南美洲中部的巴拉圭（Paraguay，首都亞松森Asuncion）。然而，巴拉圭的一切都被耶穌會（the Society of Jesus，天主教修道會）的教徒佔據，造成人民一無所有。憨第德在巴拉圭人跡未到的內陸地區，找到了許多零碎的金子，他想租一艘船，把這些金子運到法國，可是那艘運貨船，竟然偷了金子揚帆而去，把憨第德一人丟在碼頭，參悟人生的哲理。在此種窘境之下，憨第德只好用剩餘的錢，雇船回到法國西南部吉隆得（Gironde）州首邑波爾多（Bordeaux）。在回程的船上，憨第德和一位馬丁（Martin）的老人對談，憨第德說出內心裏對人世間的感受：

　　「人類曾經自相殘殺，向他們今日所做的一樣，他們一向就是說謊者、騙子、奸賊、忘恩負義的人、強盜、呆子、窮賊、光棍、饕餮（貪吃的人）、守財奴、嫉妒者、野心家、惡徒、讒佞者（說人家的是非）、色鬼、迷信者、偽善者以及愚人。」

　　馬丁聽完上述的高見之後，便回答說：「您相信老鷹抓到了鴿子會吃他的肉嗎？」憨第德回答說：「那還用說。」馬丁說：「那就對了！假使老鷹具有同樣的性格，人也必定如此，您怎麼會想像到，人類已經改變他們的性格了？」

　　·我們無法去體驗憨第德的其他奇遇。我們只要明白：

　　「這許多奇事，無非是為了反對中世紀的神學，以及萊布

尼茲（*Leibniz*，1646~1716年，德國哲學家，倡言「單子論」式的哲學）的樂觀主義中所包含的困難。在吃了各式各樣的人的虧之後，他安定下來，在土耳其境內做一個農夫。」因此，整個故事，就在「潘格羅斯對憨第德」師生對話中結束，他說：

「*在所有可能的世界中，最優秀的應該是這個世界，的確各種事情都有它的連環性，您想想，假如您不被人從那個偉大的城堡中踢出來，假如您不被捉到異端審判所中去，假如您沒有去過美洲，假如您沒有失掉金子，您就不能來到這裏，享受蜜餞的香櫞（Citrus Medica，芸香科，常綠亞喬木，有香氣）與阿月渾子（Pistacia Vera，無名子，漆樹，科，種子可食）的果實了*」。

（九）. 伏爾泰纂編百科全書與哲學辭典：

宗教改革（*the Reformation*）係16世紀對羅馬天主教會的教義、習慣加以改革的宗教運動，在歐洲中部、西北部各地紛紛成立新教徒的教會（*Reformed or Protestant Churches*）。在法國雖然失敗，但經過此項運動之後，法國人民終於覺醒，對宗教信仰的態度，有了180度的轉變，再不肯盲目服從。當德、英二國的知識份子，在暗中順著宗教進化緩慢推展時，法國人心已轉變其意識型態，從屠殺新教徒（*Protestant*，否定教皇的權威而從羅馬教會分離出來的基督教徒；耶穌教）的狂熱信仰中，轉化為冷酷的敵對意識。此種敵意被次列人物所利用：

（1）.拉・美特利（*La Mettrie*，1709~1751年），係一位軍醫，著有《靈魂的自然史》而遭撤職，隨後寫了《人為機器論》，被法國專制政體驅逐出境。

（2）.赫爾維第斯（*Helvetius*，*1715~1771年*）屬赫爾維第族
（*Helvetian*），曾居住在羅馬時代的高盧南部，即今
瑞士的西部及北部。

（3）.荷爾巴（*Holback*）著有《自然體系》一書。

（4）.狄德羅（*Denis Diderot*，*1713~1784年*）是法國的哲學
家、劇作家、批評家及《百科全書》編纂者之一。

他們四位運用冷酷的敵對意識，來反對其法國祖先所遺留下
來的宗教信仰。

拉·美特利（*La Mettrie*）曾經在腓特烈二世（*Frederick II*，
1712~1786年）的朝廷中避難。腓特烈是一位思想前進的思想家，
對法國的國情及思潮走向頗為熟悉，對於拉·美特利這一群人的
作為，樂於保護。拉·美特利的思想確實大膽，他發表《人為機
械論》的思維，認為全世界的人類及生物體，都是一部機器；而
靈魂雖屬於物質，但物質也是靈魂。吾人不管物質與靈魂的內容
究竟如何，至少它們彼此相應，被此相生相滅，乃是毫無疑問
的。質言之，一切有機體都與環境交互感受，都是從最初的原生
質（*protoplasm*，*構成生物體細胞的基礎物質*）中進化而來。人有
最高的知識，就因為有最高的慾望與最廣的移動性。因此，沒有
慾望的東西，就沒有心靈。拉·美特利就是為了這種見解被人放
逐。

與拉·美特利同一時代的赫爾維第斯（*Helvetius*），卻竊
取拉·美特利的見解，寫了一本《原人》（*Homoprimigenius*，
與現代人類之祖先相近，略具人類特徵者。）獲得很高的地位與榮
譽。在這本書裏，他闡述無神論（*Atheism, disbelief in the existence*

of a deity，宗教改革時代之舊教徒，亦嘗以此名呼新教徒，蓋其意
與異端無異。）體系，相當於拉·美特利式的玄學（*即形而上學*
Metaphysics，探討存在、實體、宇宙、時間、同一性等事物之基本原
理的學問），認為一切行動都是出於利己與自愛，而道德則是戴
著偵探眼鏡的利己主義，良心不是上帝的召喚，而是對於警察的
恐懼。因此，倫理學說不應該建立在神學上，應該建立在社會學
上，只有社會上變化不定的需要，才能決定是非善惡；除此之
外，任何啟示與信條，都無法作為是非善惡的標準。

在這一群人之中，首推狄德羅（*Denis Diderot，1713~1784*
年）為最偉大的人物，他的成就都顯示在他所撰寫論文裏，或依
附在荷爾巴（*Baron von Holbach 1723～1789年，德國學者，住在巴*
黎。將當代德文書翻成法文。）所著的《自然體系》（*The System*
of Nature）一書中，而荷爾巴男爵的酒店就是這一群人聚會的中
心。因此，荷爾巴曾說過：

「*假如我們回到原始時代，就能知道所謂神，只是人，無知*
與畏懼的產品，完全靠著人類的幻想熱誠，以及欺詐來裝飾或歪
曲；靠薄弱的意志來崇拜；靠輕信來保存；靠習俗與專制來使之
受尊敬或維護，自然也被暴君利用來愚弄百姓」。

狄德羅說：

「*崇拜上帝，是與服從專制皇帝的威權，兩者並起而又並*
存。……我們必須先毀壞天堂，而後地球才能恢復本來的面
目。……但是唯物主義的觀點，的確是反對教會，破除迷信的良
好武器。……同時，我們又須發展知識，鼓勵人民勤奮。因為只
有勤奮才能保障和平，也只有知識才能找到一個新的與自然的道
德觀。」

　　狄德羅（*Diderot*）與阿蘭貝爾（*Rond D'Alembert Jean Le Rond,
1717～1783年，法國物理學家、數學家、天文學家*）利用他們所發
行的百科全書encyclopédisme，於1752~1772年間陸續發行，向法
國人民灌注啟蒙運動的新思維，但最初幾冊遭到教會查禁，狄德
羅的伙伴紛紛棄他而去，他在氣憤之下，更加勇猛勤奮，他明言
道出心中的不滿：

　　「*我真不知道有這樣無理的事，這群傳教士空洞的理論，竟
然敢反對理性；假如我們相信他們的話，那麼我們投入基督的懷
抱，就像牲畜進入廄中（圈養牲畜的房舍）一樣。*」

　　這正如出生於英國的思想家湯姆斯・潘恩（*Thomas Paine*，
1737~1809年，著有《常識論》Common Sense）主張殖民地美國的
獨立，並於1791~1792年間，著有《人的權利》（*The Rights of
Man*）一書支持法國革命，他說：

　　「*這是一個理性的時代，這些人都一致承認只有智慧與理
性，才是人類一切真與善的最後標準。讓理性獲得自由，幾代之
後，人就會建立一個烏托邦（Utopia，理想的社會、政治體制ideally
perfect social and political system，理想國。）*」

　　狄德羅始料未及，由他介紹到巴黎來的盧梭，卻是未來理
性主義的叛徒，而且在盧梭初抵巴黎的時候，便在腦海中埋下
革命思想的種子，這一股革命勢力，經過康德（*Kant，1724~1804
年，德國的哲學家*）的先驗主義（*transcendental，超絕倫a priori
character，係觀念論，藉研究思想過程而非感官經驗的客觀物體的方
式，以理解現實本質的各種哲學體系。*）之闡述後，便迅速佔據哲
學的要塞。因此，康德成為先驗派哲學的創始者，確立了綜合經
驗論和合理論之基礎，立足於明晰的人民至上主義，為民主、自

由、人權建立了典範。

1765年，當伏爾泰完成協助《百科全書》編纂工作之後，便著手編寫自己的百科全書，題名為《哲學辭典》（*the Dictionaire philosophique*），係一部最為高明而又最容易閱讀的智慧泉源，成為一部簡潔透明與機智的楷模書典。在這本辭典裏，充分證明伏爾泰是一位有理想、有見解的哲學家。伏爾泰有如佛蘭西斯·培根（*Francis Bacon，1561~1626年，英國的哲學家*）、笛卡兒（*Descartes，1596~1650年，法國的哲學家*）、洛克（*Locke，1632~1704年，英國的哲學家*）及其他近代的學者，樂於採用懷疑的語氣，對一切事物提出疑問。他很感激法國的哲學家貝爾（*Bayle，1647~1706年，著有《歷史批判的辭典》Dictionnaire historique et critique，1695~1697年*），因為從他們那裏學習了懷疑主義的哲學。伏爾泰果斷地排斥一切體系，並且大膽地說：

「*每一派哲學的領袖，多少都有點像騙子。我愈研究，愈覺得玄學的把戲和哲學家的關係，就像小說和婦女的關係。我們並不明白，所謂「第一原則」究竟是什麼東西？並研究上帝、天使以及人心，究竟是什麼東西？……我曾看見一般人所稱為物質的東西，大的像天空的天狼星（Sirius，亦稱犬星the Dog Star，大犬座的主星，為太陽之外，全天空最亮的恆星，直徑為太陽的二倍。）小的像顯微鏡下極精細的分子，但物質究竟是什麼？我始終不明白。*」

有一位法國作家蒙田（*Montaigne，1533~1592年*），在其所撰的《隨想錄》（*Essais，1580~1588年*）中，強調人類的理性往往容易犯錯，而且在人類的知識領域中沒有絕對之事，強烈指出人要有充滿睿智（*Intelligible，謂賦具深明之智識，即耳目聰明、心意*

睿智。）之人生哲學。這便是人類最偉大的壯舉，也是人類最高貴的生涯，我們應該在此情境下拓展的智慧中，獲得滿足。此種滿足，至少勝過永遠生活在虛偽的幻想中，自求安慰的念頭來得高明。我們寧願終生得不到滿足，也不願生活在欺騙自己的情境中。

（十）. 伏爾泰高舉「打倒無恥之徒」抗議牌：

離開瑞士邊境凡爾納（*Ferey*）不遠的地方，是法國第七大城市都羅斯，該城市的天主教（*Catholicism*，*基督教之舊派，奉羅馬教皇為宗主*）教會，享有絕對的主權，1761~1765年發生的事證如次：

（1）.都羅斯城用各種壁畫來紀念「南特詔書」（*The Edict of Nantes*）法令的廢止。1598年法王亨利四世（*Henry IV*，*在位期間1589~1610年*）允許新教徒的信仰自由所頒的詔書，到了1685年，正處絕對王權時代，路易十四世（*Louis XIV*，*在位期間1643~1715年*）不斷發動破壞性戰爭，廢止「南特詔書」，造成新教徒恐受迫害，而逃往英國，或移民美國等新教徒國家謀生。

（2）.都羅斯城的天主教徒，把1572年聖‧巴托羅繆大屠殺（*Massacre of St. Bartholomew*）紀念日，當作一個大節日來慶祝。同時，明定新教徒（*protestant*，*16世紀宗教改革時，否定教皇的權威而從羅馬教會分離出來的基督教徒。*）一律不能從事律師、醫生、藥劑師、商人、書

商、以及與此類似的職業。天主教徒也不能雇用新教
徒作為僕役或秘書。

（3）.1765年，在都羅斯城，有一位16歲少年拉・巴勒（*La
Barre*），因被誣告說他毀壞聖十字架而被捕，入獄後
被施以烤刑（*對受刑人，施以小火使其在清醒狀態下斃
命*），頭顱被人砍下，軀體火燒時，圍觀的市民卻在
一旁高聲喝采。都羅斯天主教徒在少年身上，找出一
本伏爾泰所編著的《哲學辭典》，也與少年的殘軀一
同焚化。

此三件事令伏爾泰的人生態度轉變為嚴肅。法國哲學家阿
蘭貝爾（*Alembert，1717~1783年*）對當時的法國政府、教會及教
徒，認為彼等行事作風太囂張而且傲慢，旋即提筆告訴伏爾泰
說：

「*此後不願多管閒事，只作一些消極的諷刺就算了。*」顯示
其內心的憤慨與不滿。伏爾泰立刻回信說：「*現在不是開玩笑的
時候，智者絕不能和兇手妥協……這是哲學與快樂的國家嗎？這
祇能算是巴托羅繆大屠殺的國家！*」

易言之，伏爾泰所處的地位與困境，猶如左拉與法郎士，謹
摘錄如次：

（1）.左拉（*Emile Zola，1840~1902年*）是法國小說家，
最初發表了自然主義小說《三都故事》（*Thèrèse
Raquin*），繼而推出描寫第二帝政統治下的下層社
會家庭命運的《酒店》、《娜娜的盧貢・馬卡爾

雙書》（*Rougon-Macquart 20卷*），確立其自然主義
（*Naturàlism，主張排除超自然或精神性物質，可經由自
然科學以闡明一切的世界觀。*）作家的地位。1890年左
右，開始逐漸走向理想主義、社會主義的路線。1894
年，法國籍猶太裔的軍官德雷富斯（*Alfred Dreyfus，
1859~1935年*），因涉嫌與德國通敵而受秘密軍法審
判，被拘禁於法屬圭亞那（*Guiana，位於南美洲東北
部，由蓋亞那Guyana、蘇利南Surinam、法屬圭亞那French
Guiana等三部分組成*）的惡魔島上，1896年發現無罪
的證據，然因新聞界激烈的反猶太主義運動而被忽
視，直到1906年始被宣判無罪。德雷富斯事件發生
時，左拉（*Zola*）在報上發表了一篇《我要彈劾》
（*L'Aurore*），對法國參謀部加以嚴厲指責，當法國
印象派畫家馬奈（*Edouard Manet，1832~1883年，印象派
之始祖*）受攻擊時，左拉也挺身為其辯護。

（2）.法郎士（*Anatole France，1844~1924年，法國的小說
家*），本名為Jacques Anatole Francois Thibault，也是
法國的散文家、批評家，1921年獲諾貝爾文學獎。法
朗士當時也極力為德雷富斯案辯解，而受到法國政府
當局的關注與不滿，但他仍然堅持反抗惡政。

　　法國專制皇室政治，處處以無理殺人的行為，激怒伏爾泰的
良知，使他不僅以大文學家的身分，更成為一個領導群倫反抗暴
政的行動者。伏爾泰把哲學轉變成猛烈的炸藥，用來攻擊當時的
權貴與宗教惡勢力。伏爾泰又高舉「打倒無恥之徒」，震動了法

國的領導中心，並一致反對教會的無理兇暴。他開始射出智慧的火力，粉碎了法國教士階級的權勢，且顛覆了專制的法國王室，並召集了志同道合者與信徒共同參戰。質言之，伏爾泰的教戰手冊是這樣寫著：

「起來吧！勇敢的狄德羅、大膽的阿蘭貝爾，我們聯合起來……打倒那群狂徒與惡漢，摧毀那些無恥的狂言、可怕的詭辯、撒謊的歷史……以及其他無數的荒謬。不要讓有理性的人被無理性的人屈服！假如後世子孫獲得自由，必會歸功於我們這一群人！」

正當此一緊要關頭，有心人士出來設法收買伏爾泰，想透過法王路易十五世（Louis XV，在位期間1715~1774年，七年戰爭戰敗，失去了印度、加拿大的統治權）的情婦龐巴度夫人（Marquise de Pompadour，1721~1764年）送他主教（Cardinal，教皇的最高顧問，擁有教皇選舉權。）的地位，作為他與教會媾和的條件。然而，有智慧的伏爾泰拒絕，從此之後他就像羅馬的政治家加圖（Marcus Porcius Cato，234~149B.C.）站在羅馬派的保守立場，主張消滅迦太基（Carthage，非洲北岸腓尼基人的古代都市，經三次的布匿戰爭the Pumic Wars被羅馬人所滅。）一樣，每次寫信，必定在信尾簽上「打倒無恥之徒」的字樣。隨後伏爾泰發表了《寬容論》（Pardonable, Pardon a criminal），他說：

「假如教士的行為，真能和他們所說的教義相稱，並且從此容納異教，則他對於獨斷的信教，也可以相當的諒解。那些在福音（gospel，好消息）書中找不到根據的詭計與陰謀，偏偏在基督教的歷史上成為一切血鬥的泉源！試問這一些人，究竟依恃什麼權利，可以強迫他人同意自己的思想呢？」

　　德國哲人聖皮爾（*Saint-Pierre，1658~1743年*），著有《永久和平草稿》一書，係康德（*Kant，1724~1804年，德國哲學家*）名著《永久和平論》的先驅作品。聖皮爾說得好：

　　「*除非人類在哲學上、政治上與宗教上能互相寬容，否則永久的和平，將永遠不會實現。如果要社會安寧、健康，第一步工作就必須先消滅教會的勢力；因為偏狹的成見，就是在這種勢力中滋長的。*」

　　伏爾泰在發表《寬容論》之後，又寫了大量的小冊子，其中包括歷史、對話、信札、問答、摘要、論文、詩歌、故事、寓言、註釋以及其他散文之類的文稿，堪稱為有史以來，由學者個人所掀起的最驚人的宣傳運動。伏爾泰自我批評地說：

　　「*我要把我自己表現得清楚、明晰。我好像一條小溪透明，那是因為溪水不深。*」時為1764年，毫不倦怠地將他七十高齡的豐富人生閱歷、思想，以及雄偉的智慧精力震撼全世界。難怪赫爾維第斯（*Helvetius，1715~1771年*）說：「*伏爾泰已經衝過魯比孔河*（*Rubicon，一條源自義大利北部而注入亞得里亞海Adriatic Sea 小河的古名，是古義大利北部與阿爾卑斯山內側的界河，49B.C.凱撒 Julius Caesar曾渡河與元老院和龐培Pompey作戰*），*謹表破釜沉舟、下重大的決斷*（*Cross the Rubicon, take a decisive step*）*勇敢地站在羅馬教會的正義方，一決生死*」。

　　伏爾泰著手對基督教的《聖經》（*Holy Bible*），採取較高的批評，他從斯賓諾莎（*Spinoza，1632~1677年，猶太裔的哲學家*）的書中，從貝爾（*Bayle，1647~1706年，法國的哲學家*）所著的《歷史批評的辭典》（*Dictionnairee et critique，1695~1697 年作，該辭典對伏爾泰等18世紀法國的懷疑主義者，產生重大的影*

響）裏面，以及其他英國的自由思想家所撰書籍內搜集相關資料。伏爾泰在其所撰《哲學辭典》的上帝篇中，有一段寫給荷爾巴（*Holback*，著有《自然體系》）的文章說：

「宗教曾經做過不少的壞事，而我們所當詛咒的並不是宗教，而是那些迷信思想。迷信是宗教的仇敵，它可以阻止宗教的發展……凡是能夠破除迷信毒害的人，對全體人類都有功勞；但當我們要破除迷信時，請您要當心，千萬不要把宗教也砍傷了。」

換言之，伏爾泰把宗教與迷信完全分開，因此，它也創立自己的教會，認為全歐洲只有他的教會，才能真正獻給上帝。他相信宗教並非存在於不可知的玄學見解中，也不存在於虛浮的鋪張中，卻存在於信仰與公道中，而為善是他的最重要信仰。他是一位能救濟那貧苦的人，保護那被壓迫的人，其人品風範，值得吾輩景仰懷思。

（十一）.伏爾泰與盧梭的哲學理念：

伏爾泰自1768年至1778年的最後十年當中，雖是一位鶴立雞群的大作家，但他誓言退出對於腐敗政治與壓迫的抗爭。他曾明白表示：

「我厭惡那些坐在頂樓的隱處來理政的人。這群立法人員用一張二分錢的鈔票來治理國家……他們不能管理自己的妻子，或自己的家務，卻偏偏喜歡統治世界。」

所以伏爾泰寫信給伏文納古斯（*Vauvenargues*）侯爵的信中說：

「真理是不分黨派的，這是像您這一類人的責任，您在好惡

方面盡可有所偏袒，但是不能完全排斥相反方面的意見。」

　　因為伏文納古斯侯爵，位尊權重，是個富人，所以偏向保守主義（*Conservatism，反對政治、經濟、社會等方面的改革者，俗稱右派，僅重視現實的權益。*）而貧窮的低層階級處處要求改革，其萬靈丹就是要求平均財富，抬高弱勢團體的生活水準。質言之，財富的力量，係增進人類二倍體力的泉源；因此，人類處理自己的財產，比處置什麼都重要，都要緊急迫切。

　　伏爾泰是一位旅行者，內心裏認為我們有權利發展自己的國家，但是不能以他人的國家作為工具，來發展自己的國家。他厭惡戰爭勝過一切，他說：

　　「戰爭是人類最大的罪惡，可是從沒有一個罪魁禍首，不假借正義的名詞來掩飾自己的罪惡。殺人觸犯法律，所以殺人兇手都必須接受法律的制裁；但在戰場上的殺戮，絲毫不受譴責。」

　　伏爾泰對於法國的立法者所提想像中的烏托邦（*Utopia，理想國，ideally perfect social and political system*），從不輕易相信。他認為社會是時間的產物，絕不是理則學中的三段論法（*syllogism，從大前提、小前提，而導出結論的間接推理法。*）所能推得。所以認為不論用什麼方法改革，只要能達到減少我們現在所居住世界中的苦惱與不平，都可以不必計較。他所鼓吹的改革，包括實行陪審制（*jury，小陪審團petty jury，由12人組成，進行事實的審理，以作有罪或無罪的決定，並可供審判長作最後判決的參考。*）廢除教會稅制以及豁免窮人的賦稅等項目。因此，德國的哲學家尼采（*Nietzsche，1844~1900年*）認為伏爾泰的行事作風賦具：「*輕快的腳步、機智、熱情、仁慈、堅強的邏輯、驕傲的智力，以及眾星的舞蹈*」。至於盧梭（*Rousseau，1712~1778年，*

法國的哲學家），則代表：「熱情與一切的幻想，一個具有高貴品質而又喜幻想的人，一位中產階級閨女的偶像；他有如巴斯噶（*Pascal，法國的哲學家，1623～1662年*）所宣稱，其心臟具有非頭腦所能理解的特殊理性。」

伏爾泰與盧梭兩人的基本性格不同，成為自古以來的理智與本能之爭的重要人物，謹簡列如次：

（1）.伏爾泰的思維：

①.處處講求理智，希望能用語言和文字的力量，使人類更開通、更善良。他對於盧梭返回自然環境的理辯，嚴厲地反對，但他永遠堅持著那條著名的原則：「我對您所說的話，雖然一個字也無法同意，但對您說話的權利，卻要聲援到底，至死不渝。」他告訴盧梭說：「人類的本性原來和野獸一樣，而文明的社會就是要減少他的獸性，更利用社會的秩序，使人類的智力盡可能的發展。」

②.人類的社會永遠是一個循環，人類創造制度，制度又改變人類，周而復始，永無休止。他與自由黨人認為只有知識才可以打破，我們祇要將人民加以教育，加以陶冶就夠了。

（2）.盧梭的思維：

①.對於「理智」，並沒有多大的信仰，要求的是實際行動，不恐懼革命時的危險，相信只要有了友誼的熱情，就能將被騷亂分散的社會要素，重新結合起來；並能根

本剷除舊有的習慣。

②.必須將法律拋開，才能使人類走入平等與正義的統治之下。在其所撰《論人類的不平等》一書中，表達反對文明、文字與科學，要求重返野蠻與禽獸的自然環境的理辯。

③.他與急進派黨人，則認為只有採取本能與熱情的行動，才能打破循環，才可以打倒舊有的制度，然後再藉著良心的指揮，建立一個以自由、平等，博愛為精神的制度。

我們以客觀的角度而論，兩派人士的論辯各自有其道理，各得50%。質言之，人類原本就須採取本能的行動，來打破舊有的思維；並且運用知識與才幹建設新的社會制度與秩序。因為本能與衝突二者，最忠於古代的人類社會，它是人類演遞過程中，為適應環境，繁衍後裔所必備的武器。因此，當戰鬥與革命的熱情結束之後，為撫平人類心靈上的創傷，勢必回復到自然的宗教情境，尋求平靜安逸的生活日子。因此在盧梭之後，便有：

（1）.法國的小說家、政治家、長篇小說文學家的先驅者之一的夏多布利昂（*Chateaubriand，1768~1848年*），著有《基督教精華》（*Le Génie du Christianisme，1802年*）一書外，還著有許多散文詩體的小說。

（2）.法國的女作家奈克爾（*Jacques Necker，1732~1804年，法國的財政家、政治家，曾任路易十六世的財務總監*）之女、亦為瑞典駐巴黎大使斯塔兒（*Staël，1766~1817*

年）之妻，她是一位進步且具革命性的沙龍文藝之女
主人，對於促進法國浪漫主義之發展，貢獻極大。

（3）.迪‧邁斯特（*De Maistre*）。

（4）.德國的哲學家、先驗派哲學的創始者康德（*Kant，
1724~1804年*），對批判哲學的確立，具有重要的地
位。

1777年，伏爾泰已83歲，他渴望在未死之前，能再見巴黎一
面，醫師勸他不可勞累跋涉，他認為他有權利，選擇死在那充
滿誘惑自己的巴黎，最後終於回到他年輕時代的朋友狄亞真陀
（*D'Argental*）的住所。第二天屋子裏擠滿了各界人士300多位，
他們對他就像歡迎國王一樣。美國的政治家和發明家富蘭克林
（*Benjamin Franklin，1706~1790年，曾赴歐洲擔任政治特使。*）也是
訪客之一，他帶著孫子請求伏爾泰祝福他。1778年2月28日，他
的病情惡化，有一位神父要他懺悔，信奉天主教的教義，伏爾泰
當然不肯，他還寫了一張字條給他的秘書韋格納（*Wagner*）：

「*我敬愛上帝、愛朋友，不恨敵人，厭惡迷信至死不渝，伏
爾泰。*」

1778年5月30日，伏爾泰抱病赴法蘭西學院（*Académie
Francaise，1635年在法國皇室保護下，由宰相李希留Due de Richelieu
創立*）演講，他還提修正法文字典，並自告奮勇，願意擔任A字
的編輯工作，在散會時向大眾說：「我代表字母感謝您們」，當
天晚上這位文壇巨人回家以後；知道自己已筋疲力竭，他的一

生，處處抱著掙扎與抗爭的態度，但是他仍然無法戰勝死神，終於在是晚溘然長逝，享年八十四歲，實為一位鶴立雞群，壽比南山的大作家。1791年，法國國會強迫路易十六世（*Louis VVI，在位期間1774~1792年*）交出伏爾泰的遺體，把他火化後放在巴黎的萬聖祠（*pantheon*）供奉。當他焚化後的骨灰，被護送經過巴黎市區時，執紼送殯的男女計有十萬人，在道旁觀看的群眾多達六十萬人。靈車上寫著：

「*它喚醒了人類，為我們鋪下自由的道路。*」

墓碑上只有幾個必要的字：
「*伏爾泰長眠此地*」。

陸、康德與黑格爾的哲學思想影響

（一）. 康德的生平與成就背景：

康德（*Immanuel Kant, 1724～1804年*）係德國的哲學家，據考其曾祖父於1630年代，從英國的蘇格蘭（*Scotland，位於大不列顛島北部，首邑愛丁堡Edinburgh*）遷移到德國東普魯士（*East Prussia，歐洲北部的一個王國*）的哥尼斯堡（*Königsberg，位於普累革爾河Pregel River下流，瀕波羅的海*）棲居。1724年，康德出生於哥尼斯堡（*第二次大戰時為蘇聯攻佔，今改名為卡列寧格勒Ka Leningrad*），母親是虔誠教徒，他從小就浸潤在母教的虔誠信仰，但他卻對宗教產生反動，成年後永遠脫離教會，並始終保持德國清教徒（*Puritans，嚴格主義者*）的氣質。

康德生在與腓特烈大帝（*Frederick II，1712～1786年*），伏爾泰（*Voltaire，1694～1778年*）、休姆（*David Hume，1711～1776年*）等同時代中，自然無法逃脫懷疑主義（*Skepticism，排除傳統思想，一切事件訴之於理性*）的潮流與思想。中年時期的康德，又竭力主張宗教自由，成為理性主義者的表現，形同伏爾泰的化身。到了晚年，他又回頭主張自由主義，顯然其思維是受到休姆的影響。

康德自1755年起，在哥尼斯堡大學擔任講師，歷經15年之努力，才在1770年，獲升為理則學與形而上學的教授，他被肯定為

優秀的教師，而其教書的本領勝過著述的本領。兩個世代的學生都很景仰他的教學風範。他認為天才的學生不必教育，愚笨的人無法接受教育。因此，教師應灌輸教學功能在中材的學生身上，使其發揮天資潛能貢獻社會。他所發表的新的形而上學系統，震驚全世界，顯然他常挖苦形而上學（*Metaphysics*），為「無底深淵」，就像「遼闊的黑海，無邊無際，更沒有燈塔的引導」，其四周佈滿著礁石。質言之，他最初堅持萊布尼茲（*Leibniz*，*1646～1716年，德國的哲學家、教育家*）、伍爾夫（*Wölff*，*1679～1754年，德國啟蒙時期的代表性哲學家*）的合環性形而上學，但不久便開始懷疑，終被休姆（*David Hume*，*1711～1776年*）的經驗論所動，逐漸開始研撰批判哲學，並確立批判哲學的地位。1781年，提出《純粹理性批判》，簡稱為「第一批判」；1788年出版《實踐理性批判》，簡稱為「第二批判」；1790年發表《判斷力批判》，簡稱為「第三批判」，掀起哲學史上最大的颶風。換言之，康德研究的形而上學，便是物理學，因為他研究行星、地震、風火、以太（*Ether*，*指電磁波等傳達媒體及其物質，充滿宇宙中，極富彈性。*）火山、地理、人種及其他類似的學問。也就是探討存在、實體、宇宙、時間、同一性等事物之基本原理的學問。

至於康德的生活規律，我們可以引用猶太後裔的德國詩人、評論家、抒情詩人海涅（*Heinrich Heine*，*1799～1856年*）筆下所描述的康德：他是一位「*起身、喝咖啡、寫作、演講、午餐、散步都有固定時刻。每當康德身披灰色大衣，手執精緻的枴杖，出現在住宅門口，接著又走向兩旁植滿菩提樹的小徑——這小徑現在還稱作『哲學家小徑』——散步的時候，他的鄰居就知道現在*

是三點半鐘。他在小徑上踱來踱去，一年四季風雨無阻。有時候天氣不好，康德後面就跟著手持大傘，而焦急的老僕人朗普（Lampe），這是他的謹慎。」

康德的舉止拘謹，故始終抱著獨身主義，也許他的主張與尼采相似，認為結婚之後，將使一個人求真的精神大為降低。有一位法國的政治家達雷杭貝利高（Talleyrand Périgord 1754～1838年）的名言：「我已選擇了一條路，將要終身實行，我要繼續我的事業，不管什麼都不能有所阻擋。」康德堅持著他的路程，不被貧苦所連累，也不為困難所阻擾，邁向著述他的哲學系統，遇有不妥之處，則勇於改之又改，歷經15載光陰的努力，始於1781年完成他的第一部《純粹理性批判》，時年齡已57歲，其成名發跡雖遲，卻震撼了哲學界，令晚生景仰。

（二）.康德的哲學思想之衝擊：

康德係德國的哲學家，先驗派哲學的創始者。1781年，忽然間出現了一本轟動社會的名著：《純粹理性批判》，把整個歐洲的思想界，從《獨斷主義》的睡眠中喚醒過來。他那「批判哲學」依然統治全歐洲，雖然次列的哲學家，仍然有堅強又穩固的康德學派之潮流，但迄今康德的每一個定律，依然成為哲學界的主要公理：

（1）.叔本華（Schopenhauer，1788～1860年）係德國厭世主義的哲學家，認為人生基本上即為痛苦，而超脫痛苦的最終途徑，只有藉著生活的意義來克服。1848年倡言以浪漫主義來衝破沈悶，為哲學界大開眼界。

（2）.達爾文（*Darwin，1809～1882年*）為英國的生物學家，在其所撰《物種原始論》（*on the Origin of Species by Means of Natural Selection，1859年*），發表「物競天擇」的理論，此種進化論堪稱傲視一切，說明了生物於自然界中的自然淘汰，只有能適應環境者，才能生存並繁衍後裔。

（3）.尼采（*Nietzsche，1844～1900年*）是德國的思想家，19世紀末，站在人類意志的絕對肯定基礎上，對於超人的道德之支配以及「權力的意志」之虛無主義，則提倡超越它、克服它。此種超人的哲學觀，震動歐洲人的生活思維。

　　因此，得知尼采接受了康德的思維模式，繼續向前發展；黑格爾（*Georg Hegel，1770～1831年，德國的哲學家*）認為：「要做一位哲學家，必須先做康德的學生。」然而《純粹理性批判》厚達800多頁，只有專門研究哲學的人，才能進入其寶藏與秘密的精華深處，並非一般泛泛之輩所能窺測。

　　伏爾泰（*Voltaire, 1694～1778年*）所代表的啟蒙思想，是百科全書以及理性的時代。培根（*Francis Bacon, 1561～1626年*）的思維及其熱情震盪了全歐洲，相信只有科學與邏輯的力量，才能解決人世間的一切問題。康德塞（*Condorcet, 1743～1794年，法國的哲學家*）在牢獄中所寫的《人心進步的歷史觀，1793年》說明了他對18世紀的知識與理智的信賴，並肯定普及教育是建立烏托邦的唯一途徑，連最不容易感動的日耳曼民族（*Germanic，德國人，條頓族*），也對此種見解堅持不懈。其中也以德國啟蒙時的

代表性哲學家伍爾夫（*Christian Wölff，1679～1754年*）暨德國的劇作家、評論家勒辛（*Lessing，1729～1781年*），他促使德國的戲劇，從法國古典戲劇的舊習中掙脫出來，也追隨潮流，在法國革命之際，歌頌理性。

斯賓諾莎（*Spinoza，1632～1677年，荷蘭的哲學家*）因對理性的信仰，而產生了幾何學與理則學的宇宙。英國的哲學家霍布斯（*Thomas Hobbes，1588～1679年。*）崇拜培根的合理主義，成為其無神論與唯物論之憑據，認為天地間除了「原子與空間」之外，別無他物。赫爾維第斯（*Helvétius, 1715～1771年，法國啟蒙思想家*）與荷爾巴赫（*d'Holbach，1723～1789年，法國哲學思想家，唯物主義哲學家，無神論者*）二位，致力於宣導無神論（*Atheism*），使其成為法國人民茶餘飯後的談話題材，連教士階級也加入討論的行列。1784年，勒辛（*Lessing*）在雅克派（Jacobite，認為基督的人格，只帶著神性之單性論的一派）面前，公然承認他是斯賓諾莎的教徒，顯然表示宗教信仰已經毀壞無餘，理性佔據了優勢的地位。

英國蘇格蘭的哲學家休姆（*David Hume，1711～1776年*），著有《人性論》（*Treatise of Human Nature*）、《人類智力的探究》（*Enquiry Concerning Human Understanding*）等名著，在其哲學的懷疑論中，認為人的知識受觀念與印象所限制，所以知識真偽的最終驗證是不可能的。質言之，休姆是啟蒙運動的發起人之一，他強烈攻擊超自然的信仰，認為理性侵犯人類，則必須當即反擊理性，因為理性經常借用法律的名義來破除信仰，甚至高喊打倒千萬人的信仰，摧毀三段論法（*Syllogism*）的邏輯，旋即引發對理性的批判。

（三）. 康德的哲學思想之爭辯：

約翰・洛克（*John Locke*，*1632～1704年*，*英國的哲學家。*）在其所著的《人類理解力》中，開啟了理性第一次檢討自己的得失之風氣。此項反省運動與英國的小說家理查森（*Samuel Richardson*，*1689～1761年*）、法國哲學家盧梭（*Rousseau*，*1712～1778年*）所代表的內省派小說，在方法上、哲學界與文藝界齊頭並進；在哲學界也有感情勝於理智，理智勝於知識的趨勢。

愛爾蘭的神職人員巴克里（*Berkeley*，*1685～1753年*）係一位觀念論的哲學家，他證明物質只是心靈的格式，除此之外，其他的一切概不存在。因此，巴克里主教，認為我們所知的一切物質都是心靈的狀態，唯一的實體就是自己的心靈，只有自己的心靈才是可以認識的實體，這就是巴克里對洛克倡導唯物論（*Materialism*）的批評。然而，愛爾蘭的主教所表示的懷疑精神，還沒有蘇格蘭的懷疑論者休姆來得徹底。當他才25歲時，所撰《人性論》，確實夾雜著異教色彩，嚴重地影響了基督教國家的宗教信仰。

休姆說：「*我們用認識物質的方法去認識心靈，既不認識物質的實體，也不能認識心靈的實體；我們並不感覺心靈的實體，而所感覺者，只是個別的觀念、記憶與情感而已。心靈不是具備觀念的本質，也不是具備觀念的機構，只是一系列觀念的抽象名詞。因此，感覺、記憶與情感本身就是心靈，並非在其背後有一個實質的與可以觀察的靈魂存在。*」

簡言之，巴克生主義摧毀了物質；休姆則把心靈消滅了。物質與心靈都不存，一切哲學都應該從此破滅之中，另覓發展，否

則人類將生存在「既無物質，又無心靈」的情境混亂局面中。

自從義大利的哲學家勃魯諾（*Giordano Bruno，1548～1599年*），活躍於文藝復興時代，因主張神的精神與物質完全一致，為羅馬教會所不容，而以異教徒被處極刑。復加上伽利略被宗教法庭強制其否定地動說（*the Copernican theory*）之後，引起科學與哲學處處重視自然的法則，要在必然的因果關係中建立其研究基礎；斯賓諾莎的形而上學（*Metaphysics*）便是建立在這個榮耀的觀念上。但是休姆則強調我們只能感覺事情和它的關連，並由此引出因果與必然的觀念；所謂法則係千萬經驗，由吾人內心總結和簡化而得。因此法則是人類觀察事物之間的關連所得的慣例，它不包括必然性在內。換言之，一切未證實的法則都不足相信。

（四）. 康德哲學思想的靜和：

理性走向唯物主義（*materialism，唯物論*）是啟蒙運動（*enlightenment*）時期，主張將宗教與道德由傳統及偏見中予以解放，經過巴克里（*Berkeley*）主教的批判主義之後，物質已面目全非，而休姆（*Hume*）進一步的闡釋將心靈予以消滅。人類的行為早已無法聽憑理性，接受邏輯的命令，何況人類的行為經常籠罩在本能與情感的陰影下，尤其在人口集中的城市裏，人過著機械式的生活，理性有時無法解決所面臨的問題，使得感情的能量應運而生。因此，理性不是最後決定事物的標準，情感成為最終取決的依據。

身處啟蒙時期的法蘭西，當時的知識階級都傾向於縱情的快樂主義（*brutal hedonism，以快樂為人生目的或道德標準的學說*），處處主張無神論、唯物論。惟有盧梭（*Rousseau 1712～1778年*）

的立論與眾不同，竭力反對無神論與唯物論，其所撰《懺悔錄》，表現了纖細敏銳的感傷，全書貫穿著超越自然的道德與生活理念。1749年，法國第戎學院以《科學和藝術之進步，對於道德有利，還是有害？》為題，辦理徵文，盧梭榮獲第一，他在該徵文中明確指出：

「文明所產生的害處多於益處，自從有文明以來，社會生活日趨紊亂，諸如印刷術傳到歐洲，歐洲社會因而大亂，這便是文明作祟的大證據。哲學所到之處，國家的道德必定隨之墮落。因此，哲學家也說過，聰明人所到的地方，老實人必定無地生存，此乃是由於思想違反自然，使得有思想的人成為邪惡的動物；易言之，吾人不要專心培養理智，而要重視心靈與情感的訓練。教育不能使人歸於良善，僅止於增加聰明，一切違法的行為都因此而產生。所以，人類的本能與情感，比起理性更為可靠，故應刻意加以培養，不可使其消失」。

1761年，盧梭出版所著《新愛蘿伊絲（*The New Heloise, 1761年*）》，主張回歸自然，嚴厲批判文明及社會阻礙人性自然的發展；並且道出情感戰勝理性，造成貴族婦女都以傷感為時尚，引發18世紀法國的理性運動轉變了方向，成為1789～1848年崇尚情感的浪漫主義運動（*Romantic Movement，反對傳統的形式主義*）。1762年，盧梭又出版《愛彌兒》（*Emile*），其論據大意是：「倚賴理性可以使我們反對上帝，並反對永生的觀念；只有情感可以使我們回復信心。既然如此，我們為何不去信任本能，信任情感，卻要倒行逆施，投降在懷疑主義的失望之下？」

當康德讀了《愛彌兒》時，頓然之間，肯定了的為學處世原則，他同時反對無神論，又同時承認情感超越理

智，值得懷念的一代哲人。康德的職責，在於把這類性質的辯論彙集在一起，又把巴克里的觀念論的哲學家、休姆的理性主義與盧梭的情感主義混合在一起，期能從理性中把宗教解救出來，又從懷疑主義中把科學解救出來，成為康德的一大使命，也是康德哲學的關鍵。

（五）. 康德對純粹理性的批判：

康德認為「純粹的理性」不是從感官而來，它獨立於一切感官經驗之外；而純粹的知識生來就具有，不需要經驗作為階梯，它是天賦的心靈形式。換言之，所謂「批判」所指的是對事理的分析，而非攻擊，旨在提出理性所應具備的功能與影響。首先，康德便向英國哲學家約翰·洛克（*John Locke，1632～1704年*）挑戰，認為「知識從感官中泛生出來」是一項錯誤的見解。因為人類的知識，並不依賴感官的經驗而來，它在經驗之前早就先天存在。這是康德在《純粹理性批判》中所提出的第一個問題。質言之，在批判中所討論的，實際上就是「生物學上的思想論」。

康德就此項《純粹理性的批判》的研究重點，指出：「*我們對事物的理解並不完全倚靠經驗，而經驗絕不是知識唯一的淵源；經驗告訴我們，某事某物是如此，但不能告訴我們為什麼必定會如此。因此，經驗只能激發理性，卻不能使理性獲得滿足。換言之，普遍的真理，係以內在的必然性為第一要義，但由於經驗既不能闡明這個要義，所以真理並不倚靠經驗而成立。真理本身是明顯的，而且含有必然的特性*」。依此推論，後起的經驗雖然有變動，但真理卻絲毫不變；後起的經驗雖有出入，而真理卻永遠是真實的；它的真實在經驗之前，是先驗的。

（1）.先驗的感性論：

康德為便於討論感官經驗以外的問題，特別立下「先驗哲學」（*transcendentalism*，*先驗的 of a priori character*，*超絕論*），以時間、空間為感性之先天形式，十二範疇為悟性之先天形式，謂人之認識能力不出此形式以外；藉研究思想過程，而非感官經驗的客觀物體之形式，以理解現實本質的各種哲學體系。其中包含感覺或情感的性質，此種過程稱之為「先驗的感性論」；至於泛指思想方式的科學，成為第二個過程，則稱之為「先驗的邏輯」。事關如何把感覺化為知覺？蓋感覺係指刺激的反應而言，諸如味覺、嗅覺等均屬感覺，它是經驗的開始，尚不能吸收知識。然而，一旦各種性質的感覺，在時空中集結為一個對象，則此種整體的對象，已經由感覺轉變為知覺與知識了。

康德認為除了感覺之外，另有一個選擇與領導的主人在指揮命令；因此，在感覺與觀念之外，又必須加入心靈一項。換言之，負責擇選與經驗的主人，先把感覺分成二類：第一為空間的觀念，第二為時間的觀念；而時空是先驗的。因為一切有秩序的經驗，不但包含兩者，而且要依此時空二者才能生存。沒有它們，感覺將永遠不能成為知覺；其次，又因為時空是先驗的，所以我們無法想像將來的經驗和它們不發生關係。因為它們是先驗的，它們的法則也都是先驗的、絕對的以及必然的。一切數學法則都涵蓋此種特性。質言之，康德認為如果吾人能證明科學的基本原則，即因果法則——原因相同，必定產生相同結果的法則。也就是說，存在於吾人所認識的環境中，有如時間空間一樣，永遠支配未來的經驗時，則亦必可獲得肯定的答案。

（2）.先驗的分析論：

康德為了從「先驗的感性論」轉入「先驗的邏輯」，首先把思想的形式、條目予以分析命名，使其從「知覺的知識」，昇華為「概念的知識」，充分掌握知覺的、支配的，是事實之對象，而概念所支配的是事實之關係、因果及法則；進而藉著概念的知識，粗淺的經驗才能造就科學。換言之，知覺的作用，在使散失的感覺，依據時間、空間予以歸納分類；而概念的作用，則依據原因、統一、交互、必然及相互毗鄰等觀念。進而將知覺再加以分類與模鑄的作用，形成有系統的思想概念，此種作用便是心靈的特質和本質，而心靈和經驗原本就是一體之兩面，無法分割。

康德認為感覺是未組織的刺激，知覺是組織的感覺，概念是已組織的知覺。科學是已組織的知識；智慧則是已組織的生活。後一項目，都比前一項目更有秩序、關連與具備統一性。它務必是將人類生活的目的，加在這繁瑣的無秩序之上，才有秩序與統一性可言。感覺原本就是一片黑暗的大海，而人類本身的人格、心靈才是其燈塔。德國的哲學家萊布尼茲（*Leibniz，1646～1716年，倡導「單子論」*）說：「*除了理智本身就別無他物。*」康德則強調：「*有知覺而無概念，那麼知覺是盲目的。*」因此，肯定知覺本身，確實能組織有秩序的思想，而心靈可在一片渾沌中理出一些秩序。在上種同一經驗情境下，營造出人類的平庸、活潑、天資優異等不同類別的種族。

康德進一步指出，世界之所以有秩序，係因為人類有認識世界的思想，具有秩序的能力。原本思想的功能，僅止於識別經驗，再把經驗分類，方才產生科學與哲學。質言之，思想的法

則，同時也是事物的法則；因為吾人的認識事物必須經過思想，而思想務必遵循一定的法則，二種法則歸於一。德國的哲學家黑格爾（Hegel,1770～1831年），認為理則學的法則與自然的法則，原本就是同一件東西，故其哲學體系由倫理學、自然哲學及精神哲學所形成，並以辯證法方式進行。此種觀念緣於康德而來，促成理則學與形而上學浸潤為一種學問。雖然，其間受到英國的哲學家休姆的懷疑論（Skepticism，*主張一切事件訴之於理性。*）認為人的知識受觀念與印象所限制，而推翻宗教及科學。但到了康德則肯定科學的原理必須存在，才能顯示思想的法則，存在於一切經驗之中，而且不論是過去、現在及未來的經驗，也莫不顯示這種法則，科學是絕對的，而真理亦必將永遠存在。

（3）.先驗的辯證論：

康德認為理則學與科學的最普遍原理，其確實性與絕對性是相對的，且有限；其有限的質性，係指實際經驗的範圍，而相對的質性，乃是指經驗的人為格式而言。舉凡人類所製造的產品內，其心靈與物質的成分各佔一半。心靈所供給的是模型格式，而物質所供給的是刺激。因此，吾人所認識的事物，是它的現象，或是它的表象，其本來的面目，吾人從來不認識。換言之，物體本身可以作為思想或推證的對象，但無法直接被經驗；而心靈的組合，又能把許多獨立的感覺統一成知覺，又能統一成概念或觀念。無怪乎，英國政治經濟學者約翰・米爾（*John Stuart Mill*，*1803-1873年，著有《自由論on Liberty, 1859年》、《功利主義 Utilitarianism, 1861》*）認為儘管英國人傾向於實在論，但他仍然把物質定義為「永恆的感覺可能性」。

　　康德所認識的是物的表象、物的現象以及對於物的感覺。其真諦是指出大部分的事物，都由知覺與理解的格式創造出來，而我們所認識的對象，早已成為我們的觀念。質言之，只有哲學才能觀察到對哲學於物的感覺、物的知覺以及物的概念，並非物的本質。因此，德國厭世主義的哲學家叔本華（*Schopenhauer, 1788～1860年*）說：「*康德的最大貢獻，在於能夠辨明物的現象與本體，而且加以區別。*」

　　簡言之，先驗的辯證論，其最嚴格的機能，在於能檢查人類的理性，能不能掙脫感覺與表象世界的重圍，而追究不可知的「物」自身的世界。因此，自相矛盾的原因是科學跳脫了經驗的世界，希望探求宇宙根本真所發生的困境，這種困境基本上無法獲得解決。就空間而論，這個世界究竟是有限或無限；再就時間而論，世界是否有一個開始，這些課題迄今得不到大家所認為滿意的答案。因此，先驗的辯證論之責任，在於喚醒神學界；本質、原因與必然三者，在有限的範疇，應用於感官經驗的心靈暨感官經驗的世界，才有價值，而宗教絕不是理論的理性所能證明，其辯證難度可想而知。

（六）. 康德對實踐理性的批判：

　　如果宗教的基礎，不能建立在科學或神學的上面，則應當以道德為基礎。因為宗教的道德標準，必須直接從我們關心的知覺和直覺而來。蓋吾人所認定的道德哲學，其原則必須是先驗的，務必與數學的法則相同，具備絕對與確定的質性。因此，道德觀念並非經驗而來，是屬於天賦的，而行為宗教標準的道德律令，務必是絕對至高無上的。換言之，在人類心目中，具有最高的道

德律令，在良知的絕對指引下，使我們的行事能隨心所欲，不逾矩。它並非由於智慧，而是由一種纖細敏銳的感覺，作為判斷該不該做的事情，以免使自己的社會生活變得不可能。常言道：「誠實為最上策」，顯然存在於吾人心中的道德觀念，是絕對的，無條件的。

　　人類行為之所以為善，係因為能服從內在的義務觀念，並非體驗而來，而是依據天賦的、先驗的無上律令，過去、現在及未來都是一樣，它不計較功利，只服從道德法則的意志，不必追求快樂，只求能盡義務就心滿意足了。康德認為：「*道德的功用，不一定能使我們獲得快樂，卻能使我們盡情地享受快樂，能使我們在快樂之中，充分表現真善美的價值。……一切行為必須以仁慈為目的，而不以之為手段；不僅對自己如此，對他人也必須如此。*」這種絕對義務的律令，可以同時闡明意志的自由，而自由本為內在自我的真諦，它屬於「純粹自我」的重要德性。人類的心靈，可以自由鑄造經驗，且可以自由選擇目標，這便是自由的最高明證。正因為人類能展現最高的道德律令，才可以領會到靈魂有不朽的可能。因此，盧梭指出：「*心靈的感受層次，較頭腦的智慧還要超越。*」巴斯噶則認為：「*心靈有其特殊的理性，而這特殊的理性，絕非頭腦的理性所能了解。*」

（七）. 康德對判斷力的批判：

　　康德於1790年，即66歲時出版了《判斷力的批判》，著手探討「自然設計與美感的關係」，他認為：

　　「*美的東西必須在結構上具備統一與均勻性，彷彿是智慧設*

計的結晶；欣賞對稱的圖案，可使人獲得純真的快樂。純粹為了
自然的美而生的興趣，可說是一種善的表示。」

因此，康德告訴我們，自然界為了保存一種生物，不知要犧
牲多少其他生物的生命，所以自然界的外觀設計，並不能證明神
的存在。

1793年，康德69歲，出版了《純粹理性範圍內的宗教》論
文，他在著作中道出：

「宗教基礎，既然不能建築在純粹理性的理則學上，而是必
須建築在具有道德意義的實踐性上。因此，基督教的《聖經》及
其啟示錄，必須用道德的價值來重新判斷。《聖經》絕不能作為
道德的標準，教會與教義本身毫無價值，它務必有助於道德的發
展，才算有用。當信條、儀式代替道德的地位，成為宗教的標準
時，宗教自然而然式微了。真正的教會，應由一群人民組織而
成，這些組成分子，雖然分居各處，卻可在共同的道德規範下，
歸於統一，而基督希望的就是這種性質的教會，他用來曉諭法利
賽人（Pharisee，西曆紀元前一世紀至西曆一世紀間的猶太教徒，以謹
守口述律法及成文律法，持有優越高潔的精神，而自負盛名），也是
此種性質的教團。……基督曾經把天國帶往這個世界，但是沒有
人了解他的真義，如今天國毫無消息，而牧師的國家卻反而興盛
了！教條與儀式代替了善良的生活，人應該在宗教下團結，如今
卻分成千百宗的派別，而且一切無義的敬神儀式，均被宣傳作天
國的禮節。形同只有操縱這種儀式的人才能諂媚上帝，使上帝喜
悅。」真是一針見血的評論，令有識之士，同感係一段公正的論

斷。

　　康德對於宗教的抨擊，也反應了當時普魯士教會（*Prussian Church*）腐敗的實情。他指出：

　　「*吾人務必知道神蹟不能證實宗教，空言掌握神蹟的憑證，其本身就靠不住，無法令人信服。禱告的目的在於違反經驗，打破自然法則，那麼這種儀式毫無用處可言。一般牧師、長老之本職在於撫慰人心，卻勾結政府，處處與人民為敵，一切神學上的欺騙、政治上的迫害，無一不是為愚弄人民而設，宗教到了這種地步，已糟糕透頂了。*」

　　1786年，腓特烈二世（*Frederick II，1712～1786年，又稱腓特烈大帝。*）逝世，威廉二世（*William II*）繼位，他是個實質的暴君，反對自由政策，認為吸收法國的啟蒙運動，對普魯士是不忠的行為，故處處打壓外來的思想。1788年，威廉責令各大學不得傳授與路德新教違背天主教的教義，並限制出版事業，此令之下，舉國都受影響。只有康德因年高德劭不被冒犯，旋將所撰論文，送到普魯士邊境的耶拿，而該耶拿位於東德，為威瑪公爵（*Duke of Weimar*）所統治，且他是一位自由派人士，對於康德的論述不被禁止，銷售甚廣。1794年，高齡70歲的康德，接到普魯士威廉二世一封嚴肅的敕令，寫著：

　　「*皇帝發覺您的誤解哲學，破壞基督教中最主要的教義，和《聖經》中最根本的立場，心中大為不樂。我們要責罰您，並期*

待將來您不再這樣攻擊他人，而且能回心轉意，善用您的才能和您的權威，維持傳統教義，為傳統教義辯護，這是您的義務，也是我們對您最大的希望。假如您繼續違抗命令，反對正統，那麼您必須承擔不幸了。」

康德的回信是：

「學者對宗教應該有發表議論的權利，並且有權利把意見公佈給大眾。」

在那種強權的時代，康德也可以保持沈默，而不屈服於強權的威脅。事實上，他早已將該表達的意見，說給世人聽了！世人也不必作太多的要求。

（八）. 康德對政治體制的主張：

腓特烈・威廉二世（*Frederick William II*，*1744～1797年*）於1786年繼承腓特烈二世（*Frederick II*，*1712～1786年*）的王位，即位第三年，法國爆發大革命（*1789～1793年*），王權遭廢止，成立法國第一共和，震撼全歐洲。普魯士緊鄰法蘭西，受到極大的影響。在此緊張時代，普魯士的大學教授都紛紛表示反對革命，擁護專制政府，惟有康德本著六十五歲老骨頭的血氣，積極倡導革命。早在1784年，康德用「政治秩序的原理與歷史觀」為題，闡述他的政治學說，並以英國哲學家霍布斯（*Thomas Hobbes*，*1588～1679年*）的物競觀念為出發點，認為競爭是進步的必要條件，我們慶幸個人主義的競爭心理依然存在，所以人類的種性始終能保留，並繼續向前發展。

康德認為生存競爭並非完全是罪惡，但人類發覺必須有一種

限制，採用習慣、規條、法律等，來牽制這種無止境的競爭，方能使得文明的社會產生。如現今的國際社會，國與國之間，其相互關係，猶如個人之間的互動關係，早應脫離自然的野蠻生活狀態，進入文明社會的規範生活。倘如各國相互遵守條約，則和平就可持久。質言之，人類社會歷史的意義與歷史的朝向，必然邁向互守條約的規範前進。如此爭奪、暴動的範圍自然縮小，而和平相處的領域便逐漸擴大。

　　1795年，康德71歲，出版了《永久和平論》，而「永久和平」係當時荷蘭相當流行的語言，它原本用來描繪教會公墓，也表示「永久和平」只有人死後才能獲得，頗富諷刺性。康德於書中再三詛咒當時的政治：「*我們的統治者，錢不用在教育事業上……因為一切收入都要儲存起來，準備下一次戰爭。*」此項現象，猶如1949～1976年，逃亡臺灣的蔣介石集團，把政府的收入妄想供作「反攻大陸，消滅朱毛」之用，不願意用來從事公共建設，提昇經濟，改善人民的生活，最後終成泡影，消逝於雲端。

　　康德認為這種軍國主義（*Militarism*，黷武主義*Undue prevalence of military spirit or ideals*），都是歐洲各國為了擴充殖民地所造成，由於分贓不均而引發戰爭與衝突。康德直言：「*當美洲、香料群島*（*Spice Island*，即摩鹿加群島）、*好望角*（*Cape of Good Hope*，距開普敦南邊48公里處。）*被相繼發現後，歐洲人如入無人之境，所有土著民族，都被視為一文不值，而掠奪者吞下罪惡，反以此自傲，認為自己是上帝特選的民族！*」令康德本著不平則鳴，無法保持沉默之思維，力加抨擊。

　　康德認為帝國主義的侵略本質，是導因於寡頭政治的操縱；如果實行民主制度，則人民有參政的權利，發動侵略戰爭的機率

必然相對減少。因此，康德主張：「*永久和平的首要條件，應該將政治制度定位為共和國，戰爭的參戰權，由全體民眾表決，讓走入戰場的人來決定戰爭，如此人類的歷史才可能永遠避免流血。反之，國民對戰爭與否無表決權，則戰爭成為少數獨裁者漫不經心的傑作。國君擁有絕對的權力，一旦發動戰爭，其個人的宮廷生活依然奢侈，倒楣的是芸芸眾生。*」1795年，法國革命軍的勢力征服了反動的軍隊，康德希望從此之後，歐洲各國都能採行共和政體（*Republican, Constituted as or characterizing a republic*），並希望能確立民治主義，消滅奴隸制度，令侵略政策趨於失敗，人民永久享有和平。質言之，康德強烈主張：

　　「*個人具有絕對的價值，應受尊敬，不得侵犯，如果利用個人來達到外在的目的，便等於侵犯了神聖的天賦人權。*」

　　這也是道德律令的一部分，宗教如果不包含這部分，將等於是一件可笑的假設，令人啼笑皆非。因此，可知康德所要求的是均等，即發展機會的均等，以及才幹上的均等，高齡達70歲的康德，始終站在革命線上，希望迅速建立新的社會秩序，擴張民治精神來促使國家、社會獲得正面的發展。1804年，80歲的老頑童，靜悄悄地凋零，但其後繼的康德學派（*Kantists*）成為顯學，諸如斐希特（*Fichte，1762～1814年，德國唯心主義和國家主義論的哲學家*）、謝林（*Schelling, 1775～1854年，德國一元論哲學家，主張精神與自然的絕對同一性*）及黑格爾（*Hegel，1770～1831年，德國哲學家，主張用辯證法解析絕對觀念論*）均屬之。

（九）. 康德與黑格爾哲學思想的比較：

　　1770年，黑格爾Hegel（*1770～1831年*）出生在德國的斯杜德加（*Stuttgart*）年輕時勤勉向學，從小便醉心於希臘文化的研究，曾說：「*希臘文化很適合於優越的日耳曼人。歐洲的宗教，從遙遠的東方傳來，卻有著科學與藝術，它使生命美滿，更能使生命的價值無限增進——這都是從希臘人直接或間接傳進來的*」。換言之，在宗教方面，有一段時期，贊成希臘正教（*Greek Church, the Orthodox Church，即東方正教，9世紀自羅馬天主教分出。*）遠勝於基督教。黑格爾在其所撰《耶穌的生平》一書中，認為耶穌是約瑟與瑪利亞的兒子，把耶穌看作一個人，一個平常的人，一切神秘的質素，都被掘除了。此種見解，到了史特勞斯（*Strauss，1808～1874年，德國神學家*）與洛讓（*Ernest Renan，1823～1892年，法國歷史家、哲學家*）的著作問世後，才告確定。前者在其所撰《耶穌傳》中，主張《聖經》中的基督生涯，是以一連串的神話為基礎；後都依其著作《Origines du christianisme》將歷史的方法運用到聖經的故事，破解迷失才算確定。

　　據《聖經》的記載，童貞瑪麗亞（*Virgin Mary*）、聖母瑪麗亞（*Mary the Virgin*）係耶穌基督（*Jesus Christ*）的母親，是尤阿金（*Joachim*）和安（*Anne*）的女兒，與拿撒勒的木匠約瑟（*Joseph*）訂有婚約後，天使加百列（*Gabriel*）告知將從聖靈懷孕生子（*the Annunciation*），此種見解，成為基督徒奉為聖典，不可存疑的密史。

　　黑格爾在政治方面，也充分表現反叛的精神。當時他與謝林

一起在杜賓根（*Tübingen*）神學院研究宗教，兩人在市場中種植
一棵自由樹，他說：

「*經過這次革命的大洗禮後，法國已把許多陳腐的制度洗
除，可是人的精神，依然托付在那些制度的後面，舊制度就像無
生命的羽毛，拖累著法國人民的精神和其他事務。*」

黑格爾與斐希特相似，均提倡貴族式的社會主義
（*Socialism*，分配原則是「各盡所能，按勞分配」的社會制度），兩
人在不知不覺之中，捲入熱情的革命浪漫潮流之中。1793年，年
僅23歲的黑格爾，從杜賓根學院畢業，證書上記載著：「*品格高
尚，舉止文雅，神學與語言學的造詣頗深，欠缺哲學的才氣。*」
1801年，時年31歲的黑格爾，經由謝林介紹，進入耶拿大學，並
於1803年正式擔任耶拿大學的教職。耶拿大學（*Jena University*）
位於東德紹令吉亞（*Thuringia*）省的都邑，建於1548年，由威
瑪公爵（*Duke of Weimar*）統治。在耶拿大學中，德國劇作家席
勒（*Schiller，1759～1805年*），教授歷史；提克（*Ludwig Tieck，
1773～1853年，德國浪漫派詩人、小說家、劇作家*）、哈登柏克
（*Von Hardenberg，1772～1801年，筆名諾瓦里斯Novalis，德國的浪
漫派詩人，小說家*）及希勒格（*Schlegel，1767～1845年，德國浪漫
派詩人，評論家，以德文翻譯莎士比亞戲劇而聞名。*）等學者，正在
大力宣揚浪漫主義運動（*Romantic Movement，反古典主義，主張感
性、尚美、主觀的意念。*）；而斐希特與謝林正致力於擴充哲學的
研究範圍。

1806年，拿破崙（*Napoleon，1769～1821年*）於耶拿（*Jena*）

大敗普魯士軍隊，造成這個大學城被軍隊蹂躪，陷入恐怖情境註❶。當法國的拿破崙軍隊侵入黑格爾的住宅時，他緊握所撰《現象論》（*Phenomenalism，指否定物體自身存在，認為人的所知是來自現象，即一種主觀唯心主義的學說。*）的原稿不放，該書後來成為他的不朽之作。此時眼見黑格爾貧困生活的歌德，親自為他寫信給納貝爾（*K. L. Knebel，1744～1834年，詩人，介紹歌德親近威瑪公爵的人。*）借錢給他濟急。1812年，擔任一所中學的主任，嚴謹的行政工作，熄滅了他的浪漫主義之火，取而代之為斯多噶學派（*Stoic, 315年B.C.，希臘哲學學派。*）的嚴肅主義，在浪漫時代中邁入古典主義（*Classicism*）的道路。1812～1816年間，黑格爾完成《論理學》一書，全日耳曼都深受其影響，使他迅速成為海德堡大學（*Heidelberg University，創立於1386年，為德國最古老的大學城。*）教授。1817年他又寫成《哲學科學百科全書》。翌年，他又成為柏林大學（*Berlin University，柏林於1871年起，成為德國首都。*）的哲學教授。從此之後，他永遠統治日耳曼的哲學界，並與歌德統治文學界、貝多芬統治音樂界一樣，三足鼎立，各為學術界的權威人士。

　　黑格爾的大部分著作和亞里斯多德的著作一樣，都是由演講筆記編輯而成，只有《論理學》與《現象學》二書，是他親手所撰，其中充滿了隱語及抽象神秘，不易捉摸明瞭。同時《論理學》的討論課題，是推證所用的概念，而不是推證的方法；他採用康德所創造的本體、性質、數量、關係等概念，作為思想的範疇，旨在把這些糾纏不易明白的基礎觀念，分辨清楚。其中尤以「關係的思維」最為重要，缺乏關係或任何質性的本體，基本上不能存在，而事物的意義，應該從關係中求得，這是黑格爾的

根本立場。換言之，黑格爾的哲學思維中，認為各種關係中，應該以反對或對照的關係最為重要。任何思想或任何事物都包含二個對照，將此二種對照合併，則形成較為高層次的全體，稱之為「辯證的運動」，此種辯證原則，並非黑格爾的首創，早在西曆紀元前第四世紀，西西里島亞格里琴敦（*Agrigeutum*）的哲學家恩貝多克利（*Empedocles*，493～433年B.C.科學家），就有相等的發明。謝林也認為事物之後，隱藏著「*相對的統一*」；斐希特（*Fichte, 1762～1814年*）則指出：「*正反面與綜合是一切事物的發展，一切實在的主要公式，宇宙萬物也是此三者所構成而已。*」

　　黑格爾認為人類的思想，依循「辯證的運動」而發展進化，其餘一切事物，亦依此項法則向前發展。各種事物原本就含有一個矛盾，但此種矛盾須先行融化，才能從調和中獲得進化：諸如現今的社會制度，也含有先毀棄自己的矛盾，再尋求發展的模式，未來的世界既非目前的現狀，亦非吾人夢幻中的理想情境，而是現實與理想的綜合，兼取兩者之長處，而產生更合人類生活之方式。質言之，事物運動的內中，其情形與思想運動完全相同，先有統一而後有紛歧，經過紛歧再歸於統一；人類的思想與現實的存在，都依循這種辯證法則向前邁進。所以黑格爾的「論理學」與「形而上學」，事實上是相同的學問。因此，黑格爾認為：「只有心靈能知覺這種辯證的過程，與複雜中所蘊藏的統一性，而心靈的機能旨在發現複雜中的統一性。只有人類的思維，能在複雜的宇宙中獲得事物的和諧，而理性是宇宙的本質——宇宙的設計，絕對是理性的，也只有理性才能體認宇宙的真理。」

　　黑格爾（*Hegel*）指出：「*人類生活中的掙扎與罪惡，並非*

出自人類消極的想像：掙扎是人類生長的法則，真正的品格，應該經過嚴格的歷練所塑造而成；人如果想要達到他的崇高理想，務必接受來自四面八方的橫逆考驗，承擔各種重責，熬受各種苦難而後才能達到。因此，可以明瞭的事實，生命的真正意義，並不在於享受快樂的成果，而是在於追求成果的過程。偉大的歷史，只能出現於現實的矛盾被妥善解決之後，而此種解決的程序，係合乎人類進化的原則。偉人不能創造將來，他只能維護將來，只有時代的精神才能創造未來。此稱歷史的哲學，成為導致革命的必然結論。黑格爾的哲學論述，確實係以革命作為終結。他們辯證過程，就是以「改變」兩個字，作為人生主要原則。換言之，世上的任何事情，都在改變之中，沒有一件可以永久存在。萬物在各種階段的發展中，總存在著矛盾，故只有「對立的競爭」才能解決矛盾。政治學上係以自由作為最基本的原則，也只有自由才能打開「改變」的管道。因此，革命派的哲人，認為「歷史是自由的成長史，國家務必以自由作為組織的基礎。」黑格爾肯定統一性是發展的目標，而秩序則是自由的先決條件。

1831年，黑格爾走完61歲的生命歲月，他的哲學原本就趨向於革命，很難獲得和平落幕，故其死後，其學說就以「辯證論」作為出發點，被分成左右二派：

（1）.黑格爾右派：係以威斯（*Weisse*）、斐希特（*Fichte*）
　　　為代表人物。倡導以「現實都合於理性」為論述重
　　　點，承認神的存在，又承認公民應當絕對服從國家的
　　　法令為要。

（2）.黑格爾左派：以費爾巴哈（*Feuerbach*）、莫爾斯各

（*Moleschett*）、波爾（*Bauer*）、馬克思（*Karl Marx,*
1818～1883年，德國的社會主義者）等為代表人物。
倡言黑格爾年輕時代懷疑論的「高等批判」（*higher*
criticism，指依據科學與歷史研究法來探討《聖經》），
以階級鬥爭為歷史進化的原則，導出「社會主義的必
然性」的歷史哲學。

黑格爾採取絕對性的時代精神來決定歷史，而馬克思則以群
眾運動與經濟勢力，為各種進化的基本原因。簡言之，黑格爾是
帝國主義式的大學教授，卻教導出社會主義的馬克思。黑格爾
和普魯士政府相處融洽，稱他是大絕對的具體表現，經常用著
大學教授的口吻歌頌他，並把他放在陽光下，促其生長。但他的
敵人稱他是「御用哲學家」。然而，黑格爾卻忘記了自己的辯證
法則，使其思想走向傾頹，無法永存，不能與自然的法則同其終
始，令人扼腕。

註解

❶ 耶拿（*Jena*）：係東德紹令吉（*Thuringia，位於東德西南部*）地區的大學
城：1806年拿破崙（*Napoleon*）於此大敗普魯士軍隊。普魯士（*Prussia，*
德文為Preussen）於1701～1918年，歐洲北部的一個王國，地勢平坦，物
產豐富，國土不斷擴大後，成為德意志統一的力量。1861年以後，其
王兼為德意志皇帝，1919年，歐戰結束後，改行共和制；1947年共和
制解體。第二次世界大戰後，柏林（*Berlin*）分為東、西兩區，西區為
西德一部，東區為東德之首都；至1990年10月3日，東、西德合併統
一為德國。

柒、叔本華的厭世主義及哲學世界

（一）. 叔本華的教育背景與處世：

　　叔本華（*Arthur Schopenhauer，1788～1860年*）於1788年，出生於波蘭北邊，臨波羅的海之但澤（*Danzia，又稱格但斯克 Gdansk*），其父是商人，愛好自由，但因波蘭於1772、1793及1795年三次遭俄、普、奧瓜分而失去自由，他們舉家遷到漢堡。叔本華從小生活在商人環境中長成，雖略有商家意氣豪邁，不拘細節之氣質，但能超脫經院哲學（*scholasticism，又稱繁瑣哲學，以研究基督教教理為目的。*）的迂曲繁瑣及空疏錮閉，而熟識人情世俗，堪稱是商人家庭的恩賜之一。叔本華曾說：「*我秉承父親的性格與意志，接受母親的才幹與智慧。*」其母親是一位頗有名氣的小說家，但她的個性強烈，與丈夫不睦，生性狂妄與傲慢，且尖酸刻薄，故母子水火不能相容。因此，叔本華與拜倫（*Byron，1788～1824年*）兩人都無法享受母愛，而且遭到母親深切的妒忌與痛恨，注定成為悲觀主義者。

　　叔本華自大學畢業後，其閱讀範圍廣泛，常對世俗作出尖銳的譏評與諷刺，這種處世態度與其哲學之形成息息相關。他的性格偏向陰沉、猜忌，整天被恐怖惡夢所困擾，無法忍受吵雜的聲音，並且自信他的人格偉大無比，而激憤之情，無法自制，益形其狂妄與傲慢之處世態度。他是一位絕對的孤獨者，沒有知己的

朋友，又因無母、無妻、無子、無族親，對於當時如火如荼的國民運動，比歌德更加冷漠。1808年，法軍佔領普魯士時，德國唯心主義和國家主義的哲學家菲希特（*Fichte，1762～1814年*），在柏林演講「告德國國民書」，力倡普魯士軍民應「為自由而戰，全力抵抗拿破崙」，叔本華雖為時論所感動，躍躍欲從軍，但仍然打退堂鼓，不僅不敢參戰，卻偷偷地返回鄉間，去撰寫其哲學博士的論文，令有識之士同感失望。

叔本華的博士論文題目是《充足理由的四根源》，他認為要了解意志與表象所形成的世界，務必先閱讀此書的內涵，它是「因果法則」的四種形式，其要旨如次：

（1）.結論，受前提限定的邏輯形式。
（2）.結果，受原因限定的物理學形式。
（3）.空間形成物，受數學與力學諸法則限定的數學形式。
（4）.行動，受性格限定的道德形式。

當叔本華完成博士論文的撰述之後，便以全副精神與時間，研撰其傑作《意志與表象的世界》，書成之後，便傲然而毫不猶豫地出版，並在序文中直言：

「*這不是剽竊他人的原意，而是以獨到的思想所構成的嚴密之體系，詞意暢達，文字壯麗，必為後人著作的激素與靈泉。*」

叔本華相信哲學上的問題，已經被他解決了，所以想在戒指上，雕刻一個司芬克斯（*Sphinx，560年B.C.*）投水之像來作為紀念。按：《希臘神話》中的司芬克斯，是女人頭、獅身且有翅膀的怪物，出沒於底比斯（*Thebes*）附近的岩山，對通過該地的行人

提出謎題，無法解答者立刻撲殺。最後被伊底帕斯（*Oedipus，希臘傳說的人物*）解出，而投水，永不復出。

叔本華的傑作出版後，未曾引人注意。事隔16年後，叔本華詢問出版社銷售的情形，出版社據實告知早已作廢紙處理了。叔本華失望之餘，就在《人生的智慧》之〈論名譽〉一段文字中，引用列喜膽保（*André Lichtenberger, 1870～1940年，出生於巴黎，法國小說家、社會學家*）的名言來諷刺這個世界：「*這樣的著作像一面鏡子，但是在驢子身上，絕不會照出天使來！當一個頭顱與書本相碰時，試問一無迴響的會是書籍嗎？愈是屬於未來的人類，就是愈屬於人類全體，便愈與他同時代的人格格不入。*」因為他所寫的書，並不是為現實中的人類而作，而是為全人類中的一部分人而作，所以在他的著作裡，絕沒有現代人類所熟悉的地方色彩。

1822年，叔本華34歲，被聘為柏林大學的私人講師，其授課時間故意安排在眾望所歸的黑格爾講座時刻，造成上課時，課堂上總是空空，叔本華憤而辭職，並責怪黑格爾，對他攻訐謾罵，反為師生所不齒，間接延遲了他那本傑作《意志與表象的世界》的再版。1831年，柏林發生霍亂（*Cholera，因霍亂菌侵入腸內引發吐瀉、腹痛而起*），黑格爾與叔本華都躲避他處，但黑格爾於霍亂高峰期過後，提前返回柏林，不幸被感染而結束生命，叔本華則遠居法蘭克福（*Frankfurt，西德梅茵河沿岸的城市*），靜度其哲學研究之歲月。

1836年，叔本華時年48歲，發表了《自然的意志論》，1841年，他出版了《倫理學上的兩個根本問題》；1859年，他的《殘篇與斷簡》兩大冊問世，係一部易於閱讀的書，充分表現出他

的機智卓見，卻只得十部書的報酬，令其失望，他依然過著窮居獨處的單調生活。然而，叔本華始終是個十足的悲觀者，他不曾陷入樂觀主義者賣文為生的陷阱。由於他繼承了父親遺留的一份產業，靠著利息的收入便可過著舒適的生活。他理財有方，令人難以想像他是個哲學家。當時各大學對他的哲學思想與出版的著作，都缺乏興趣。尼采曾批評說：「*叔本華輕視德國大學的學者，是他們對叔本華深惡痛絕的最大原因。*」從此叔本華改變了待人處世的基本態度，方使其名譽及學術地位獲得提昇。果然，中產階級的律師、醫生、商人都覺得叔本華的哲學，展現了對現實生活現象的透徹觀察，並非不著邊際的玄學謎語或隱喻。

1848年代的歐洲社會，一夕之間突然覺悟，他們對理想與努力的落空，旋即引發對那代表1815年，失望之聲的哲學（*指1814～1815年為重新調整歐洲領土與次序的維也納會議Congress of Vienna。*）發出狂熱的歡呼。當時的科學，對宗教所作的抨擊，社會主義對貧窮及戰爭的指責，以及生存競爭的生物學基礎，均形成對叔本華哲學的提昇，產生各種有利的因素。1854年，德國歌劇作曲家華格納（*Wagner，1813～1883年*）將其作品〈尼白龍根的指環〉（*The Ring of the Nibelungen*）送給叔本華，並於書中稱讚叔本華的音樂哲學。從此世界各地士紳前來拜訪者絡繹不絕，1858年，他的七十大壽，受到全世界領袖、哲學家的熱烈祝賀。可惜夕陽無限好，只是近黃昏，二年之後，1860年7月21日，以72歲的高壽往生西方極樂世界。

（二）. 叔本華極度悲觀主義的時代背景：

叔本華係19世紀前半葉的德國厭世主義哲學家，他於1818年

出版《意志與表象的世界》。那時正逢拿破崙沒落後，於1815年由俄國、奧地利、普魯士三國的君主締結盟約，表面上是維持歐洲和平，而實際上意圖壓制當時的革命勢力，是為神聖同盟（*Holy Alliance*）。質言之，根據基督教的教義，以標榜公正、慈善、和平為名義，實質上旨在壓迫當時之革命運動，鞏固專制政體為要。1815年6月18日，拿破崙在滑鐵盧（*Waterloo*）之戰役已告結束，使得法國革命的狂風趨於熄滅，「革命之子」正被放逐在天涯海角的聖赫勒拿孤島上。叔本華原本歌頌的科西嘉人的鐵血意志，最終也被擊敗了。波旁王朝（*Bourbon Dynasty*，*西西里的王統*）的天下又死灰復燃，封建諸侯的土地也恢復了，亞歷山大一世（*Alexander I*，*1777～1825年，俄皇*）的和平理想，成為神聖同盟的提倡者，整個歐洲的無數土地，因戰爭的荒蕪，歐洲文明與經濟發展，都在戰爭中消耗殆盡。此神聖同盟鎮壓了一切前進的運動，終止了有作為的偉大時代。

　　19世紀的前半葉，除了極度悲觀主義的哲學家——叔本華之外，尚有倡言悲觀主義者，涵蓋詩人及音樂家，其主要人物謹羅列如次：

（1）.英國的浪漫派詩人拜倫（*Buron, 1788～1824年*），對英國浪漫主義的開展賦具深遠的影響。

（2）.法國的浪漫派詩人繆塞（*Musset, 1810～1857年*），早年受浪漫主義的影響，隨後轉變為內向的古典主義風格，其作品以纖細的心理描述，並以簡潔的文體與冷靜的批判精神，建立其獨特的詩風。

（3）.猶太後裔的德國詩人海涅（*Heine, 1799～1856年*），係

抒情詩人、評論家，與歌德並稱為天才，以尖銳的批評和尖刻的諷刺而聞名。

（4）.義大利詩人、文學家雷奧帕第（*Leopardi, 1798～1837年*），一生深受病魔所苦，頗有強烈的厭世思想。其作品充滿濃厚的悲觀厭世色彩，被稱為19世紀最偉大的厭世詩人。

（5）.俄國的天才詩人及小說家勒蒙托（*Lermontov，1814～1841年*），死於決鬥，著有《當代英雄》。

（6）.奧地利的作曲家舒伯特（*Schubert, 1797～1828年*），從孩提時代就表現天賦的音樂才華，31年的短暫生命，創作了600餘首歌曲。曾發表過各類不同的音樂作品，其中1814年所作「野玫瑰」最膾炙人口。

（7）.德國浪漫派作曲家舒曼（*Schumann，1810～1856*），創作了許多歌曲、鋼琴曲、室內樂曲。1854年因精神障礙惡化，投萊茵河被救起，兩年後死於精神病院中。

（8）.波蘭的鋼琴家、作曲家蕭邦（*Chopin，1810～1849年*），1830年波蘭革命，遭到俄軍的鎮壓而失敗，在失望之餘作了「革命練習曲」，從此活躍於巴黎，終其一生未曾回到波蘭。創作許多練習曲、前奏曲、小夜曲等鋼琴曲。

（9）.德國大作曲家貝多芬（*Beethoven，1770～1827年*）他是維也納古典派的代表，亦是浪漫派的先驅，係一位刻意掩飾悲觀，強飾為樂觀的悲觀主義者。

（10）.德國詩人、小說家歌德（*Goethe，1749～1832年*），感

嘆地說：「感謝上帝，我在這樣萬事皆休的世界中，再也不會逗留太久了」。充分在其所著《少年維特的煩惱》（*The Sorrows of Young Werther*）中表露出來。

（三）. 叔本華在德奧旅遊的見聞：

1804年，16歲的叔本華赴德、奧兩國旅遊，所到之處，所見村落凋敝，農人貧困，大小鄉鎮，陷於悲傷而惶恐無依的情境中。軍旅所留下的只是滿目瘡痍，破碎人間的景象：莫斯科固然成為灰燼，即使是戰勝的英國也陷入民窮財盡的窘境，歐洲小麥價格慘跌造成農人破產，未經掌控的新工業，使得工人飽嘗恐怖，而軍隊裁減兵員後，造成更多的失業人口。英國蘇格蘭的評論家、思想家、歷史家卡萊爾（*Carlyle，1795～1881年，著有《衣裳哲學》*），在其所著《自傳》上說：

「*我曾聽父親說，在那幾年裏，物價高漲，農人常在工作之餘，藏身小溪邊飲水充飢，他們渴望自己的生活慘狀不讓他人看見。沒有比這個時代的生活更卑賤與無意義的了。革命的火花雖然已經熄滅，但歐洲的元氣卻也消亡殆盡，烏托邦的天堂，曾經放過燦爛的異彩，如今卻隱入朦朧暗淡的未來，也只能在青年人的眼尖中微微閃現；至於曾經由於這種理想的誘惑，而奔走勞苦的長者，都懊悔受騙，連眨一下眼皮的情願也沒有。只有青年人能生活在未來，只有老年人能生活在過去，至於大多數人，則毫無希望的生活在現實中，生活在無法挽救的廢墟中。一開始為革命而戰的英雄與信徒何止上萬！為這年輕的共和國拱手慶祝的歐*

洲少年，又何等眾多！但是不久，「革命之子」便猶豫不前，不久更成了反叛者。因而，貝多芬撕毀了本擬呈獻給「革命之子」的〈英雄交響曲〉。一開始，為這種偉大的希望而狂熱信仰，狂熱奮鬥的曾有多少人！但結果只是滑鐵盧大敗，聖赫勒拿島的放逐與維也納的神聖同盟罷了！法蘭西仍然屈服在波旁王朝的壓迫之下，而這繼承的王朝，不僅沒有新的覺悟，而且不肯忘掉過去的一切。這種否定時代的希望與努力的重大事件，在人類的歷史上是空前的，這是何等滑稽的悲劇，我們雖然會不覺啞然失笑，但同時卻不能不流著辛酸的淚水。」

質言之，在這失意傷心的悲痛時代中，大多數的窮人，當然只有尋求宗教的希望，來安慰自己心靈的創傷；但是那群失去信仰的領導階層，卻只見到現實的醜陋與正義光明的不可期，不會相信慈悲仁愛的上帝存在。因此，最後結局是魔鬼戰勝了。浮士德（*Faust*，歌德所著戲劇的主角，1488～1541年間，居住於德國的流浪占星術師及法師，據說曾將靈魂售與魔鬼。）失敗了，伏爾泰撒下了悲觀的種子，叔本華來收穫創傷邃痛深厚的果實。因此，這種大浩劫，正是公正無私的老天爺，所加於多智寡信的時代刑罰，亦是嚴正警告時代的智者，務必重新低頭於舊日的信仰、達觀、仁慈及各種美德。同時，拜倫（*Byron*）、海涅（*Heine*）、勒蒙托（*Lermontov*）、雷奧帕第（*Leopardi*）及叔本華（*Schopenhauer*）第一代哲學家，都抱著同樣的心理，令人稱奇。

（四）. 叔本華對表象世界的認知：

1810年，叔本華完成其傑作《意志與表象的世界》，他用

精闢、痛快、忠誠及勁健的語意，將「意志的世界」與爭鬥、衝突、失敗、痛苦等事實，剖析其所以永無止境的延續發展原因，詳實分析得十分透徹；他以熟識世務的商人之子出現，其思想具體可觸，舉證詳實，應用得體，並賦具幽默感。此一卓越的著作，為何遭到社會及學界的不屑，原因在於，他在書中攻擊當時的德國大學教授，以致斷絕了為他寫評論的機會，像黑格爾在1818年是德國哲學界的泰斗，而叔本華卻對之不遺餘力攻擊，以致自己的著作無人問津。吾人可從其第二版的序文看出其自負、自傲、不可一世的心態，他說：

> 「所謂謙虛，不過是虛偽的自卑，以便在這嫉妒橫流的世界中，向那無才無德的人，請求寬恕他多才多藝的罪過的手段罷了！謙虛所以能成為美德，那是因為他有益於愚人的緣故；原來凡是愚人，沒有一個不願意聽到別人稱讚他謙虛的。」

叔本華所撰《意志與表象的世界》，第一卷最精采的部分，是對「唯物論」（*Matericalism*）的批判，他認為我們既然承認物質須依賴心而獲知，我們就不可能將「心」解釋為物質。我們以為在領悟物質時，領悟到的只是物質，其實我們只是領悟到那知覺物質的主觀而已。也就是領悟到了那見物的視覺、觸物的觸覺，了解物的悟性。唯物論到了19世紀中葉，仍然被愚昧的蒙蔽，謂宇宙萬有盡可由物質以說明之，不承認物質以外之存在；對於精神作用，亦視為由物質產生之運動。甚至被當作是根本的真理，愚笨而剛愎自用的人，專門拿物理化學的原理，與物質的機械作用，來說明一切生命的現象。例如，英國的哲學家霍布

斯（*Hobbes, 1588〜1679年*）所倡導「機械的唯物論」（*Mechanic materialism*）屬之。但叔本華則強調絕不相信單純化學的結合，能以機械作用來說明……認為必須依賴動力的說明，才能解釋明瞭。

叔本華認為要發現那深不可測的實體本質，要解決形而上學（*Metaphysics*）上所要探討的存在、實體、宇宙、時間、同一性等事物之基本原理；如果先觀察物質後再觀察思想，則必定一無所成，唯一的方法就是先觀察我們自己，所以他說：「如果離開我們自己而去追求物的本質，自然會徒勞無功。因為花費心血去研究事物，所得的只不過是影像與名詞，非但不得其門而入，只是在思想的堡壘中兜圈子而已。」

（五）. 叔本華對意志世界的思維：

叔本華指出，自古以來的哲學家，都認為人類心靈的本質，在於思想意識，並將人類視為理智或理性的動物，這是一項天大的錯誤，務必另起爐灶。他認為：意識只是人類心靈的表象而已，在意識知覺下的無意識或潛意識之意志，才是奮勇而頑強的「生之力」，其自然洶湧的活力，正是野心勃勃的「慾念」。意志是個勇猛強勁的盲人，理智是意志的明眼，只是滿足慾望，裝飾慾望的工具而已。所以叔本華稱人類為「玄學的動物」，要使人信仰我，只有訴諸他人的利益、慾望與意願。因此，理智是因危險的威脅，與情勢的逼迫才發展而成，諸如狐狸的狡猾常常表現在危急之中，而罪犯的機智，常表現在情勢的逼迫才形成。理智只是慾望的僕人與工具，若將理智代替意志，無疑是倒因為果，倘若把行為奠基於反省的思慮上，則易使人犯錯。

　　叔本華強調人類的爭食、求偶與延續後裔子孫的期望，是一種半意識的「生之慾」與求生活圓滿的「生之慾」所造成。表面上，人類的高尚理想在前面牽引著，其實，那種理想僅是一種力量在背後推擠而已，它只是受了感覺與幾乎盲目的本能所驅使，故理智係供「意志」驅使，而意志則成為精神中唯一不變的要素。質言之，造成意識的統一，使觀念與思想結合，且以一種永久的和諧相伴隨，所以意志是思想的樞紐。至於性格係由意向與態度綿延而成，它原本就導源於意志，並非來自理智；故意向與態度便是意志。例如，吾人常說某君「精明」、「靈敏」、「狡猾」，便含有猜疑、嫌惡的意思，而這猜疑與嫌惡就是意志的別稱。

　　叔本華認為意志與身體的動作，並無因果關係。前者是直接的動，後者則是限於知覺的動，而肉體的動作就是意志動作的客觀化。因此人體的動作，係承受意志而得，所以特殊的身體構造，就與特殊的意志相符合，此便是人類個性的來由。換言之，理智有倦怠的時候，而意志則不倦怠；理智需要睡眠，但是意志即使在睡眠中，也照常在工作。因此，人體的疲勞和痛苦，都起因於大腦而生的感覺，故大腦在睡眠中須補充營養，恢復其能量；但意志則不需要食物營養，而睡眠對於用腦的人更加需要。所以在睡眠中，意志依然舒展其完整的權力，來補充其有機體的損耗，並增進有機體的能量。凡是一切營養與治療的工作，都在睡眠中進行修補。換言之，意志是萬物自本源與最終的實體，所以意志是人的真諦，它是造成人類的原因，並且是萬物形成的原因。無意識是萬物的原始自然狀態，但對高等生物而言，意識就成為生命之花。雖然無意識仍佔優勢，因為無意識是原始狀態，

所以大部份存在物都是無意識，它遵循意志本性的法則來活動。因此，人類的理性，經過植物的意識雛形，動物的意識曙光等階段，達到的意識最為透明而光彩。簡言之，意志是人類求生的意慾，而生物最為重視的莫過於「生存」，為求生存當力克困難的逆境，才能達成。由此可知，在意志的支撐下，生物也能將生命虛懸千年之久，此種意志，無非是為了求生存而繁衍後裔，而其仇敵便是死亡，而能否戰勝死亡，仍是哲學、神學的大課題，值得深入探討。

　　叔本華認為「生存的意志」，只能憑藉生殖繁衍的策略與自我犧牲來戰勝死亡，生殖是一切有機物最強的本能，只有靠生殖，有機物才能戰勝死亡。因此《希臘神話》中的伊柔絲（*Eros*，愛神，相當於羅馬神話的邱比特*Cupid*）是萬物的創造者，是萬物的總淵源。質言之：「*人類的性關係，是一切行為潛隱的核心，無論人如何掩飾，它無時不伸出頭來向外窺探。它是人類戰爭的原因，又是和平的目的；是認真工作的基礎，又是戲謔的目標；是機智的無窮泉源；是臆測幻覺的關鍵，是宗教信仰發生意義的主要原因。*」這些都是奧國的精神病理學家，精神分析學的創始者佛洛伊德（*Freud*，1856～1939年）所撰《心智與無意識》（*Wit and Unconscious*）理論的來源。因此，「愛的形而上學」就不能離開「丈夫對妻子」、「父母對子女」、「個人對種族」的附屬關係。首先，配偶的選擇，雖然是無意識的，其主要決定因素，便是在生殖方面，彼此能適應，這便是兩性結合的原則。男女雙方選擇配偶，都以對方所特有，而自己所不具備的品質為選擇的目標。其根本的意義，不是愛的交換，而是佔有對方；同時，人世間最不幸的結合，就是戀愛而後的婚姻，它旨在

注重個人的幸福,並不以種族的繁衍為重。難怪西班牙有一句諺語說:「由戀愛成功的婚姻,必定陷入痛苦與悲哀之中。」其原因有二:

> (1).戀愛是「自然」用來欺騙人的把戲。一旦結婚,愛情必然漸漸消失而陷入空虛。所以要保持婚姻的快樂,只是哲學家的專利,然而哲學家卻是不結婚的。
>
> (2).熱烈的愛情是建立在迷妄之上,是「種族」使用的手段,一旦「種族」的目的達到,婚姻的夢幻就自然而然地消失了,此時,才明白自己成為種族的奴隸。也就是說,個人是種族用來綿延的工具,成為種族的附屬品。

　　叔本華肯定地指出:人類性的衝動,可以視為種族存在的生命,而個人的生命則是以此種生命為根源。古羅馬作家塞爾薩斯(Celsus, 30B.C.～45A.D.對醫學頗有研究)說:「種族的使命一旦達成,全部精力就會驟然衰竭,也就是男生的精液射出之後,就是一部分生命的拋棄,而人類生殖力的減退,就是人死亡趨近的徵兆。所以希臘的運動家,視節慾為重要的工夫。因此,認為個體的生命,是從種族借來的,生殖是生命的最高點,過此之後,老的個體便慢慢地消逝,新的個體又延續種族的責任。所以一生一死互相交替,形成種族生命脈息的律動……個人的死亡就種族而言,形同睡眠而已,這便是〈自然不朽說〉的大理論」。簡言之,整個世界和一切現象,只是一個非肉眼所能見的意志,或是觀念的客觀化而已。德國詩人歌德(Goethe, 1749～1832年)說:

「我們的精神是永遠不毀滅的實存，它的活動是無窮盡的，正如同太陽一樣，吾人肉眼所見，固然太陽有西沉之時，但實際上，它是永不沉落的，永遠輝照大地。」

　　叔本華認為只有在空間與時間中，我們才能成為各自獨立的人與物，也就是將生命的整體分割成個體，它是「個別化的原則」。時空是摩耶（Maya，印度多神教中之女神，宇宙靈魂創始者）的帳幕，是掩蔽整體萬物的虛幻。因此，只有種族、生命、意志才是真實的，徹底了解個人的只是現象，而不是「物的個體」。質言之，要「在事物無常的變化中，洞察形式不變的永恆性」，這才是哲學的責任。由於萬物流變無常，而其本質卻是不變。因此，歷史演遞的陳述，應該以「本質不變的原則，採取不同方式予以表述」作為箴言，這才是歷史學者應秉持的基本態度。論述哲學的人，宜將所有人類及宇宙萬象，視為虛妄的幻象，而真正的歷史哲學，告訴我們，儘管永無休止的變化與多樣化的諸多事項，衝著我們而來，但依然有一永恆不變恆常如一的實存，擺在人類的面前。換言之，人類務必認清萬事萬物基本上是一致的，雖然人類所處的環境、習慣、風俗與生活儀式有所差異，但人性的善惡是同一的。時間不分古今，地理不分中外，「自然」的真正象徵就是圓形，而「圓形」是重複旋轉的格式。誠如法國文學家伏爾泰（Voltaire, 1694～1778年）所說：「我們出生的時候，固然覺得世界到處充滿愚蠢污濁，可是等到我們離開這世界時，情況也必定相同，而無所改進。」由此，我們獲得了新而可怕的定命論（Determinism），認為人類的行為，莫不受內

外情勢的限定，個人對自身行為無法負完全責任；即人的一切被命運注定，無法自己做主。荷蘭的葡萄牙系猶太裔哲學家斯賓諾莎（*Spinoza, 1632～1677年*）說：「*假使被人擲在空中的石子是有意識的，它必定會自覺自己的行為，是自由意志的產物。擲石子的人所給予石子的衝動，如果給了我，就成為動機。如果石子真的有知識，它必定是意志的表現。*」換言之，每一個人都相信自己，具有先天且完全的自由，但經驗使他漸漸發現，他不僅不自由，並且是必然律（*logical necessity，支配人類所有行動的法則*）的奴隸，所以他雖作千萬遍的決心或反省，卻始終不能改變自己的行為模式於分毫，以致終生無法改變自己的性格。

（六）. 叔本華對惡的世界之體認：

叔本華的基本哲學理念，認為世界既然是意志的表現，因此，這個世界必定充滿著痛苦與悲慘，其理由如下所述：

（1）.*意志本身就是指慾望，而人的慾望永遠難以斗量，為了滿足某種慾望，必定要犧牲數種慾望，因為慾望是無窮的，而滿足卻是有限的。所以只要我們一天被意志所控制，則一輩子就得不到永久的幸福與和平。*

（2）.*願望的達到，並不是快樂的理想之實現，而是世間最痛苦的事情。因為滿足了熱情，不但不能使人感到快樂，反而使人陷入痛苦，其理由在於熱情的需要，經常與個人的安寧與幸福產生矛盾，且危及個人的康寧與幸福。質言之，每個人的內心世界，都藏有背道而馳的矛盾；同時慾望生生不息，而意志的生命就是慾*

望；人類的內心裏除了意志之外，別無他物，故意志
形同餓鬼，永遠貪而不厭。

（3）.人類的痛苦指數，都是依其本性而定；它是一種內在
的憂慮，生生不息的循環。因此，憂慮不為意識所察
覺，是因為意識為前一種憂慮所佔據，無法容納它，
一旦有空隙，便立即乘虛而入。

（4）.生存是痛苦的，因為痛苦是生存的基本刺激與本質；
而追求快樂，只是人類處於痛苦生活中的消極中止。

　　這種論述的觀點，符合希臘哲學家亞里斯多德（Aristotle，
384～322年B.C.）所說：「哲學家不追求快樂，只求憂愁
與痛苦的解脫。」之名言。因此，難怪德國哲學家叔本華
（Schopenhauer, 1788～1860年）認為生存是痛苦的，因為一旦慾
望與痛苦，若鬆了手，厭倦的感覺立刻會使人煩悶，令人不得不
去追求消遣，木就是去追求更大的痛苦。所以，人生是往返在痛
苦與厭倦之間的鐘擺。如果把人類的一切痛苦與悲慘納入地獄的
概念中，則人類不可能長久居住於天國，因為天國也早已充滿著
無聊，就像空無所有的匱乏，是人類無可豁免的責罰鞭策。質言
之，有機物愈高等，痛苦也就愈多，雖然有知識，也不能解決這
種身心所受的痛苦。因為「意志」現象愈完整，痛苦指數必然愈
明顯；所以一個人的知識愈豐富，或是才智愈高的人，其痛苦自
然增高。故天才的音樂家、畫家、作家，其痛苦指數當然達到頂
峰，其壽命亦當受影響。舉凡知識累積愈多，則其痛苦亦隨之增
加，其承受之回憶與預感，亦增加其痛苦指數，而現實的痛苦無
非是短暫的，但回憶與預感卻佔了人生的一大部分。諸如人類對

死亡的預感，所加給人的痛苦與恐懼，常較死亡的實際，更是悠遠而深長。

最後，叔本華再度強調生存是戰爭，在自然界裏各種生物之間，互相傾軋排擠、競爭、衝擊，造成勝利與失敗，不斷地交替現象，整個生命界充滿著痛苦悲慘。因此，人類如果想過著自然悠閒的生活，就要學得渾樸、不識不知的理念，方有可能。換言之，叔本華認為一個人，終其一生不論結婚與否，都難以獲得快樂；人類不耐獨居的寂寞，也難忍群居的煩惱。因此，在這悲慘的世界裏，樂觀主義已成為對人間痛苦之辛辣的嘲謔。只有天真的青年，以立志努力為愉快的泉源，不知天高地厚，憂患為何物；為了體悟生命之短暫，事實上需要長時間的生活體驗，才能領悟生命的真諦。質言之，東方的哲學家，深知死亡的力量，必定吞沒宇宙人生，故倡言「清靜無為」，用以體驗生命的短暫，對於死亡恐懼是哲學的開始，也成為宗教信仰興起的原因。中外諸多哲學家、神學家，不敢面對死亡的必然來臨，所以創設哲學、神學，來迷惑眾人與安慰自己。簡言之，靈魂不死的學說所以盛行於各宗教學派，堪稱是哲人、神學家畏死心理的具體表現。

叔本華補充前述之不足，認為神學是逃避死亡的避難所，而人類之所以瘋狂，旨在逃離痛苦，因為瘋狂係逃避痛苦回憶的結果。質言之，瘋狂是由於人的意識流中斷而引起，人只有忘掉不幸的遭遇與痛苦的回憶，才能苟延其「生之慾」的殘局。人類素來不願意回憶自己昔日的創傷、痛苦與失意，更不樂將它拿來作冷靜的觀察與檢討。由於人的意志無法掌握理智的對象，但是為了維持思想的連貫，以致理智常常疏忽自己的職責，而去取悅意

志，造成人會陷入虛無的幻想當中。相傳希臘禁欲主義的哲學家戴奧真尼斯（*Diogenes, 400～323年B.C.*）是拒絕呼吸而死的，此乃是戰勝「生之慾」的例子，展現了思想與想像征服了本能而自殺。然而，這種勝利只是個人的勝利，但其意志本身仍然依附於種族，繼續綿延，一切的悲慘、痛苦、爭鬥、殘殺，還是綿延不絕。因此，除非意志能完全受制於理智，否則人生的困苦與罪惡，還是隨著歷史的演進，永遠無法消除。

（七）.叔本華對生的智慧之哲理

（1）.對哲學的認知：

叔本華指出：「*人類常因視金錢為無上的瑰寶，親之如命而倍受指責，把金錢當作，如同希臘神話的海神普洛帝斯（Proteus），擁有可將身形千變萬化的神力，能隨心所欲地轉換成其所渴望的物質，用以滿足其複雜多變的慾望。人的幸福決定於他自身的思維，而不在於他所擁有的財富；但是，人渴望財富的慾念之強烈，遠非尋求教養之慾念所可比擬。沒有精神需要的人，不知道如何處置閒暇，以致無法獲取寧靜，到處追求物質的享受，結果必是被那驕侈淫逸所責罰，最後被厭倦所征服而滅亡。*」因此，他認為生命之道，不在於財富而在智慧；原本理智只是服從意志，但到了最後竟又支配意志。因此，思考的決定，理智的預感，往往使人一反動物性的本能，毅然決然的接受甚至做出最可怕的事件。諸如自殺、殺人、決鬥或種種危害生命的情事，由此方看見理智駕馭動物性的威力。

倫理學上，認為人類之行為，莫不受內外情勢之限定，如遭

傳、教育、境遇、地位及一切先行事態，凡足以直接誘起其動作及執意者皆屬之，是為定命論（*Determinism*）；而知識如能夠藉著前事而推斷其結果，則定命論亦能緩和鎮靜慾望之功能。簡言之，對於惱人的事情，只要能徹底了解其原因與必然性，則80％的煩惱，必定可以化解消除於無形之中。諺語說：「建立偉大事業的人，不是世界的征服者，而是能夠征服自己的人。」叔本華強調：「哲學是用來洗滌意志的，它是實在的體驗與思想。」叔本華提出追求哲學所應注意的原則，計有下列二項：①.生活重於書籍。②.原文重於註釋。

吾人只有從哲學家的原著中，才能獲得其所闡釋的哲學思想，一位天才的哲學家，其作品勝過千百註釋的著作。質言之，不違反上述兩項原則，其所獲得的知識學問，仍有相當大的價值。因此，人的幸福決定於個人腦中所思慮的一切，而不決定於我們所背負囊中的所有。除此之外，聲望名譽也毫無價值，我們從環境中得到的快樂，不如從本身得到的快樂，更為快樂。所以亞里斯多德說：「*所謂幸福就是自足。*」*平常人把一切事物當作慾望的對象，所以不能免於苦惱：反之，如把一切事物視為理智的對象，則必須獲得完全的自由與幸福。簡言之，光明正大的智慧，是超乎意志世界一切醜陋之上的芬芳。*誠如希臘哲學家伊比鳩魯（*Epicurus, 341～370年B.C.*）主張，*由個人主義的倫理出發，藉自由闊達的議論，從混亂、痛苦、死亡的恐怖中解脫出來，才能達成「心如止水」的恬靜情境。人類如果能達到這種情境，才能脫離意志的悲慘鬥爭，進而從意志的奴隸中解脫出來。如果有朝一日能達到這種情境，則《希臘神話》中的伊賽昂（*Ixion*），*

因忘恩負義想誘惑希拉（*Hera*，宙斯的妹妹及妻子）而被綁在地獄中永遠迴轉的火輪上，方有靜止不動的時候。

（2）.對天才的看法：

叔本華認為天才，是因為其智慧機能的發展，超越了意志的奴隸性。一般人大多是意志大於智慧；而天才的人則是智慧多於意志。因此天才的心靈都是絕對客觀化，他能將個人的利益、願望、目的，完全置之腦後；且能將個人的主觀予以中斷，採取純理性的自我，去觀察一個沒有主觀色彩的世界。所以天才者，其表現於外，就是明顯的理智超越意志；而庸人所表現的，就是受意志牽制，其一切智識活動，都聽命於意志的操縱。換言之，一個人能脫離意志的操縱，其理智才能對周圍環境事物，作出客觀的認識；天才給我們一面魔鏡，在此一魔鏡之內，可以看見一切事物的真相與事實。憑藉天才的力量，理智就像太陽撥開雲霧一樣地，穿過情慾，去闡揚事物的核心，明瞭以個人為象徵與手段的普遍性，以及永存的本質。因此，天才的秘密在於能對那客觀的、根本的與普遍的境界，給予公平、公正無私的評價。

叔本華指出，天才因為超脫了個人的主觀，故與充滿意志的現實世界，格格不入。天才之所以與世人的不融洽，其一半原因在於天才以根本的、普遍的與常存的事物作為思考的對象；而世人卻只拿那短暫的、特殊而具體的、目前的事物作為思考的對象，故天才與世人的思維永遠背道而馳。質言之，舉凡知識愈貧乏的人，其社交手段就愈巧思精明，欺世盜名成為萬古不變之法則。常人把自己的生活，建立在他人的關係之上，其對美的欣賞、藝術的熱忱，常導致忘記人世間的牽掛、繫念與留連，猶如

生活在杳無人煙的沙漠中，其淒涼結局可想而知。亞里斯多德曾明言道：「凡是在哲學上、政治上、詩學上、藝術上有特殊造詣的人，都是秉性憂鬱的。」因此，叔本華指出，想要了解瘋狂與天才的關係，可從義大利的劇作家阿非艾里（*Alfieri，1749～1803 年*）所撰神話、歷史題材中，充滿對自由的熱愛，對暴戾的憤怒及熱烈的愛國精神，去明瞭瘋人院裏的瘋子，其洋溢天賦高才，依稀可見。

（3）.對藝術的評價：

叔本華認為愛把知識從意志中解放出來，忘失小我及世俗的物質利益，使精神超越至無慾的境界，這就是藝術的功能。這正如德國的美術大學家溫克曼（*Winckelmann, 1717～1768年*）所著《希臘藝術模仿論》謂：「*就是一幅畫像，也應該是個體的理想形象。描繪動物，也以畫得最特殊而最完美的體態，用以代表該「種」的個性為要。藝術所以比科學偉大的緣故，就是因為藝術只須憑藉直覺，而表現出其特色為目的。科學需要的是才能，而藝術則需要天才。*」

歐洲西部的大河川，發源於瑞士山峰，流經西德、荷蘭注入北海的萊茵河（*Rhine*），就藝術家眼光看來，它是一連串的刺激、感覺與幻想的組合，成為令人心醉神迷的美幻景色；而負有使命的旅行家而言，萊茵河暨其兩岸景色只是一條線，而橫跨西岸的橋樑，猶如與河流相切的橫線。因此，藝術家的思維，常是超脫個人事務的範疇，那悠悠的過去與渺茫的未來，雖披上炫目的光彩，活現在眼前，卻是一種無意志的恩澤。質言之，藝術所以能解除人生的痛苦，就是從「無常」與「個別」之間，去尋

求那「永恆」與「普遍」給我們。荷蘭的葡萄牙系猶太裔哲學家斯賓諾莎說：「*從事物的永恆去觀察事物，便可分享那永恆的本質。*」

　　這種超脫意志爭鬥的藝術力量，以音樂為最大。因為音樂是意志本身的模仿，它能使人體會到那永遠在活動、掙扎、徬徨，而最後只返回本源，再度掙扎的意志，其所傾訴的是事物之本體，進而直接帶動人的感情，訴諸事物的蘊蓄。所以德國的詩人歌德說：「*建築是凝結的音樂，而建築上的勻整，就是靜止的節奏。*」

（4）.對宗教的批判：

　　叔本華的哲學思想成熟期時，便擺脫意志而辨認「永恆」與「普遍」的藝術觀，亦就成了他的「宗教哲學」（*Philosophy of religion*，*又稱宗教觀*），著手研究宗教之理想、神之存在、宗教的世界觀及人生觀、宗教與學問道德藝術之關係等內涵。當叔本華體認到宗教儀式與教義的精華之後，便肯定了超自然主義者（*Supernaturalism*，*認為在自然界之外，另有一種超自然的存在，其本身具有無上的支配力量*），與理性主義者之間，所以時有衝突發生，就是雙方未曾明白宗教的象徵性及其隱喻的本質所致。換言之，基督教深具悲觀哲學的色彩，其所以能夠征服猶太教與希臘羅馬各種異教，完全仰仗其悲觀主義，承認人世間的污濁與罪惡；而猶太教暨其他異教所以會漸被淘汰，就是因為上了樂觀主義（*optimism*，*主張現實世界，在所有可能存在的世界中，是最好的世界*）的當。基督教則明白告知世人，現實幸福的空虛，並且鄙棄塵世的榮華富貴，高舉超脫世俗的聖潔理想，揭示基督拒絕爭

奪與戰勝的勇氣，用以喚醒世人信仰基督教為本。

佛教更把意志的幻滅視作宗教的要旨，進而主張追尋涅槃（*即寂滅，圓寂，是超越時空的真如境界，亦是不生不滅的意思。*）為人生終極之目標。叔本華絕不相信基督教可以取代佛教的地位。反之，佛教有進入西方，影響歐洲人思想的趨勢。尤其梵文（*印度文*）典籍逐漸進入西方，其影響極為深遠，猶如十五世紀的希臘典籍漸深入歐洲文化。質言之，佛教的基本智慧就是極力倡言涅槃的功力，主張將個人的慾望與意志降低到最小的限度，降伏在強烈的宇宙意志之下，期能使個人的意志趨於寧靜，如此，世人的痛苦就愈減少。諸如義大利文藝復興時期的畫家、建築師拉斐爾（*Raphael，1483～1520年*）與科雷吉歐（*Correggio，1494～1534年*）的名畫，展現全然超越理智的平和、精神的寂然清淨、和深沉幽靜的安息，與那嚴肅不可冒犯的信念，形成最完美的福慧，面對此種情境，人類的意志必將煙消雲散，僅剩下的就是知識。

（八）. 叔本華對死亡的智慧：

叔本華認為個人的命運，雖然可以由「不生不滅的涅槃界」達到毫無恐怖、毫無意志的超脫境界，但人類的生命依舊嘲笑著死亡的降臨。一族一系的生命之流，有時會趨於涸竭，但整體的支流卻愈演愈大，愈流愈深。因此，個人可以進入涅槃，而人類也可以全然獲得解脫束縛，而得到自在的涅槃門嗎？縱觀人世間的世俗生活環境，到處充滿著貧窮、需要與困苦，一般人竭盡全力追求永無止境的慾望，逃避那無窮的痛苦與悲慘的情境。最後，他們所追求的全是苟延殘喘的生涯而已！雖然知識可以超脫

生死而得涅槃及道果，到達全無意志的境界，卻禁不起那毫無思想的美色誘惑，而陷入果業的陷阱，無法明察那美色的短暫與虛幻，終究果業累贅而後悔莫及。

叔本華指出，女性崇拜主義係基督教與德國的感傷主義（*Sentimentalism，19世紀初，伴浪漫主義而生，如德國之海涅Heine*）者所造出來的結果，推崇情感、本能、意志，壓抑理智的浪漫運動之原因。西方女性認為男女分工合作的論調，主張賺錢養家是男人的職責，而用錢逛街、購物是她們的工作；此種論調造成法國朝廷的腐敗，導致法國大革命，路易十三世荒淫奢侈的宮廷生活，實為主要原因。其實，叔本華不滿其母親浪費的習性，是導致母子失和的重要因素；他最後強調，人要到達恍然大悟生命的虛妄境界，才能大膽地向求生的意志宣戰，才會覺得死亡是幸福的。

（九）. 叔本華的處世態度與人生觀：

叔本華的哲學，就成了1815年，由俄國、奧地利、普魯士等國，於拿破崙沒落後，所締結神聖同盟（*Holy Alliance*），一場劇烈悲慘的呻吟，表面上是維護歐洲和平，而實際上意圖壓制當時的革命勢力。叔本華認為人的幸福，依靠外在環境的少，依賴個人本身的毅力與決斷為多；這雖然是他個人的知見，但是事實上，悲觀主義的思維，是他對厭世者的控訴。叔本華本身體質的不健全、神經質的性格、生活的單調，這些都是叔本華哲學的身心苦調與寫照。他讚賞清心寡慾、寧靜無為的生活，而他在閒暇生活中，充分體驗到終日勞碌的人所無法體會的沈悶與苦惱。質言之，叔本華之所以有悲觀的哲學家思維，正是由於他缺乏活動

的工作所造成，而他對於人生的過度攻擊，也是他發洩苦悶的病態使然。

　　叔本華強調，涅槃是懶惰與貪求安逸生活者，所追求的理想，此類人物的慾望甚高，意志強烈，如果生活上稍有不如意，立即產生心灰意冷的表情，用剩餘的生命，過著孤僻冷漠的寂靜生活。因此，吾人可認定叔本華所說：「*理智是意志的奴隸*」。正確無訛時，則其哲學觀，便是掩飾病態與惰性的意志之手段。換言之，依據叔本華從小對男女關係的經驗，他和法國小說家斯湯達爾（*Stendhal, 1783～1842，著有《紅與黑》Le Rounge et le Noir.*）、法國寫實主義的小說家福樓拜（*Flaubert, 1821～1880 年，著有《包法利夫人》Madame Bovary*）、德國的哲學家尼采（*Nietzsche, 1844～1910年*）等，都同樣對人類產生極度猜忌的神經質，而使他們趨向過著怪癖與孤獨的生活。他們害怕社交，得不到社會生活的樂趣與價值，以致去過那遺世獨立、孤僻、單獨與隱者的生活。

　　叔本華所以偏向悲觀主義的另一原因，係基於其浪漫的心態與奢侈生活的惡劣本質。一個人如果對於感情、意志、本能之類，過於宣揚與發揮；而對於理智、節制、秩序之類，又過於蔑視，則其最後必然會自食惡果。誠如英國小說家賀拉斯‧華爾波爾（*Horace Walpole，1717～1797年，以恐怖小說《The Castle of Otranto》、藝術論及書簡集而聞名*）曾指出：

　　「*世界是一齣給我欣賞的喜劇，而不是使我嘆息用的悲劇。熱情的浪漫主義是造成憂鬱症的最大潮流……浪漫主義者發覺其所幻想的幸福，成為痛苦與不幸之時，他絕不歸罪於他的理想，*

總認為這個世界沒有希望，而逃避他本身的責任。」

　　回顧歐洲的歷史，拿破崙的源起、盧梭對理性的非難、康德對理性的批判，加上叔本華本身桀驁不馴的性格，其行動與願望相違背的處境，造成他構成意志為無上權威的思想。何況身為時代的知識分子，親眼目睹滑鐵盧之役、聖赫勒拿島的囚禁，令叔本華對時代人物的失望與感觸，亦相對地造成叔本華悲觀哲學之要素。一時橫掃歐洲大陸的拿破崙，其強烈的意志堪稱前無古人，而其命運竟然如此下場，此種事實活生生地擺在叔本華的眼前，他認為：「*與其奮鬥而失敗，為何不選擇做一個不奮鬥，而同歸於失敗的失敗者？*」質言之，叔本華不像黑格爾具有獨特的雄健積極，以致無法體認奮鬥與競爭的光榮和快樂。他只企圖在紛亂中過寧靜與和平的生活，亦只有看到戰爭的殘殺悲狀，沒有分享到左鄰右舍守望相助、疾病相扶持的善行，以及大地四季循環的自然景象與光輝。

　　羅馬時代的偉大詩人維吉爾（*Virgil，70～19年B.C.，著有12卷的英雄史詩《伊凡伊德》Aeneid，成為後世文學的典範*）。嘗遍人生的歡樂與帝王的寵幸，但最後只求獲得智慧，而厭倦其他的一切。換言之，只有智慧成熟的人，才能了解古今藝術家、詩人及哲學家所共同交談、敞開胸懷的內涵。因此，智慧是苦甜摻半的快樂，而智慧的和諧，則需要深化的耕耘才能達成。舉凡知識愈增加，其痛苦的感受性亦愈增加，同時也增加了快樂的感受性。人類最微妙的快樂與最深沉的痛苦，也只有發育最為完全的靈魂才能分享到。伏爾泰認為他寧願具有*，奉事大梵天而修淨行、淨志之種族*）悲哀的智慧，而不願有村婦無知的嬉笑。快樂的行為

係人類本能的和諧，而表之於外的活動，故逃避、無為、服從、苟安、孤獨、寧靜等的快樂，堪稱是消極的本能；反之，獲得、佔有、爭取、活動、遊戲、團結、相愛等，則屬積極的本能反應。

　　叔本華的悲觀思維，是導因他的生活不合於一般人的常軌，他拒絕女人、結婚與子孫的態度所造成，他覺得做父母，是人生最大的痛苦與罪惡，自覺綿延種族是一種可恥的見解，而供養妻子的人最為愚蠢。19世紀的法國小說家巴爾札克（*Balzac，1799～1850年，寫實主義的發軔*）則說：「*維持一個家庭所做的犧牲，絕不比維持一種罪惡的犧牲大。*」深沉老式的天才，如蘇格拉底、柏拉圖、斯賓諾莎、培根、牛頓、伏爾泰、歌德、達爾文、惠特曼等人，都是精神健全的人物。理智與哲學的本職並非否定意志，而是在調和慾望使人趨於和諧的境地。就以近代的美國詩人惠特曼（*Walt Whitman，1819～1892年*）為例，他出身窮苦家庭，苦學成為詩人，大膽率直地表達了民眾的希望，並將民主主義、平等主義、愛國的情操發揮淋漓盡致，創造不受傳統拘束的新詩型，其代表詩集有《草葉集》（*leaves of grass*）及《鼓聲》等。堪稱係一位熱愛社會、關心人民心聲的時代偉人，他絕對不會成為一位悲觀主義者。

　　叔本華的哲學是率直而忠實地陳述，他發覺樂觀哲學充滿著虛偽。因此，斯賓諾莎認為：「*善惡係人類的成見與主觀的名詞。*」我們仍應站在人類面臨的苦境，批判領導人的自私、無能，藉由哲學的思維來轉換傳統的錯誤方向，並竭盡智慧解救人類的命運。自從叔本華的哲學思想出現之後，原本居在形而上學冥思中的思想家，都頓時覺醒，把脫離人生的思維視為是一種病

症，它未能面對人類的處境，作出正確的批評，令眾生失望。質
言之，哲學界歷經18、19兩世紀的研究，方才發現人類心性的奧
秘，它是以慾望當作哲學的定理，以思想與理論作為慾望的奴
僕，此乃蒙叔本華對哲學所作的貢獻。同時，叔本華指出，我們
不能抹煞天才及藝術的價值，他發覺美是無上的善，人類創造美
與鑑賞美，是一項無上的快樂。因此，叔本華對哲學的貢獻，將
永垂不朽，令人景仰。

捌、哈柏特·史賓沙的進化哲學論

（一）哈柏特·史賓沙的成長背景與歷程：

哈柏特·史賓沙（*Herbert Spencer，1820～1903年*）係1820年出生於英國英格蘭中部的德貝郡（*Derbyshire*），祖先都不信奉英國國教（*conformist*），成為英國非國教徒（*non-conformist*）。此乃緣於威廉三世（*William Ⅲ，1650～1702年*）於光榮革命（*The Glorious Revolution，1688年*）之後，確立了信教自由，舉凡非屬英國國教者，皆稱為非國教徒而來。史賓沙的祖母是約翰·衛斯理（*John Wesley，1703～1791年，英國的神職人員，衛理公教派 Methodism的創始人*）的忠實信徒。叔叔湯瑪斯（*Herbert Thomas*）雖然是英國國教的牧師，卻在教會裏領導衛斯理運動，積極從事政治改革運動，無異是反叛正教，接受異端的證據。到了史賓沙的父親，則更為強烈地趨於異端，其固執的個人主義（*Individualism，以個人的自由為中心的一種社會理論，德人尼采為代表人物*）與史賓沙不相上下。

史賓沙的祖父、叔叔、父親都是私立學校的教師，雖然他是18世紀中葉之後，英國最偉大的哲學家，但到14歲時，還不曾受過正規教育，其個性懶惰，父親溺愛，只有叔叔管教嚴格。14歲時，叔叔要史賓沙試讀希臘荷馬（*Homer，西曆紀元前8世紀的古希臘詩人*）所著《伊里亞德》（*Iliad*），它是敘述希臘軍圍戰

特洛城十年間，最後一年所發生的戰事。他只讀到第六卷（全書計有24卷），便覺得太難而放棄，他喜歡閱讀科學書籍，曾研究地層與地層間的化石（Fossil，古生物埋藏地下化為石質之稱）到了30歲，史賓沙仍然沒有哲學的思想，在偶然的機會，他讀到英國的哲學家路易斯（George Henry Lewes），於1845～1846年間所撰《哲學傳記史》（The Biographical History of Philosophy）引發其研究興趣，旋即從路易斯轉到康德（Kant, 1724～1804年，德國哲學家）。史賓沙頓然之間，發覺康德的哲學：

「只是把時空看作感官、知覺的二種方式，除去主觀的質素，並沒有客觀的存在，大罵康德為笨驢，並把康德的著作丟在一旁。」

史賓沙在《林奈協會》中，充分吸收英國生物學家、哲學家赫胥黎（Hwxley, 1825～1895年，不可知論哲學家，支持達爾文的進化論）暨其朋友的專門知識，隨後決心研究哲學，並以進化論為其思維的中心，向外尋找事證。此時史賓沙的思維極有秩序，其意念極為嚴謹及條理，以致當時的無產階級和商人都樂於接受他的觀念。換言之，史賓沙的性格特色在於注重事實，是一位現實主義者，卻把詩的精神和藝術的趣味置之腦後。他的著作共有二十卷，只有一處提到「詩為科學的預言」，卻非其肺腑之言。質言之，史賓沙的內心世界，相當執拗而頑固，無法接受別人的意見，以其自我主義來反抗國教；同時，對自己的成就感到自負。在學術上，他的膽量十足，創新性頗強，係一位實質的拓荒者，但因器量狹小，善於獨斷而行，使其成就受限。究其原因是

獨身生活，使他得不到人間溫暖的薰陶，以致陷於缺乏幽默感，令其舉止動作，缺乏一種纖細與用意幽深而精妙的變化使然。因此，他的秘書說：

「史賓沙冷淡的薄唇說起話來，完全缺乏肉感，閃亮的眼睛，又凸顯其缺乏感情的深度，以致其文體單調且平凡，在浪漫的潮流中，只有他一人像一座賦具訓誨意味的雕像，十分鎮靜而又莊嚴不可侵。」

史賓沙具有邏輯性的頭腦，他能用下棋的本領，來指揮先驗的與經驗的觀念（*先驗即超絕論Transcendentalism，主張超越經驗，直觀一切，而與大自然合而為一；經驗論Empiricism，謂一切知識皆由經驗得來*）他能把複雜困難的問題變成簡單易解，又能把艱深難懂的詞句，化成平凡易於了解。因此，史賓沙的文筆簡單、清晰流暢，使當時的世人都對哲學感到興趣。赫胥黎曾指出：「*史賓沙認為悲劇，只是被事實抹煞的論點，他的腦筋充滿了各種論點，以致每隔一、二天，總會碰上一種悲劇。*」

赫胥黎受到英國歷史學家巴克爾（*Henry Thomas Buckle，1821～1862年*），著有《英國文明史》（*The History of Civilization in England，1857～1861年*）優柔寡斷的思維影響，曾對史賓沙說：「啊，我看這個人的頭太笨重了！」史賓沙立即補上一句，認為「巴克爾吸收太多的材料，而不能加以消化、組織整合使然。」換言之，史賓沙的缺點剛好相反，他所組織整合的遠非其材料所能供應，其目的在於調整與綜合。因此，史賓沙輕視

英國蘇格蘭的評論家、思想家、歷史家卡萊爾（*Thomas Carlyle*，
1795～1881年）對民主、英雄主義和革命的獨到見解，就因為史
賓沙缺乏綜合與調整的工夫。然而，史賓沙喜愛秩序，偏好概略
成為他的擅長；但過分的強調秩序而束縛他的哲學思維，過分的
概略造成史賓沙的哲學體系，難以收尾的場面。可是吾人回顧19
世紀下半葉的時代需求，史賓沙將時代所呈現的事實，在陽光普
照之下，轉成賦具文明意義的心靈，這正符合時代的需求。他對
時代所奉獻的服務，堪稱係將其自身的缺點，提昇到普遍人性化
的層次，令人愈欽服史賓沙的人格特質，這已符合了諺語所說：
「*崇拜偉人，應從其缺點開始，而十足的完美，反而令人懷疑其
真面目了*」。

　　史賓沙成為哲學家之前，其工作經驗與興趣相當多元化，謹
依時間序列條例如次：

（1）.1842年，年僅22歲，依其家族傳統成為反抗國教的人
　　　士，寫了一篇《政府的正當範圍》，這是以後史賓沙
　　　倡言「放任哲學」的先聲。

（2）.1843～1844年，時年23、24歲，其興趣在鐘錶的製
　　　造，隨後又轉移到耕作農事工作，且用極誠懇的態度
　　　從事耕作，期能有所收穫。

（3）.1848年，時年28歲，放棄從事鐵路與橋樑的測量員等
　　　工程師工作，改為從事編輯經濟學雜誌的工作。

（4）.1850年，30歲時，提出評論約翰・狄蒙德（*John
　　　Dymond*，）所撰《道德的原理》，其父親認為「孺
　　　子可教」，鼓勵他努力寫作，於是又寫成《靜止的社

會》。此書頗獲好評，在雜誌上已負有盛名。

（5）．1852年，32歲，參考英國的經濟學家馬爾薩斯
（*Thomas Robert Malthus*，*1766～1835年*）的《人口論》
（*Essay on Population*），提出他的《人口論》，揭示
生物競爭，適者生存的原則。同年所著《臆說的發
展》招致陳腐的反對，他卻依然故我指出：

> 「*新種的進化說，並不比人乃由精子、卵子發
> 展而來，或樹是種子萌芽成長的說法，來得不切實
> 際。*」

（6）．1855年，35歲，寫了《心理學原理》，係以物種進化
的眼光，來推證人類的心靈是如何向前發展；他以少
年的熱情，為唯物論和定命論辯護。

（7）．1857年，37歲，撰成《進步的法則及其原因》一書，
是採用愛沙尼亞（*Estonia*，*位於芬蘭灣的共和國*，*1918
年獨立*，*信仰東正教*）生物學家馮·貝爾（*Karl Ernst
von Baer*，*1792～1876年*，*發現人類的卵子等，奠定了近
代胚胎學的基礎。*）的生物學理念，認為一切生物都
朝向從單純的原始，邁向複雜的個體發展。易言之，
生物學的演遞如此，而歷史與文明的進步，其原理也
莫不如此；因此，史賓沙與時代的精神，同時成長過
程中，時機成熟了，史賓沙也變成普遍進化論的哲學
家。

（8）．1858年，38歲，修訂其原本所撰的各項論文，預備編

輯成冊時，被其以前發表過的觀念，求其統一性與程序性所打動。忽然間，他想：「*進化論的學說，不僅適用於生物學，而且亦適用於其他科學；不僅可以解釋物種的種與屬之區別，更可以解釋植物的、地質的、社會的、政治的、歷史的暨一切道德與美學的概念。*」

（9）.1862年，42歲，出版了《第一原理》，但因書中著名的「第一論」，想要調和科學與宗教的思想，而觸犯了主教與權威人士，以致許多預約訂戶紛紛要求毀約。當時《第一原理》與《物種原始論》（*1859年出版*），二部書成為筆墨官司的中心，在這場論戰中，英國生物學家赫胥黎（*Huxley，1825～1895年*）擔任了達爾文主義（*Darwinism*）軍師與辯護者。

（10）.1872年，52歲，出版《綜合哲學》，內容涵蓋第二卷與第三卷的《生物學原理》，給生物界的領域，指出一種新的智慧與新的統一，是該原理的一項貢獻。

（11）.1873年，53歲，第二次出版《心理學原理》，較1855年版，來得客觀溫和，內容仍偏於學理的論證。同年，出版《社會學導論》鉅著。

（二）. 哈柏特‧史賓沙的進化哲學背景：

哈柏特‧史賓沙（*Herbert Spencer，1820～1903年*）係18世紀中葉的英國哲學家，亦是社會學家，首先開啟進化論哲學（*Evolutionism of philosophy*），並將此哲學原理記載於《綜合哲

學提要》（*Programme of System of Synthetic Philosophy, 1860年*）。
回顧1830年代，整個歐洲的哲學界，都認為宇宙的本體無法探
究，而保全了它的秘密面紗。因為自德國哲學家康德（*Kant，
1724～1804年，經驗派哲學的創始者*）提出「一切未來形而上的導
論」之後，便認為實體世界的最後本體，不能經驗，永不可知，
為形而上學鑄下莫大的錯誤觀念。雖然其後有次列三位哲學家，
曾各自限定研究範圍，建立各自論點，但因各人所承受的舊有信
仰不同，自我意識不同，加上各自的觀念與意志不同，造成互相
探究，又互相攻擊，使得哲學界的見解，產生嚴重的分歧，謹簡
述如次：

> （1）.*菲希特（Ficthte，1762～1814年）係德國唯心主義和國*
> *家主義論的哲學家，1808年法軍佔領普魯士時，曾在*
> *柏林演講「告德國國民書」而聞名。*
> （2）.*黑格爾（Hegel，1770～1831年）為德國的哲學家，將*
> *純粹存在視為純粹思想，並認為宇宙即是純粹思想的*
> *展開，而哲學乃是將此種展開，採用辯證法，予以解*
> *析的絕對觀念論之體系。*
> （3）.*謝林（Schelling，1775～1854年）係德國一元論哲學*
> *家，主張精神與自然的絕對同一性。*

　　法國哲學家孔德（*Auguste Comte，1798～1857年*），是實證
主義哲學的創始者。年輕時，崇拜美國政治家和發明家富蘭克
林（*Benjamin Franklin，1706～1790年*），尊稱他為近代的蘇格拉
底（Socrates，467～399年B.C.）。在西洋哲學史上，他開啟了

法蘭西民族所擅長的懷疑論而著名。孔德從杜克（*Anne-Robert-Jacques Turgot，1727～1781年，18世紀法國古典經濟學家*）與康德塞（*Marquis de Condorcet，1743～1794年，18世紀法國啟蒙運動時期的傑出代表之一*）學得改造的熱情，認為社會的現象，與物理的現象相似，可以經由蒐集、歸納成為各種法則，或一種有條理的科學。孔德所認知的哲學，應該以改善人類道德與社會秩序為大前提；而以孔德親身的經歷而言，更進一步指出，改進世界並不困難，而改造家庭卻是難上加難，明顯道出「家家有本難念的經」，其理在此。1827年，年僅30歲的孔德，已無法忍受其心靈上所受的嚴重創傷，屢次企圖投入塞納河（*Seine River，流經法國巴黎，注入英吉利海峽，長773公里*）自殺，但終獲救起，對於救他的勇士非常感激。隨後於1830～1842年間出版了《實證的哲學》五大卷，1851～1854年出版了《實證的政體》四大卷，令世人稱奇讚揚。

　　孔德的研究範圍非常廣大，耐力十足，在近代哲學名著中，只有史賓沙所撰《綜合的哲學》可以相互媲美。他把各種科學，根據材科的簡單性與概略性遞減的原則，依序排列。首先為數學，次為天文學、物理學、化學、生物學與社會學。社會學居於各種科學的至高點，其他科學成為輔助社會科學的工具，而各種科學的發展程序，也均依據這個等級向前發展；複雜的社會人群現象，也聽從科學的引導，沿用科學的方法，闡釋其演遞過程。換言之，歷史學家從事長期的觀察與實證，發現人類思想發展的程序，離不開次列三大法則：

　　（1）.第一期，為神學的過程，舉凡人類無法破解的疑惑，

都用神來解套，所以，人將眾星視為諸神，或諸神指
揮眾生的工具。

（2）.第二期，採用形而上學的程序，來闡釋眾星循環的事
實，認為圓形是最完美的圖騰。

（3）.第三期，為實證時期，針對事物之解釋，以科學為依
歸，注重正確的觀察，合理的假設與適時的實驗。引
用自然的因果法則，作出妥適的解釋之後，獲得圓滿
的解答。

就人類思想史的發展程序而言，其最早出現的是「神的意
志」，來操控社會意識，隨後方有柏拉圖（*Plato*，427～347年
B.C.）的「觀念」與黑格爾（*Hegel*，1770～1831）的「絕對觀
念」來取代。如今則以「科學的法則」，來引導各種科學的發
展，且以改進人類的生活環境，提昇人類的幸福指數為重要目
標。

孔德的實證主義（*Positivism*）哲學思想體系，係根據經驗的
事實，或科學方法以研究人類社會，反對獨斷主義、玄學空想或
其他一切超經驗現象的主義。質言之，孔德謂吾人所得認識者，
僅限於現象，至於現象之本質及其究極原因，吾人不能知之，亦
不必知之。由觀察及實驗之道，綜合諸現象，推斷其因果關係，
而明其法則，哲學家之任務止於此；蓋反乎玄學之研究或抽象
之研究而言。1845年，德華士夫人（*Clotilde de Vaux*，1815～1846
年）因其夫被監禁於獄中，便抽身照顧孔德的心靈，由於溫暖的
愛情，改變了孔德孤獨的人生觀。他認為智慧之上，應有情感
的力量來推動，由此所得之智慧，方能產生改造社會、國家的力

量。孔德更提出有力的結論，認為：

「只有新的宗教才能改造世界，其機能必須以栽培人類的利他主義為主要前提，而新宗教所崇拜的不是神而是人，更不是神的權能，而是人類的同情心與博愛心。」

吾人可稱孔德的宗教為仁愛的宗教，他晚年為此新宗教創制教義、禱詞、傳教的方法，並且訓練傳教士。因此，孔德的實證主義所主張的宗教，其體系制度，係受於人道主義的宗教。最後，他又創制新的曆冊，將中世紀的聖徒與異族的虔誠者，都加以除名，只有對人類全體的確有偉大貢獻的英雄，才能留名於史冊之內，其獨樹一格的智慧，令歷史學者叫絕稱奇。

當1830～1840年代，孔德的實證主義思潮傳到了英國時，隨即與英國的思想潮流匯集為一。此時英國學派的思想，係以工商業為考量作為出發點，頗為重視實事求是的精神，其事證如次：

（1）.培根（*Bacon，英國哲學家，1214～1294年*）教人培養物質的心靈，教人把思想轉入物質，頗能代表英國派的思想。

（2）.霍布士（*Hobbes，英國的哲學家，1588～1679年*）在所著《巨靈》（*Leviathan，1651年*）中，闡揚其基於契約論的絕對主權觀之政治哲學。

（3）.洛克（*John Locke，英國的哲學家、政治思想家*）係英國啟蒙哲學以及經驗論的創始者，以契約說奠定自由主義的基礎。著有《人類悟性論》（*An Essay Concerning Human Understanding*）等書。

（4）.休姆（*David Hume，英國的哲學家，1711～1776年*）在

其哲學的懷疑論中，認為人的知識受觀念與印象所限
制，所以知識真偽的最終驗證是不可能的。

（5）.邊沁（*Jeremy Bentham，英國的哲學家、法學家，1748～
1832年*）係功利主義（*Utilitarianism，以最大多數人的最
大幸福，作為主要的倫理規範*）的倡導者，潛心於倫理
學、法學及政治經濟學的研究著述，並致力於貧民法
及監獄的改革，他認為人生的最終目標是幸福快樂，
而追求最大多數人的最大幸福，即是最崇高的社會道
德。

上述五位哲學家，其哲學思想，都紛紛朝向人類的實際生活
之改善與發展而努力，這當然是英國人的本色思想。其中只有愛
爾蘭的神職人員巴克里（*George Berkeley，1685-1753年*）係一位
觀念論的哲學家，他注重主觀的唯心論（*Idealism*），以精神為
終極的實體，而宇宙萬物不外為此實體之所顯現；此種思維與當
時的英國社會潮流不能相吻合。換言之，孔德的實證主義在英
國的信徒，要比法國來得多，而且英國人一旦信仰實證主義，便
能把握重點，始終堅持且實踐力行。諸如英國政治經濟學者米
爾（*John Stuart Mill，1806～1873年*）著有《自由論》（*on Liberty,
1859年*）及《功利主義》（*Utilitarianism, 1861年*）暨腓特烈·哈里
遜（*Frederick Harrison, 1831～1923年*）等人，都終身信服孔德的實
證主義哲學，但對孔德所創的新宗教教義，則始終保持敬而遠之
態度，符合了英國民族的謹慎處世原則。

（三）.史賓沙整合哲學思維的歷程：

　　18世紀後半至19世紀初，工業界因機械技術的發明而發生變革，由機械代替手工生產，最初發生於英國，而後遍及世界各地，是為工業革命（*Industrial Revolution*）。換言之，微小的科學發明，催促了工業革命，而工業革命亦激勵了科學的發展，其變革之前因後果及其重要發明人物，謹依序羅列如次：

（1）.牛頓（*Newton，1642～1727年*）係英國的物理學家、數學家、天文學家，致力於研究運動法則、萬有引力、微積分學暨光與色的解析。1675年發現「牛頓環」，這個發現被論述於「光學」的著作中，1666年發現微積分法，在力學上以微積分法確立了「萬有引力的定律」，1687年將牛頓力學予以系統化，其經典著作為《自然哲學的數學原理》。

（2）.赫雪爾（*Sir William Herschel，1738～1822年*）是出生於德國的英國天文學家，係英國漢諾威王朝（*House of Hanover*）喬治三世（*George III，在位期間1760～1820年*）的宮廷天文學者，發現天王星（*Uranus，從太陽算起第七個行星，1781年赫雪爾發現*）。

　　　　此二位哲人把科學引進英國，旋即開花、結果，其貢獻頗鉅。

（3）.波義耳（*Robert Beyle，1627～1691年*）係英國物理學家、化學家、英國皇家學會（*The Royal Society*）的創立者之一，其研究而獲得證明空氣有彈性及重量，

能燃燒、傳音之功能，並發表波義耳定律（*Boyle's law*），確認在一定溫度下，氣體的體積與其所受的壓力成反比。

（4）.戴維（*Sir Humhry Davy，1778～1829年*）是英國化學家，戴維燈（*Davy lamp*）的發明人，它是為了避免與礦坑內具有爆炸性的沼氣（*Marsh gas，甲烷，CH4*）接觸，而以細金屬網，將燈的火焰包起來的礦坑用安全燈。

以上兩位化學家，開啟了化學的寶藏，引起化學界的創新與興革。

（5）.法拉第（*Michael Faraday，1791～1867年*）係英國物理學家及化學家，以發現電磁感應的現象，與電解有關的法拉第電解定律（*Faraday's law of electrolysis，簡稱法拉第定律*）。該定律是法氏於1833年所發現，指由電解所析出物質之量，與通過電解液之電流量，及該析出物質之化學當量之相乘積，成正比例。

（6）.倫福德（*Rumford，本名Benjamin Thompson，1753～1814年，英籍物理學家。*）發明「倫福德光度計」（*Rumford's photometer*）係光度計之一種。一生主要從事熱學、光學及熱輻射方面之研究，對於熱能的轉化與守恆定律貢獻很多。

（7）.焦耳（*James Prescott Joule，1818～1889年*）係英國的物理學者，研究電與熱，1840年發現了焦耳定律，後來

又實驗證明，熱與功在本質上是相同的，而確立了能量不滅定律（*Law of Conservation of energy*）。謂宇宙間各物體所有之能，雖可由此物移至彼物，由此種之能變為他種之能，然其總量恆一定不變，無增無滅，即不新生亦不消滅。

此三位學者致力於試驗研究電磁感應，證明能量不變以及力之可變性和相等性。

依上述得知，這正是史賓沙所處的生活背景，尤其以激動英國思想界，最為劇烈的生物學的發展與進化論的學理。有關進化論的學理係屬跨越國界、不受時間限制之研究課題，由次列學者所表達的見解，便可知其複雜性與困難程度，僅摘述如次：

（1）.康德（*Kant，1724～1804年*）係德國的哲學家，經驗學派的創始者，曾指出：「類人猿有變成人的可能。」據考古學家指出類人猿（*Anthropoid Ape*）係似人類的靈長類，如大猩猩、黑猩猩、長臂猿、紅毛猩猩等均屬之，其頭部、頸部、肩部的關節及手臂等構造和人類相似，並生有一雙適於生活在樹上的長臂。

（2）.歌德（*Goethe，1749～1832年*）為德國詩人，曾寫過《植物的變形》。

（3）.達爾文（*Darwin，1809～1882年*）係英國的生物學家，在所撰《物種原始論》（*On the Origin of Species by Means of Natural Selection，1859年*）中發表物競天擇的

理論，說明生物於自然界中的自然淘汰，只有最能適
應環境者才能生存，經過反覆的淘汰演變，則產生與
祖先差別相當大的新品種。

（4）.拉馬克（*Lamarck，1744～1829年*）係法國植物學家、
動物學家，早在達爾文之前，就有生物進化的思想，
認為後天性的形質，也可能會遺傳給子孫，提出生
物器官之用與不用的進化學說，即「用進廢退論」
（*Theary of use and disuse*），謂生物形質隨環境而變
化，身體某部使用多則發達，不使用則退化萎縮。

（5）.邱維埃（*Cuvier，1769～1832年*）為法國的博物學家，
與聖海勒爾（*Saint-Hilaire*），於1830年辯論進化論。
邱維埃認為既存的生物，是因為全地球表面的天變地
異而死滅，新種遂代之而出現；反之，聖海勒爾則
認為生物係「唯一形式」中變化成長的，故應於環
境的變化當中求其變化原因。這場辯論自然使高齡81
歲的歌德，感到十分高興，聖海勒爾以流利的口才而
獲勝。猶如1830年雨果（*Hugo，法國詩人、劇作家，
1802～1885年*）上演的戲劇《伊奈尼》（*Ernani*），由
此劇確定了浪漫派對古典主義的勝利；亦即駁斥不變
世界中之不變法則與固定秩序的古典觀念。

史賓沙在1852年所著《臆說的發展》，1855年提出《心理
學原理》時，進化論還未成熟，便提出有關進化論的見解，令
人稱奇讚揚。1858年達爾文（*Darwin，1809～1882年*）與華里斯
（*Wallace，英國博物學家，1822～1913年*），在林奈（*Linnaeus，瑞*

典植物學家，1707～1778年，奠定植物分類學的基礎）協會中宣讀他們的論文。翌年達爾文提出《物種原始論》，一個大主教傷心地說：「我們的世界被震得粉碎了」，書中所述的不再是空洞而模糊的進化論，而是高級物種，由低級物種而來的進化史觀，提出生物因「物競天擇，適者生存」的論證，同時也是發生種別的一部記載豐富、論述詳盡之書。質言之，史賓沙之所以負有盛名，乃是因為他具有清晰的頭腦，明白此種觀念不僅適用於生物界，並且適用於各種學術研究，此種理念使後世學者，都對他致上最大的敬意。正如同17世紀的哲學界，數學一門獨佔優勢，人所認知的，只是笛卡兒（Descartes，法國的數學家，1596～1650年）、霍布斯（Hobbes，英國的哲學家，1588～1679年）、斯賓諾沙（Spinoza，荷蘭的哲學家，1632～1677年）、萊布尼茲（Leibniz，德國的數學家，1646～1716）、巴斯噶（Pascal，法國的數學家，1623～1662年）等學者士紳。18世紀時，哲學家諸如柏克萊（Berkeley，愛爾蘭的神職人員，觀念論的哲學家，1685～1753年），休姆（Hume，英國的哲學家，1711～1776年）、康德拉克（Condillac，1714～1780年，構建形而上學基礎）、康德（Kant，德國的哲學家，1724～1804年）等人，都用心理學的名詞，來撰述哲學的內涵。19世紀的哲學，是以生物學的思維作為背景，使得生物學的思潮湧現在哲學中，諸如謝林（Schelling，法國一元論哲學家，1775～1854年）、叔本華（Schopenhauer，德國厭世主義的哲學家1788～1860）、史賓沙（Spencer，英國的哲學家，1820～1903年）、尼采（Nietzschi，德國的哲學家，1844～1900年）、柏格森（Bergson，法國哲學家，1859～1941）。因此，19世紀的哲學界，其思維紊亂，才由史賓沙把此種陷於殘缺而零碎的哲學思維，予

以綜合連貫，融為一體。就如同出生於義大利佛羅倫斯的航海家韋斯普契（*Amerigo Vespucci，1451～1512年*），曾於1497年航海時發現南美洲，故美洲（*America*）是由他的名字Amerigo而命名；同時，自從他製成美洲的地圖之後，人對於美洲的認識，才有了明確的系統可循。質言之，哈柏特·史賓沙是達爾文時代的韋斯普契；同時也有點像哥倫布（*Columbus，西班牙航海家，1459～1506年*）四次航海的奮鬥精神。

（四）. 史賓沙的《第一原理》哲學要義：

1862年，史賓沙完成《第一原理》著作，在開場白中就說：

「我們不能忘記，不僅惡事之中，具有善的靈魂，即使在錯誤之中，也隱藏真理的靈魂。錯誤中既然有真理的可能，所以吾人可用大公無私的眼光，來仔細審查宗教的觀念，期望在千變萬化的各種信仰之下，發現真理的系統，並找出宗教用以影響人類靈魂的持久力量。」質言之，史賓沙用此種見解，來研究宇宙的原始問題，發現各種學說，都藏有不可思議的境界。無神論（*Atheism，哲學上的唯物論派，完全否定神之存在*）認為這個世界為「自存的世界」，係無因之因與無始之始，存在於不可想像之列。有神論（*Theism，凡信仰崇拜之對象為超人格者，皆屬之*）說「神創造世界」，但追問「誰創造神呢？」便啞口無言，無法解答了。因此，就邏輯上而言，所有的宗教觀念，最終都犯了不可想像的毛病與缺憾。

不僅最終的宗教觀念有此種缺失，即使最終的科學觀念，也都超越了理性，而非理性所能闡釋。理性（*reason*）係泛指人類的思考能力，與感性知覺、感性經驗之能力相對，即指概念的思

考能力、熟慮的行為能力，與本能的反射、衝動、無意等行為相對。何謂物質？我們可分成原子、分子中解析出來，如果說物質可以無限制的分離，則最後的物質亦非質子、中子而已，令人不可想像。因此，時間、空間的可分性，追根究柢終必成為非理性的概念。質言之，何謂運動？更令人陷於物質的改變、時間與空間的位置等三重晦澀難解的情境中。反之，就心理層面而言，吾人務必探討心靈、研究意識，其困難程度更為加重了，故最終的科學觀念亦非吾人所能了解的本真之呈現（*本真係佛家語，即本覺真如，本覺是眾生心的相狀，真如是眾生心的心體*），從各方面的研究、探索，都使科學家永遠面對不自知的疑惑與迷失。因此，只有科學家才能了解事物的最終性質，是無法推究的道理。這就是英國生物學家赫胥黎（*Huxley，1825〜1895年*）唯一誠實的「不可知論」（*Agnosticism*），提倡「認識神的存在是不可能的事，而能認識的只有經驗過的事實，至於事物現象的本質則全然不知，或者只是一種假想而已。」理論的哲學家。

史賓沙認為一切晦暗性的思維，都是從知識的相對性產生而來，思想僅止於連接的作用，所以思想所能表現的，也只限於事物之關係而已。當人的理智與現象相互接近時，才能產生觀念，一旦面對超現象時，理智就無法發揮功能了。既然有了「相對」，當然也有「絕對」；既然有「現象」，也必定有個「本體」（*佛家語，指諸法的根本自體，在應身稱真身為本體*），當吾人注意到表象必然會想到實體，同時證明了表象後面有個實體存在，至於實體究竟是什麼，就不得而知了。易言之，真理隱藏在意見相對的和諧中，而科學承認它的「法則」，也只能應用在「相對界」與「現象界」。因此，宗教承認自己的神學是合理的

神話，旨在用來適應超越之信仰而已。最高境界的宗教，並不把「絕對」視同是一種放大的人類，更不把它看作是殘酷飲血的怪獸，即「喜歡人類所表之外的蔑視之諂媚。」質言之，一位忠實的科學家，不反對神的存在，也不接受唯物主義。他認為「心與物」，同屬相對的現象，是萬物最終原因的兩種現象；這個最終的原因將永遠無法得知。承認這個「不可知的能力」，方是各種宗教的真諦，亦是探討哲學的起源與開端。

（五）. 史賓沙的進化論哲理內涵：

英國生物學家赫胥黎（*Huxley*，*1825～1895年*）倡言不可知的存在，故哲學就應從不可知中，來探討可知的世界。誠如法國的歷史學家密薛雷（*Jules Michelet*，*1798～1874年*）所說：「*形而上學是有秩序地，使人昏醉的藝術。*」哲學的正當機能與範疇，應以融合各種科學的知見，使其成為一有系統性的學理。因此，哲學的首要任務，係以構造一有系統、有統一性的科學為目標，進而覓得一條寬廣與普遍的原理，用以闡釋一切經驗和知識之基本道理。首先，就物理學而言，諸如物質不滅、能量常存、運動韻律、潮汐變化、星宿問題、日夜轉換、季節遞變、氣候變遷、分子運動、星辰隕滅等均有其規軌可循，這便是物理學單一性之原理，此種「可知的法則」，都可規範為能量常存的基本法則。史賓沙認為進化是由「統合」的發展而來，其反面便是「分解」；事物的成長與衰亡、進化的統合與分解，便是從不可知的現象發源出來，而又消失在不可知之中，它即是全部事物的歷史演遞現象。史賓沙終於提出其著名之「進化公式」，他說：

「*進化是物質的完成與附屬運動的消耗，其間處於模糊又不*

融合的單純物質，逐漸形成具體且融合的異種物體；而殘存的運動，又必須接受相似的變形。簡言之，舉凡從散漫的過程中，進化成為集合與統一的狀態，又從純粹的簡單中進化為分化的複雜性，就是進化的潮流。反之，如果從完整退化為模糊、複雜退化為簡單，這就是分散的潮流，亦是一種退化的現象。」

　　然而，史賓沙對前項綜合性的程式，感到不滿意，旋即致力於改變為機械力量的自然作用。首先，他認為會產生「同類事物之不穩定性現象發生」，即相類似的部分不能維持長久，因為它會受制於外在的力量，如職業別的差異，常將性質相似的人鑄成不同的類型。換言之，一種「效果繁殖」的力量，即使只有一個原因，亦可產生各種不同的結果，這也助長了世界的分化之要因。其次，又有「分離」的力量，相同的有機體，處於不同的環境下，將使有機體產生差別性，諸如同屬英國民族，生存環境不同，有的成為美國人、加拿大人、澳大利亞人，這顯然由許多自然力量刺激人類有機體，致使現代化的世界，產生諸多民族的不同思維，最後紛紛各立門戶，各自獨立為擁有主權的國家。

　　史賓沙認為經過前述的衝擊之後，必然會回歸到進化與退化的「平衡」狀態，各種節奏性的震動也將減去速度、降低幅度。例如，星球的運轉軌道將會變得更少，太陽的熱力強強度也會適度減緩，潮汐的阻力將使地球的運行更加遲緩，而遭受沉溺於七十億生靈擾亂的地球，有朝一天將在其運轉軌道上緩慢下來，人類的血液循環在其脈流中逐漸冷卻，如同垂死的生物般不再奔忙。換言之，進化之最終收場，必使均衡狀態將逐漸變為毀滅、社會趨於崩壞，人民流離失所，城市成為荒涼的原野。原本繁榮一時的城鎮，如同古希臘的城邦變成農村，不再有人去追尋回顧

舊秩序，個人喪失了歸聚能力，沒有一個統治者，能有力地重聚崩潰的殘局。因此，原本完整的世界將趨於毀滅，生命的調和趨於死亡味十足的混亂，而地球又是一個渾沌不明的象徵，人定勝天必成為笑話。原本精力十足的生物界，再也無法挽回精力退化的悲劇，最後將成為灰燼，又回到星雲的原始狀態，而進化與分化的循環亦將告終結束。質言之，此種自然界的大循環，周而復始，而且趨於無限制的輪迴（*佛家語*），眾生從無始以來，輾轉生死於三界六道之中，如車輪一樣的旋轉，永無脫出之期。

　　史賓沙的《第一原理》係一部前無古人，後無來者可追尋的偉大戲劇，作者以古典學派（*Classical school*，*精通於古代典籍者*）的涵養態度，指出星球、生命與人類文明興亡盛衰及其進化、分散之演遞歷程。此一悲劇可用莎士比亞的戲劇「哈姆雷特」（*Hamlet*，*瑞典傳說中的王子*）的「其餘的便是沈默」作為收場的適用語。簡言之，史賓沙的觀點與叔本華（*Schopenhauer*，*德國厭世主義的哲學家*，*1788～1860年*）相似，都說個人的努力毫無用處，只能聽天由命。史賓沙明知他的「進化論哲學」，係不承認神與天堂，但又提倡平衡與分散的終極哲學，他在《第一原理》的第一篇，反覆敘述他有權利發表自己所見的真理。因此，吾人可以肯定地指出，史賓沙與其他的人相似，同是尋求「不可知原因」的許多分子之一。當「不可知原因」在他的身上形成信仰之後，自然要將它說出，這本是他分內之事，且不侵犯別人的權利。人一旦有了新見解，就應毫無疑慮地表達出來，其結果如何則不必掛慮，因為他已經盡了本分，能否實現其言論內涵，則無關宏旨。

（六）. 史賓沙對生命的進化之見解：

史賓沙在所撰《生物學原理》的開宗明義，便為生命下定義：「*生命是內在關係，其對外關係為能否繼續適應*」。因此，適應便是生命，生物有其先見之明，能預知某種情況將會發生，於是調節機能以求適應。例如，人用火煮熟食物，求得食的安全，便是生命的表示。當然，史賓沙僅把生命看作繼續的適應，而忽略生命的價值；實際上，人類除適應之外，還能改變環境，使環境更能適應人類的生活需求。因此，史賓沙所認知的個人生命，是內在對外在環境的繼續適應，也就是人類的生殖力對於生活環境所產生的適應。生殖原本是生物體之表象，對生物體的內在表象所作的重複適應而已；各種形式的生殖，不論是細胞分裂，或是發芽生殖，或是孢子生殖，其所含的真理，莫不如此。當生物個體的生長超過一定限度時，就以生殖的現象，來調節所面臨的危機。

史賓沙所認知的生物生殖規則如次：「*他認為生物個體的生長，與能量的消耗成反比例；而生殖率又與生長的程度成反比。個體的發展愈迅速，或個體的才幹愈發達，其生殖率必愈降低。低等動物與環境困鬥的能力較低，所以須繁衍眾多的後裔，以免滅絕；反之，高等動物和環境競爭居於有利地位，故其生殖率不必太高，以免引發食物不足的現象。換言之，就整體而言，生物個體化與創生，或個人發展與繁殖力都是相對的。此種概括，用在團體與種屬之間的競和關係更為適當。生物的種性愈高貴，其生殖率便愈低；智能愈發達，繁殖力也愈低，二者恰成反比。復就個人的才智而言，凡是生育太多的人，智力必然降低，心靈必*

成笨拙；同樣教育愈高，造就愈深，其心智活動趨於頻繁，生殖率自然會偏低。故就進化而言，人類的生殖率，將隨文明的提昇而降低，此乃必然之趨勢。」簡言之，哲學家不願生育子女，就是因為哲學家把過多的精力，用在心智上的耕耘所致。

英國的經濟學家馬爾薩斯（*Malthus，1766-1835年*）所主張的人口論（*Essay on Population，1798年*）：「*認為人口的增加率為幾何級數，糧食的增加率為算術級數，因糧食不足，人口過剩的結果將導致社會貧窮，道德低落，解決的方法唯藉助於人口出生率的抑制，所言正確無訛。*」因此，由於人口的增加，人類適時提升生產技巧，旋即引發生存競爭，造成只有能適應的人才能生存，此種「適者生存」的理念，係基於自然秉賦較優，或其祖上累積了無數代的優良品質、能力所致。面對此種情境，史賓沙樂於接受達爾文（*Darwin，英國的生學家，1809～1882年*）物競天擇的理論，但時而覺得某些現象，並非達爾文理論所能釋疑，於是相當程度內，又修改了法國動物學家、植物學家拉馬克（*Lamarck，1744～1829年*）「用進廢退」學說，再加以採納。當史賓沙與德國生物學家魏司曼（*Weismann，1834～1914年*）辯論時，反駁其種質可代代相傳；後天所獲得的外形特徵，不能遺傳的學說，同時竭力為拉馬克辯護，並指責達爾文立論缺失；然事隔一個世紀，有關進化論的爭辯，依然繼續中。

（七）. 史賓沙對心靈的進化之立論：

1873年，53歲的史賓沙，出版了《心理學原理》兩卷，較1855年的舊版來得客觀而溫和，但內容偏於學理而拙於論證，主張人類的神經是從細胞兩端的聯合組織而成；又主張反射作用

與習慣性的遺傳，在相互混合時產生本能；認為種族的經驗就是個人心靈的範疇；同時發表了「變形的唯實論」之學理（唯實論即實在論Realism，與觀念論相對的一種學說，主張身邊的世界是客觀獨立存在，且實在即存於人心表象之中）史賓沙在心理學史上，已能掌握住進化論的觀點，並嘗試用胚胎學（Embryology，又稱胚胎學，泛指哺乳動物的生物體內，在卵或子宮內成長的初期生命體而言）的內涵來闡釋，又把複雜的生物體還原到簡單的神經作用，且追溯到生物體的運動作用。原本要推究意識的進化，卻反而把意識當作進化的原動力。因此，史賓沙認為人類的心靈，都是由星雲推演出來，最後他又認為，只有透過心靈才能認識物質（星雲說Nebular hypothesis，謂太陽系初為一高過星，因不斷旋轉而集結於中央成太陽球體，部分因離心力凝結成繞日之行星和地球，而行星附近的物質，因離心力凝結成繞行星之衛星和月球）。

　　史賓沙認為心靈是進化的產物，由簡單到混合的反應，最後到達複雜的反應：從反射作用到感應性與本能；又經記憶與想像的作用，到達理智與理性。質言之，史賓沙在強調吾人會發現生命與心靈的持續性，進而會看到神經的構造、反射與本能的發展，以及經過衝突的刺激後，所發生的意識與思想的過程。質言之，本能與理性之間，並沒有任何間隙，二者同為內在關係對外在關係，所產生的適應，其所不同者，在於本能反應時範圍較為狹窄，過程較僵硬；理性反應時，情形較為複雜，內容較為新奇。兩者僅是程度上的差別，沒有性質上的差別可言。

　　史賓沙強調「觀念」是行為的初步，而「行為」是觀念的終極。同理，情緒是本能行為的初步，而情緒的表現，則是完成反應的積極前奏。因此「決意」是一個不受阻礙的觀念，化為行為

的自然流露。換言之，史賓沙認為「思想的各種形式」，如對時空的知覺而言，又如同量與因的概念。然而，在康德（*Kant，德國的哲學家，1724～1804年*）先驗哲學的眼裏，都是由先天獲得的；但史賓沙則認為這種思想的形式，只是思想的本能方法而已。又因為本能就種族而論，它是後天的習慣，就個人而言，則是先天的性質，所以這種心靈習慣的範疇，都是經過進化之後才漸漸獲得的。近代的學者，則將它歸類為理智遺傳的一部分。因此，心理學上的難題，到了史賓沙的手裏，就以「不斷累積修正之遺傳」予以解釋一切，這種廣泛的假定，旋即引發學者，對其哲學研究成果產生疑惑難解。

（八）. 史賓沙對社會進化之闡釋：

史賓沙於1873年，出版《社會學導論》鉅著，內容從「靜止的社會」到「社會學原理」止，前後約歷時半世紀始告完成，為其人生中最著名的鉅作。闡釋經濟學與政治學為主要探討主軸。他與柏拉圖（*Plato，427～347年B.C.，希臘哲學家*）相似，一開始就討論「道德的意義」與「政治上的道義」，堪稱係對社會學上的偉大成就，即使連社會學的鼻祖，法國的哲學家孔德（*Comte，實證主義的創始者，1798～1857年*），也比不上他。

史賓沙從《社會學導論》開啟一篇緒論，為社會學的發展，提出明暢的辯護，他說：

「*倘若心理學的定命論確實可信，則在社會現象中，應該有因果法則存在。因此，研究人類與社會的學者，應該不以羅馬歷學家李維（Titus Livius, arLivy，59B.C.～17年A.D.著有《羅馬建*

國史》現存35卷。）*編年式的歷史為滿足；也不以蘇格蘭的評論家、思想家、歷史家卡來爾（Carlyle, 1795～1861年，著有《衣裳哲學》）式的傳記性記載為滿足，吾人應深入社會中，去發掘社會所包含的發展過程、因果順序以及連接性的相互關係。只有如此，才能將事實的荒野變成科學性的圖騰。」*

　　史賓沙的「因果法則」，恐出自佛家語，因是種因，果是結果，由此因而得此果，是因果之意義。又因是所作者，果是所受者，種善因必得善果，種惡因必得惡果。質言之，史賓沙所知的傳記與人類學的關係，就如同歷史學與社會學的關係。當然，社會學面臨社會實質的問題，極待深入查訪、統計、研擬對策，使其成為獨立的科學，促成執政者能用心處理，解決弱勢團體所遭遇的困境。新興的社會學面臨各種成見的作梗，使其發展深受影響，諸如個人、教育、神學、經濟、政治、國別、宗教等方面的成見，其中尤以缺乏社會知識，常以不知為知的現象最為嚴重，務必透過教育程序將其克服。

　　史賓沙以其明智的良知，請了三個秘書替他集資料，將每個民族的社會狀況，依其家庭、宗教、政治與產業的機能，予以歸納建檔，歷經七年的努力，於1876年始將《社會學》的第一卷出版。1896年，高齡76歲的史賓沙，方備妥最後一卷《社會學》，當1903年，享年83歲的史賓沙離開人世間時，其一生研究著作成為考古專家的一件繁雜工作，該三卷《社會學》的書冊，成為後學研究社會學的最佳參考文獻。其一生治學奉獻心力的精神，令晚生欽服。

　　史賓沙相信社會是一個有機體，與個人相似，二者同樣能生

長使其有機體趨於複雜，而全體的生命，比個體的生命更為延長，兩者大致雷同，其間異質性增加而統合性亦伴隨增加。因此，社會進化時所依循的方式，就是個體進化的程式。人口的單位，從鄉村、市鎮到城市，成為其成長繁榮的必然過程；從人口成長過程而產生了分工制度，職業與貿易日漸複雜多樣化；從分工合作，走向互相協助幫忙，構成經濟政治繁榮的體系。

人類最初的信仰為多神教（*polytheism*，*多神論，凡禮拜眾神，以為宇宙有多種存在者，如古代猶太教、印度教等屬之*），並崇拜各種靈魂，而這些神與靈魂大致上相同。隨後，宗教的觀念向前發展，於是在各種神之中，選出一個具有中心思想與全能的神來統治眾生，管理一切，指揮其他的神。最原始的神，係從夢中與魔鬼中求得根據，而魔魂可以出現在諸神身上，也可以呈現在魔鬼身上；原始的人類，相信人在死亡、夢境或恍惚的時候，其靈魂可以立刻脫離身體。諸如「耶和華」（*Jesus，4年B.C.～30年A.D.，基督教的始祖*），本意為「堅強者」與「善戰者」，他原本是地方的領導者，死後尊為「眾人之神」，係屬有權勢的危險魔鬼，應適當獲得慰安，以免發怒而降禍害於人間。質言之，基於上述理由，葬禮的儀式演變為崇拜、安慰，將人世間討好君王的禮儀，應用到祈禱和安撫神祇；同時，又採用服從酋長的心情，在祭壇前施行敬禮，以求獲得靈魂的保佑。因此，一切宗教禮儀，都是淵源於崇拜祖先的心理而來。

由於原始人類的生活，常陷於困鬥的惡劣環境，舉凡對不知的自然現象，常歸咎於鬼神的作祟，造成生存的不安與卑微。因此，寧願將靈魂寄託在未來，不願落入在可見的俗物中，宗教便應運而生。易言之，宗教是軍國社會的必要條件，為實行軍國主

義（*militarism*），執行軍事中心政策，達成窮兵黷武的目的，必定會附帶產生迷信的宗教信仰，操控信仰主、阿拉便可以令無數的庸夫衝向前線捐軀。自18、19世界啟蒙運動之後，人民的智慧大開，軍國社會趨於衰微，工業社會代之而起，人民的思維改變，從戰場走向工廠，生活也從被崇拜的威權體制，邁向創造幸福與自由的康莊大道前進。簡言之，依據各國的政治型態，人民可從專制政治、貴族政治及民主政治三者之中，選擇所需要的政治體制，重啟文明社會的遠景，塑造自由、民主、人權的社會願景。

　　史賓沙認為軍國體制的權力，集中在少數的獨裁者的手中，造成專制政權，其所灌輸的「團結合作思想」，係屬強迫性且軍隊式的思維，違背人權思想；其所宣傳的宗教則屬於威權式的宗教，高喊尊敬戰士，崇拜戰神，並依各種階級制定教條，將一切利益都歸屬在國家利益之下，由獨裁者掌控權力分配，進而操弄人民的思想與行動。位於英國倫敦舊街西門的紐蓋特（*Newgate*）監獄，自12世紀開始使用，它記錄有關搶劫、謀殺和民族自殺的檔案；1773年，首次發行《紐蓋特記錄》（*Newgate Calendar*），記錄有關紐蓋特監獄中犯人的罪狀、經歷等相關資訊，這便是軍國主義統治下，人民受難的鐵證。因此，史賓沙指出：「*除非戰爭完全廢止，否則人類的文明，將永遠是大破壞間的插曲，永遠得不到穩固的地位，如果要造成高度社會人的國家，實有賴於戰爭的停止。*」其高瞻遠矚的見解，令人敬仰。

　　史賓沙認為要達到停止戰爭的目的，並不能完全寄望於人心靈精神的轉變，因為人總是環境的產物，而是要寄望於工業社會

的發展。工業帶來社會的繁榮，人民生活水準的提昇，間接就孕育了民主與和平的氛圍；生活脫離戰爭的陰影，國家的權力即落在經濟團體與團員之間，民治主義與和平祥和的社會情境可望達到目的。質言之，產業的發展，必然出自擁有自由公民權的地方，造成一切軍國社會的惡習，諸如威權、教會、階級等必然逐漸被撲滅；戰士不再被視為英雄而被尊重。愛國主義的真諦已不在於仇外，而是致力於積極愛護鄉土，和平成為國家繁榮的先決條件。因此，生產事業的投資，不拘限於本國，跨國企業貿易遍及世界各國，國際和平成為全球人民的遠景。因此，迷信的宗教將由信仰所取代，而信仰所努力的重點與目標，將在於改善環境，並提高人民的生活與素質。

　　史賓沙的社會進化論述中，強調工業的機械結構，使人類悟到宇宙的機械結構，能使人類在宇宙的機械結構中，發掘永恆不變的因果法則；對於自然現象的探究將取代超自然的闡釋。因此，可以肯定地指出，歷史所研究的不是帝王的戰績，而是辛勤工作的人民；不是個人的記載，而是造福人類的發明與新奇的思維。政府的威權逐漸降低，生產團體的工會力量逐漸增大，其歷經的路程是「*從地位轉到契約*」；從「*服務性的平等轉到具有創意性的自由*」；「*從強迫性的合作轉到自由的合作*」；同時「*從個人為政府的利益而存在，轉到政府仍是為個人的利益而存在*」。由此得知，史賓沙積極致力於創造福利的社會，期望能改變歐洲人乃至世界各國的領導者，應突破其舊思維，樹立未來世界人類的和平與福祉。簡言之，史賓沙是生於19世紀中葉的英國哲學家，亦是名聞天下的社會學家，鑒於英國漢諾威王朝（*House of Hanover*），處於維多利亞女王（*Victoria，在位期間*

1837～1901年）超過64年的統治下，逐漸向帝國式的軍國主義發展，相當不以為然；方以法國、德國二國作為軍國社會的實例，將英國視為與工業社會相近的國家，處處諷刺英國貴族專政的政治、社會怪現象，令人欽服。

史賓沙深知社會主義（*Socialism*）主張個人為社會之從屬，一切施政策施應以全社會之公共利益傾向為依歸。係由軍國式與封建式的政府所泛生而來，正與軍國主義相似，社會主義包含了政府的集權，使政府的權力大為擴張，而人民應有的提案權喪失其功能，令個人完全屈服在政府強權統治下。所以支持俾斯麥（*Bismarck*，德國政治家，*1815～1898年*，主張強硬外交而有「鐵血宰相」之稱）的智囊團會贊成國家社會主義（*State socialism*，集權主義）其組織的定則，朝向僵硬化，令社會結構趨於單調，形成新的奴隸體制。社會主義體制下，政府採取強迫制裁，而追求個人利益的統治階級，邁向新的貴族政治。全社會的勞動者更加勞苦貧弱；新興的貴族政治，其威權結實，更難以撲滅。

史賓沙認為經濟關係較政治複雜，經濟措施務必取決於供給與需求之調節，政治的干涉必歸於失敗。試觀中世紀英國所制定的穩定工資法律，法國革命時期，法國政府所制的穩定物價法律，都是政治干預經濟的一大失策。因此，史賓沙有感而發，他指出：「*人的才幹本來就不平等，強迫不平等變成平等，是天下最為愚笨的思維，且徒勞無功！讓人各自去掙扎自己的勝利，乃是最有智慧的辦法。除非時時變遷的環境，能根本改造人性，否則任憑採用什麼法律，都無法促進人為的改造，猶如星象學根本不能轉移人性，其理相通。*」簡言之，史賓沙反對工人階級統治世界，他明白地道出：

「*我們怎樣處罰廠商，廠商也會用相等的處罰給勞動階級，廠商受到多少損失，勞動階級也必遭受相等的損失。*」

史賓沙的結語絕非無的放矢，或是盲從的頑固，事實上他察覺到了四周環境的罪惡氣氛，以及腐化的社會制度，希望能覓得一種替代的良好體制。最後終於贊同亨利‧梅因（*Henry Maine，1822～188年，係英國資產階級的法律史學家*）的合作運動，它是倡導從「地位轉化為契約」的理念，為經濟史上的重要關鍵。每個工會的會員都是他自己工作的主人，務必服從維持工作場所秩序所需的規範，形成民主化的工業制度。換言之，軍國社會與工業社會的差異性，就是從原本個人生存為國家利益的理念，轉變為「國家的存在是為保障個人權益的信念」，亦就是從人類的生存為了工作的信念，轉換成「工作是為了生存的信念」，方是令人生邁向康莊大道之基本道理與原則。

（九）.史賓沙對道德的進化之解析：

史賓沙特別重視工業改造的問題，在所著《倫理學原理》中指出，在英國女王維多利亞（*Victoria，1819～1901年*）統治的時代，泛生諸多的嚴重道德問題，因而史賓沙致力於「新道德」的創建，旨在建立自然的新道德，來替代傳統所信仰的道德規律。那些假設性的超自然善行之律令，倘若予以廢除，則吾人還有「自然律令」（*不能改變自然法則，故排斥素來之天啟、預言、奇蹟諸說*）可循，且適用範圍廣大，意義深奧。史賓沙認為「新的道德」，務必建立在生物學的基礎上，他特別引述，1893年英國生物學家赫胥黎（*Huxley，1825～1895年*）在牛津大學的羅曼尼斯（*George John Romanes，1848～1894年，英國生物學家。*）講座上，

極力排斥以生物學來作倫理學的指導，認為「本性在鋒爪與利齒中發現」（語出，英國詩人坦尼生Tennyson，1809～1892年，著有《追念》In Memorium，1850年，被封為桂冠詩人），必導致狡詐與殘酷，不足論述愛與正義。然而，史賓沙的主張恰巧相反，他認為如果道德規律（泛指眾人所應遵循之理法，及行為合於理法者，為道德規律），不能因應生存競爭與自然淘汰之試驗，則此種規律必然徒然無效可言。質言之，最高貴的行為，方能產生最高貴與最完美之生命；就進化論的用語而論，唯有真正道德的行為，才能在複雜的目標中，求得人生最高境界的圓滿與和諧。

史賓沙指出：「*軍國社會的愛國者，都把勇敢與力量，視為男子最高的道德，同時將服從當作公民的最高道德標準。德國皇帝*（如希特勒Hitler，第二次世界大戰德軍的最高指揮官，1889～1945年），*視神為日耳曼軍隊的最大領袖；同時，要在專心服從之際，緊密地追隨神對決鬥的禮讚。諸如北美洲的印第安人，認為掛弓帶箭，使刀用劍乃是男兒最為高尚的職業⋯⋯一切農、工、商業的行為，都以玷污男兒的聲譽。直到19世紀下半葉，人民方覺醒，體認到國家、社會的安寧繁榮，務必仰賴財富，要求財富充足就須注重生產事業，於是生產線上的職業勞動者，漸受到人民的尊敬，而且超越戰鬥事業的趨勢*」。簡言之，戰爭係對人類的集體屠殺行為，其野蠻的行事必須予以嚴厲指責。國際間的公正觀念，務必建立在消除外在的仇敵之後，方能趨於和諧，才有可能消除敵對觀念，而邁向和平相處之大道。就個人而言，公正的原則，務必構建在不妨礙他人自由的範圍之內，去行使自由權，選擇個人所偏好的工作，去發揮個人的長才。易言之，基於此項定義的原則，吾人反對專制獨裁體制，反對無限制的霸道與

權威，更反對毫無理性的壓迫與服從，所以反對強國欺壓弱小國家，並與戰爭成對抗之態勢。個人可以依據自己的才學、智慧、興趣與能力，爭取自己的社會地位，謀求自己的前程與發展，故與自然淘汰的進化論不相衝突，這也是自由的真諦與最深刻的意義。

　　史賓沙的內心思維中，自由與進化的觀念經常爭鬥，最後，當然自由的觀念獲勝。他深信處於和平的狀態下，政府的權限將縮小至傑佛遜總統（*Thomas Jefferson，美國的自由主義政治家、第三任總統，1743～1826年，總統任期1801～1809年*）的範圍內，也就是認為政府的唯一職權，不過是維護治安，使均等的自由不致於被破壞而已；刑事的審判必須公正、公平，而仗勢凌人的無賴漢，不能免於刑罰的規範。因此，政府的職權應在維護公道，否則如果想要企圖擴大權力，必定會侵犯公道；基於此項原則，政府有職權保護弱者、貧困者，使他們不受制於自然分配律：「能者受酬，無能者受罰」，這正是群眾賴以生存，朝繼續發展的最佳保證。質言之，史賓沙所謂「人權」（*human rights*）係指人民固有之權利，即人民在法律上自由平等，有絕對不受任何人或團體非法侵犯之權利。因此，個人生活在世界上，應當具有生命的權利、自由的權利以及在機會均等之下，擁有追求快樂生活的權利，其性質偏於經濟層面，故又稱為「經濟的權利」，假如一個人的經濟生活不能自由，則一切政治上的改革都是徒託空言。

（十）. 史賓沙對進化哲學所遺留的疑惑與貢獻：

　　史賓沙神采飛揚的主張，便是：「科學優先於文學藝術」，但其諸多論述中，尚有未能徹底加以闡釋的理論，謹依時間序列

摘述如次：

(1).第一原理中的「不可知論」，史賓沙在其所撰十大卷
《綜合哲學》中，對於不可知者，已表達最大的認識
了。但德國哲學家黑格爾（*Hegel，1770～1831年*），
曾說出其名言：「用推理的能力來限制理性，就像在
陸地上學游泳一樣，永遠學不好。」一語道破做學問
研究，不宜單憑推理作結論，仍須配合實務的觀察、
實驗、分析為妥。史賓沙的「不可知論」的論辯，僅
是邏輯上的推理，將第一原理解釋為「一切原因是力
量的總合」，難免有所偏失；他身處機械持代，也只
好接受「*機械主義*」（*Mechanism*），以化學原理、
物理學原理，解釋生命起源之理論；謂生命現象可用
機械的定律解釋之。猶如達爾文（*Darwin，英國生物學
家，1809～1882年*）處於個人競爭時代，僅觀察到自然
界生物的生存競爭而已。

(2).史賓沙對進化論所作的定義：「*認為先有簡單的事
物，再從簡單中進化為複雜*」，此種論述方法，顯然
無法闡釋自然界進化的軌跡與演遞的過程。無怪乎，
法國的哲學家柏格森（*Bergson, 1859～1941年。*）強
調：「*真實的存在是純粹持續，當具體的生命概念化
之後，即無法把握〈創造的進化〉，並以此發展出主
張，直覺主義的、唯心論的〈生之哲學〉。*」因此,柏
格森認為，史賓沙未曾解釋自然界各種現象的演遞，
而史賓沙也承認他遺漏了生命的要素。同時，又導因

他用拉丁式的英文，撰述進化論的定義，使得原本厭惡拉丁文的學者，更加激烈批評他的進化論之觀點。

（3）.史賓沙承認：「*我的心靈經常徘徊在抽象之間，對於具體的事物不能仔細觀察，為劣等的觀察者。*」他的方法偏重於演繹法（*Deduction，由已知的原理或法則，導出特殊的結論*）和先驗論（*Apriorism，由原因推及結果*），所以和培根（*Bacon，英國哲學家，1561～1626年*）的理想，或培根所遵循的科學思維過程不相同：培根建立了科學主義的傳統經驗哲學。同時，史賓沙偏好先驗的論據，更勝於其他的論據。質言之，史賓沙經常遠離了實驗，亦不從事更公允的觀察，只是樂於將有益的資料，挑選出來加以運用，慣於將「反面的事例」予以拋棄，此種思維模式與達爾文的研究程序完全不同，故造成推論結果的偏失現象。

（4）.史賓沙的進化論，係根據拉馬克（*Lamarck，法國動、植物學家，1744～1829年*）認為後天性的形質，也可能會遺傳給後裔之理論，並沒有採用達爾文以自然淘汰為中心的理論，他不是達爾文主義的哲學家，而是拉馬克主義的哲學家。史賓沙對生育上所作的原則即為：「*生育率與教育程度成反比*」，但此項原則與事實不符，諸如落後地區的生育率，常遠不如文明的歐洲人高，此種推論緣於他太過仰賴拉馬克的「用進廢退說」，而未能察覺生命中的動態觀（*dynamism，用某種內在力或能量，解釋宇宙現象的哲學體系或理論*）所致。換言之，生命的奧秘，應從能動的心靈方面入

手，承認心靈有主動的能力，可以自由地適應環境，並改變環境，方能論及生物進化的原理。

（5）.史賓沙所論述的心理學著作，係運用了一套公式、定義，以及心理現象暨神經結構等相關課題，加以闡釋而已，卻未曾對心靈與意識的泉源，作出明確的釋疑，是其著述方面的缺失。同時，他認為一切神經的活動，都是從原始的星雲（*Nebular*，星雲說）中，根據機械的原則進化而來；又認為心靈是從原始渾沌（*指天地初開闢，清濁未分時之自然現象*）中，所導出的機械式的神經過程之主觀附屬物，令諸多學者及心理學家，無法知其所言為何物！

（6）.史賓沙身處19世紀中半葉的時代，且值英國面臨孤立，而成為歐洲和平鼓吹者，本正是英國在工商業獨佔優勢的時代，故堅決主張自由貿易。他未曾看到日耳曼聯邦侵犯比利時，威脅英國孤立的窘態，否則他的和平主義，也要隨風倒舵。史賓沙把工業主義看得太理想化，舉凡工業社會的產物，都認為是合理的、道德的，完全忽略了工業主義的侵略事實。換言之，史賓沙所看到的只有19世紀的英國，個人所享有的自由，比任何時代任何國家都來得多。工業社會不一定比軍國的封建制度更為和平，更接近道德，所以戰爭不一定是單純軍國主義的產物；何況工業式的侵略主義，其為害之烈，並不亞於軍國式的侵略主義。

（7）.史賓沙出生於兩個時代之間，政治思想是在放任主義時代，受英國蘇格蘭的經濟學家亞當・史密斯（*Adam*

Smith，1723～1790年）的影響。他認同《國富論》
（The Wealth of Nations，1776年）中，強調勞動為利益
與財富之泉源，而社會發展之基礎，即在於勞動與生
產力的發展。史賓沙的晚年，正面臨英國政府採用社
會控制，來糾正工業制度所造成的禍害。前者為相反
的潮流，但他始終堅持信念，致力於發表反抗國家干
涉政策的論辯，因為他對政府完全沒有信心可言。他
的理念與班傑明·吉德（Benjamin Kidd，1858～1916
年，英國社會學家）不同，吉德認為近代自然淘汰的
現象，逐漸從個人的領域，轉移到團體的領域，階級
之間常因興趣不同而相互競爭，獲勝者必團結內部，
進行家庭主義（familism），力求家庭之永續，承先啟
後，恪守祖訓；惟都市化帶來極大之改變，制度走向
友愛私人之價值，取代傳統及社會價值之趨勢，倡言
濟弱扶貧，使團體的一致性和權利獲得保障。

　　綜合而言，1862年，史賓沙出版《第一原理》時，即聲名大
噪，名垂後世。當時的人，都肯定他是時代精神的代表，他的
思想流傳遠方且深入人心，所以不論文學上與藝術上的唯實主
義運動（Realism，即實在論，哲學上主張外在的世界，是客觀與獨
立存在，且實在即存於人心表象之中；文學、藝術上屬寫實主義），
都間接或直接受他的影響。1869年，創設於12世紀的牛津大學
（Oxford University）採用《第一原理》為哲學教本，使他驚喜萬
分。1870年後，他的著作深受社會各階層的喜愛，帶給他不少報
酬。當俄皇亞歷山大二世（Alexander II，1818～1881年，在位期間

1855～1881年）造訪倫敦時，請莎德貝伯爵（*Duke of Derby*）邀請英國名流與他會面，計有史賓沙、赫胥黎等士紳，其他的人都答應參加，只有史賓沙表示婉辭，他的心目中，只與少數知己朋友來往，不樂和陌生人見面，堪稱是性情中人。

史賓沙在1903年辭世之前，其名聲早已衰竭，宗教界的首領都聯合起來賜他永世的懲罰。英國工黨黨員看到他反對戰爭，就很欣賞他有骨氣，但等到他排斥社會主義（*socialism*，分配原則是「各盡所能，按勞分配」的社會制度），反抗工黨政府政治時，又對他惱怒；反之，保守黨人聽他辱罵社會主義，心中樂無比，但談他的「不可知論」，又使他們感到為難。史賓沙的個性，雖然固執，但在固執之中存有忠誠的個性；他自己說：「*我比托利黨還要保守，比激進黨派還要激進*」。因此，他終生堅持獨身主義，將其毅力、精神關心各種社會團體，令人敬仰。

史賓沙在辭世前數年間，他的觀念漸趨穩定，道出許多良知上的體認，謹條舉三則如次：

(1).他認為宗教既然是人民的信仰，對於一般人的生活賦具穩定心境的功能，它與政治運動，同樣都建築在實際的需要與衝動上，和理智毫無相干，所以不必用理智去闡釋。

(2).他回顧昨日種種，深覺人生所應當追求的，是生活上的樂趣，而學術上的名譽本無切身關係，無須苦苦追求。

(3).1903年，享壽89歲與世長辭，在臨死之前，他自嘆自己的工作，都建築在虛無縹緲的幻影上。

　　簡言之，史賓沙的哲學事業，絕非空虛；雖然其聲名暫時喪失，恐係起因於黑格爾派的實證主義（*positivism，孔德的思想體系，反對獨斷主義、玄學空想或其他一切超經驗現象的主義*），所引起之反動使然，但到了自由主義重新建立時，其地位又逐漸提高，成為19世紀英國最偉大的哲學家。質言之，史賓沙的貢獻，在於使哲學能接觸到實際的事物。因此，唯實主義（*Realism*）重建之後，德國派的哲學，又走入幽暗的途徑。史賓沙總結19世紀的哲學潮流，其影響只有義大利但丁（*Dante，1265～1321年*）可與他齊名；而史賓沙的哲學系統完整，組織和諧，亦為20世紀的哲學奠定良好的基礎。

玖、尼采超越虛無主義的哲學理念

（一）. 尼采的哲學思維之起源：

尼采（*Nietzsche，1844～1900年*）係19世紀中下半葉的德國哲學家，其思想由叔本華（*Schopenhauer， 1788～1860*）的觀念論（*Idealism，認識論之一派*）為出發點，在人類意志的絕對肯定基礎上，對於超人的道德之支配及「權力的意志」之虛無主義，主張超越它、克服它，此種思維對20世紀以後的哲學、文學思想產生極大的影響。他經常嘲弄英國進化論的學者達爾文（*Darwin，1809～1882年*），並且挖苦德國「鐵血宰相」俾斯麥（*Bismarck，1815～1898年*）的國家主義。他自始至終不承認這兩位人物對他一生的影響，充份顯示對前人潛意識行為的隱瞞。反觀，與尼采同一時代的英國哲學家、社會學家史賓沙，首倡進化論哲學，並將此項哲學原理記載於《綜合哲學提要》（*Programme of a System of Synthetic Philosophy，1860年*）一書中。但史賓沙的倫理學，卻不是進化論所引出來的結果，蓋生命在生存競爭中，係本於優勝劣敗，適者生存之原則在演遞，故在競爭中，力量應當是至高的德性，而懦弱是其最大的缺點，強者是生存與勝利者，弱者則是放棄與失敗者。只有維多利亞時代（*of the reign of Queen Victoria，英國女王，在位期間1837～1901年間*），中期的達爾文派的信奉者（*Darwinian，進化論者*），才勇於排斥基督教的神學。然而，他

們雖反對神學，但對神學所產生的溫文儒雅與利他主義的思維，依然予以保存下來。易言之，他們雖然不是英格蘭教徒，亦非天主教徒，或是路德派教徒，但是仍然不敢不做基督徒，這便是尼采對社會人群的最佳批評，此其一。

從伏爾泰（*Voltaire 1694～1778年，法國文學家*）到孔德（*Auguste Comte，1798～1859年，法國哲學家*），歷經80～100年間，法國的自由主義思想家，都迴避基督教教義。孔德係法國實證主義的哲學家，主張「為他人而生」，而德國的叔本華（*Schopenhauer，1788～1860*），英國的約翰·朱爾（*John Stuart Mill，1806～1873年，政治經濟學者，著有《功利主義》Utilitarianism*），主張對同情的愛護、對同情的憐憫，為他人的服務等觀念，是其人生命最高尚的行為。質言之，在歷史上有智慧見解的人物，都承認在人類生命的戰場上，真正需要的不是善良，而是力量；不是謙恕，而是狂傲；不是利他的心，而是堅毅的智慧。因此，舉凡均等、民治的觀念，都與適者生存的進化理念相違。能解紛爭的不是「正義」，而是「強權」；不是「公道」，而是「力量」，這便是尼采對社會人群的最佳批評，此其二。

19世紀德國的政治家俾斯麥，於1891年正式成為德意志帝國的第一任首相，因主張強硬外交而有「鐵血宰相」之稱。如果前述都是真理，則只有俾斯麥才有資格稱得上認識生命的本質，所以他理直氣壯的說：「*國際之間，根本沒有所謂利他主義*」。他又說，近代國際間的糾紛，絕非選舉與演講所能解釋的，只有鐵和血才能解決一切問題。已被民主政治的理想與幻影所腐化了的歐洲，便憑藉俾斯麥的旋風，把一切污穢掃得乾乾淨淨。僅有短

短幾個月的工夫，就使腐化的奧地利聽從他的指令；又過了幾個月，促使沉醉在拿破崙神話中的法蘭西求和。此種泰山壓頂的軍隊強權，僅僅幾個月的時間，迫使日耳曼的無數小「邦」與其國君、主權、領土都併而為一，聯合成一龐大的帝國。在這種象徵新道德的權力之下，令人感覺出毅力的展現，基督教的教義早已失去功能，只有達爾文主義的「適者生存、不適者亡」，才能適應眼前的需要，這便是尼采的膽識，提出其適合新時代、新需要的新哲學時機，此其三。

二、尼采於青年時期的哲學思維：

尼采在1844年10月15日，出生於東德易北河（*Elbe River*）上游的薩克森（*Saxony*）近郊的洛肯村，父親及其祖宗數代，都從事牧師的宣教工作。他早年修習神學、古希臘文學和叔本華哲學，其思想係由叔本華主義的觀念論出發，將近代歐洲的精神危機，以基督教的「神之死」來表現，並依其所產生的虛無主義（*空白*），進而採取更新的價值創造觀予以充實，形成精闢而深入的文學批判，對20世紀的西洋哲學、文學產生鉅大的影響。然而，尼采反對基督教，係導因於基督教的倫理精神影響他的心靈；雖然他的內心中充滿善良、和平與斯文的種子，以致希望採用矛盾而劇烈的思維予以矯正，其哲學便緣起於此。尼采的母親是一位虔誠的清教徒（*Puritans，復原派*），而他也始終虔誠如故，以致他要攻擊清教徒的教義及其虔誠的心。他經常離群索居而誦讀《聖經》，但其生活中賦具一種神經質的意志與狂傲心，不時尋求發洩處。當他講述傳說中的馬蒂斯‧史卡弗拉（*Mutius Scaevola*）故事：「*企圖圍攻羅馬的艾特里亞王波爾森納而被*

捕，遭火刑之際，神情泰然自若，並且聲稱羅馬像他這樣的勇士還有300人，令波爾森納為之震驚不已，遂撤除羅馬之圍」，並把一束火柴放在手上點燃，直到燒成灰燼，令觀看者欽服；尼采一生的作為就是要用毅力與智慧，希望把自己鍛鍊成一位賦具堅毅、果敢的人物。在其所撰《查拉圖斯特拉》一書中，曾說：「*我是一切，但不是神，也非道德*」。

　　1862年，當尼采18歲時，失去了對神的信仰，其言語頃刻之間，變得尖酸刻薄，覺得生命空虛而毫無意義，其性情趨於暴躁，經常與波昂和萊比錫大學的同學發生衝突；並且陷入生活潦倒與狂飲的狀態。可是不久之後，酒、煙或是女人都使他感到厭惡，一改前非，重新醒覺，進入深奧的思維境界。1865年，年僅21歲的尼采，拜讀了叔本華所著的《意志與表象的世界》一書，認為這是一本經典之作：

　　「*就像一面鏡子，我在裏面找到了世界，又找到了生命，更找到了自己悲壯熱烈的本性。好像叔本華親自在對我說，我感覺到他的熱情，似乎他的人格就出現在我的面前，書中的每一字每一句，都高喊著消極、拒絕與拋棄的呼聲。*」

　　質言之，叔本華的灰色思想，對事物都是消極悲觀、模稜兩可、態度曖昧的思維，深印其內心，即使當他排虛無主義，攻擊虛無主義為腐敗思想時，其內心仍然存有叔本華的身影。尼采始終採取悲觀的人生理念，經常高舉悲觀的旗幟，認為悲劇才是生命愉快的泉源。有人說只有斯賓諾莎和歌德的哲理，才能把尼采從叔本華的悲觀中拯救出來，但他終究無法脫離悲觀而獲救。尼采表面上讚美平靜，歌頌命運之愛，實質上卻未曾實行，而智者的平靜與心靈上的平衡，從未向他招手。

　　1867年，年23歲，尼采被徵召入伍，接受軍事訓練，不久因騎馬摔傷胸骨而退伍，其內心依然崇拜軍人，嚴守軍紀，服從命令，簡樸生活，引起他一生無限的想像。然而，塞翁失馬，焉知非福，尼采走進了學院生涯而成為哲學博士，被推薦擔任巴塞爾大學（*Basle university，位於瑞士西北部，瀕萊茵河，係瑞士最古老的大學、圖書館*）的古典語言學教授，在穩定優雅的教學環境中，他極力歌頌俾斯麥（*Bismarck, 1815～1898年，德國政治家，1871年擔任德意志的第一任首相*）的鐵血政策。尼采旋即又厭惡刻板的教授生活，轉往離巴塞爾不遠的小城特里貝辛，而結識德國歌劇作曲家華格納（*Wagner, 1813～1883年*）。尼采在華格納影響下，當過鋼琴家，也寫過樂曲，認為：「沒有音樂的生活是錯誤的。」並著手撰寫第一本著作，敘述從希臘到尼伯龍根指環（*The Ring of the Nibelungen，華格納的歌劇作品*）的音樂和戲劇，後因城市的嘈雜不適於靜心寫作，避居阿爾卑斯山脈（*the Alps*）專心著述。

　　1870年，普法戰爭爆發，尼采無法抵抗祖國的呼喚而奔向前線，在法蘭克福（*Frankfurt，西德梅茵河Main River沿岸的城市*）看到一支軍隊在城裏操演，有節奏的步伐與正氣凜然的魄力，使他大受感動。就在此種情境下，受到莫大的啟示，其整個哲學系統因此奠基，他認為：

　　「*最高貴與最堅強的生活意志，不在於生存競爭，而是在於戰鬥的毅力與意志的決心；生命的意志則由戰鬥的意志、權力的意志與克服的意志所構成*」。質言之，尼采的思維太過於理想化，當其面臨事實的考驗時，則不但失去意識，進而導致不知所

措的情境出現。事實也證明，他不但無戰鬥的勇氣，連戰場上的救護工作也無法勝任，一見到傷患流血就全身感到不舒服，最後又再度從戰場中被遣送回來。尼采的神經與英國的浪漫詩人雪萊（*Shelley*，*1792～1822年*）相同，早年便感悟到超越現世的「理想美」，一心追求有個綺麗的影像來護身。其內在的思維，又與英國蘇格蘭的評論家卡萊爾（*Carlyle*，*1795～1881年*）雷同，表面上對民主、英雄主義和革命運動，都有獨到的見解，外表雖穿著武士的盔甲，其內在卻深藏女性的靈魂。

（三）. 尼采與華格納的友誼與思維：

尼采於1872年，以28歲的年輕作家出版《悲劇的誕生》，內容旨在撰述希臘藝術界所崇拜的二個神；第一個為《希臘神話》戴奧尼索斯（*Dionysus*），祂是豐饒、酒及戲劇之神、係宙斯（*Zeus*）和賽米莉（*Semele*）的兒子，在羅馬被視為和巴克斯（*Bacchus*）是同一個神。他所代表的是上界的生活、動作的快樂、狂悅的感情和靈感、本能和冒險與堅韌的耐性，同時又是詩歌的神、音樂的神、舞蹈與戲曲的神。第二個為《希臘、羅馬神話》阿波羅（*Apollo*），係宙斯（*Zeus*）及萊多（*Leto*）之子，亞特密絲（*Artemis*）的攣生兄弟，為男性美的理想偶像，司音樂、詩歌、預言等，被視為和太陽神同一人，有耀耀（*Phoebus*）之稱。祂是和平與閒散的神，又是休養的神，代表美的感情、理智的沉思、論理的程序、哲學的恬靜，同時又是繪畫的神、雕刻與戀愛的神。前者第一個神，為男性的衝動，後者第二個神，為女性的優美，二者互相融合，產生了最高貴的希臘藝術。換言之，在戲劇中，戴奧尼索斯先激動後場的歌隊，而阿波羅則鼓舞了前

場的對話。

　　就希臘戲劇而言，它是運用了戴奧尼索斯的藝術，征服了悲觀主義的理念。因此，近代的歐美人士，常把希臘民族視為樂觀愉快的民族，但事實並非如此，是否樂觀或愉快的民族，吾人可從希臘哲人的言談或對話中得知：

（1）.《希臘神話》麥得斯（*Midas，佛里幾亞Phrygia王，從戴奧尼索斯處，獲得將所有觸摸的東西，全部變成金子的力量*）質問塞利諾斯（*Silenus, 戴奧尼索斯的養父和教師，通常以肥胖快活的醉翁來代表*），最好的命運是什麼？塞利諾斯回答說：「*最好的命運就是無為、不出生、不存在；其次就是早死*」。

（2）.希臘人雖然是悲觀，卻能用藝術的光輝去征服黑暗的幻影，同時會把自己的創傷，化作戲劇的情節予以療養，並將此種戲劇視作藝術的靜觀與重塑，使生命與世界不失其原有之意義。質言之，當藝術征服了恐懼時，它就變成壯麗的美感，而悲觀主義成為衰頹的象徵，樂觀主義則又是淺陋的表示；亦僅有「悲劇的樂觀」，才能展現強者應有的人生觀。此種人生觀，其所追求的是經驗傳承的深度與經驗的廣博，即使面臨困難的情境，亦毫不退卻，這種困鬥正是人類生命的法則。因此，得以證明有悲劇的情境，希臘人的生活絕非悲觀主義的生活。由於希臘人具備此種大無畏的精神，造就古希臘雅典的悲劇詩人艾斯奇勒斯（*Aeschylus，525～456年B.C.，希臘悲劇的創始者*）的戲

劇，諸如其作品《波斯人》（*The Persians*）、《七將圍攻底比斯》（*The Seven against Thebes*）等，它又影響到蘇格拉底（*Socrates, 469～399年B.C.*）早期的哲學思維，這段期間，也成為希臘文明最偉大的時期。

　　希臘文明到了「典型的理論家」蘇格拉底時，因為有了懷疑思維的啟蒙，希臘人原本所具有的堅強心靈與肉體，都犧牲了。正由於此種心靈與肉體的能力退化，造成希臘人的精神與品性，步入鬆弛的狀態。換言之，批評的哲學取代了蘇格拉底詩意的哲學，而科學取代了藝術，理智取代了本能，辯證取代了運動（*指散播思想、宣傳主義*）。由於蘇格拉底的影響，運動家柏拉圖（*Plato，427～347年B.C.*）卻成為斯文的人；戲劇家的柏拉圖，又成為論理學者，開始反對情慾、反對詩歌，成為「基督前期的基督徒」與逞強好辯的認識論者（*Epistemology, theory of the method or grounds of knowledge，研究認識之起源、本質及其效力等課題*），在阿波羅（*Apollo*）神殿前，吶喊冷靜智慧之睿語：「認識你自己」與「不偏不倚」，結果在蘇格拉底的哲學系統中，把智慧看作唯一的德性；在亞里斯多德（*Aristotle，384～322年BC.*）的論理學中，又將智慧變成柔弱的中庸之道。質言之，幼年時期的希臘民族產生了荷馬（*Homer，西曆紀元前8世紀的古希臘詩人，據傳為《伊里亞德》the Iliad與《奧德賽》the Odyssey兩大史詩的作者*）與艾斯奇勒斯（*Aeschylus，525～456B.C.*），到了老年時期的希臘產生了大由匹蒂斯（*Euripides，484～406年B.C.，古希臘三大悲劇詩人之一*）他是理則學家出身的戲劇家，破壞了神話和象徵的理性主義者，摧毀了英雄主義時代的感情主義者；他是蘇格拉底的好

友，出現之後，戴奧尼索斯的詩歌趨於式微，而阿波羅式的辯證家與演講家，迅速地傳佈各地。然而，尼采與華格納的友誼，亦因同一時期——即1872年，華格納出版《戲劇的音樂在超脫戲劇方面的發展》，因內容同質性高而起爭執，造成友人變成仇敵而絕交之要因。此乃文人多自負，故每相互輕視使然。

1872年歲末，尼采身體相當虛弱，只好又回到巴塞爾大學任教，但他的精神與靈魂仍像一大烈火，深覺學校的教授工作，無法發洩其思想上的熱情，學校的教職不能滿足其內心的慾望與期許。普法戰爭已於1871年結束，尼采對戰爭的幻影亦逐漸擺脫。戰勝的日耳曼卻陷於驕傲的情境下，舉國上下正處於清算日耳曼的精神。尼采有見於此種有礙日耳曼精神滋長的現象，其內心蘊藏一股騷動的本能，旋即提筆，大力攻擊此種阻礙時代進步的社會現象。德國神學家史特勞斯（*Strauss，1808～1874年，著有《耶穌傳》*），雖是最受人尊敬的人物之一，卻成為其攻擊的主要目標。尼采十分崇拜法國小說家斯湯達爾（*Stendhal，本名Henri Beyle，著有《紅與黑》Le Rounge et le Noir，1783～1842年*），學習他的啟示法則：「把人生最大的目標放在追求幸福，並將現實人生裏無法滿足的熱情和願望，能在創作世界中予以實現，認為人一旦進入社會，就要與人挑釁」，事實如此否，值得吾人深入檢驗，才能獲知正確性。

尼采又出版第二本名著《遠古時代的考察》，其中有一篇〈教育家的叔本華〉，旨在抨擊國立大學支持拙劣的哲學，妨礙大哲學家的發展，諷刺資助柏拉圖與叔本華等哲人是不智的作為。同時在〈教育制度的將來〉與〈歷史的利弊〉中，痛責德國思想界的領導人，不尊重學者的個性，只會從事考古的研究，頗

為可恥。在這些論述中，已明顯道出尼采的哲學思維主軸有二：

（1）.重新評估、改造在進化論學說中「道德與神學的價值」。

（2）.生命的意義不在「增進大多數人的福利，因為仔細分析大多數人，它本身毫無價值可言。」而是應致力於「創造天才」，注重超人的人格發展與創造，才是正途。

尼采在所著《貝洛伊斯的華格納》論述中，認為華格納，具有「尼白龍根之歌」（*Nibelungenlied*）第一部的英雄齊格飛（*Siegfried*）的人格特質。齊格飛一生錘鍊諾頓（*Nardic*，北歐人種，體格壯碩）之劍，殺死守護尼白龍根戒指的巨龍法佛納（*Fafner*），幫助甘特（*Gunther*）娶得布倫希德（*Brunhild*）為妻。易言之，尼采認為華格納一生不畏恐懼，能把各項藝術綜合為一，求其整體美，係一位真正藝術的創造者，其目的旨在喚醒普魯士人，重視華格納的成就。然而，1871年，華格納不但抨擊法國的時尚，又嫉妒德國作曲家布拉姆斯（*Brahms*，1833～1897年），令尼采感到驚奇，亦印證了尼采早就得知，華格納具有閃族風格（*Semitic Characteristics*）的傾向，露出其猶太思想及猶太影響力（*Jewish ideas, influence*）。

1876年，年已63歲的華格納（*Wagner*, 1813～1883年），完成大作《尼白龍根的指環》（*The Ring of the Nibelungen*），每晚都在華格納所創設的歌劇院白萊特（*Bayreuth*，西德巴伐利亞省的城鎮，位於努連堡東北方，依萊茵河畔而立。）演出，成群的王侯貴

族，以及悠閒的富豪都前來捧場，讚揚他的盛名。尼采發現歌劇
《尼白龍根的指環》演出成功，應歸功於設計富麗的舞台布景，
使觀賞者迷失於音樂的旋律中。原來尼采渴望充沛交響樂景象
的戲劇，是一種短歌（*樂府平調曲，如對酒當歌、人生幾何；置酒
高台，悲來臨觴，及時行樂……*）演變而成的形式，但事與願違，
異國人對於歌劇的要求，竟使華格納的歌劇，走向戲劇化與歌劇
化的劇情方向發展，以致尼采無法忍受，在劇場中漫長的音樂之
夜逃走，在華格納享受盛名，全世界崇拜之際，不辭而別。質言
之，尼采逃走的原因，可歸納如次：

（1）.*他厭惡浪漫主義者所表現的女性主義，與無紀律的狂*
　　　妄無知。
（2）.*他厭惡理想人的謊言，與意識中的纏綿柔情。*
（3）　*深恐前項狂妄無知與纏綿柔情，將人性中最勇敢的靈*
　　　魂打倒。

　　當華格納享受勝利的歡樂之後，逃出白萊特歌劇院的枷鎖，
並以自由之身寫了一齣《帕斯法爾》（*Parsifal*）新歌劇，並於
1878年1月3日，贈送尼采。它是根據亞瑟王（*Arthur，不列顛人傳
說中的國王，活躍於3～5世紀*）傳說波西佛（*Sir Perceval*）中的人
物，大力歌頌基督教、讚美憐憫、潔身不沾染性慾之愛，形同基
督教理想的化身。然而，尼采不以為然，從此斷絕與華格納的交
往。他認為：「要我讚揚對自己尚且不能忠實、無法誠摯的人，
自然是不可能的事。一旦發現某人的品性如此低劣，則其成功絕
對沒有意義可言」。換言之，帕斯法蘭是華格納同名音樂劇的主

角，亦是英雄人物，但卻討不到尼采的喜歡，倒是被視為叛徒的齊格飛（*Siegfried*），反而能獲得尼采的喜歡。尤其，尼采認為華格納雖然反對基督教的神學，卻肯定基督教，所蘊藏著道德的價值與真摯的美感，深覺是一件顛倒事理的淺見，永遠無法諒解的原因。1888年，尼采在其所著《華格納事件》和《尼采對華格納》中，曾以其過分神經質的態度，痛責華格納的錯誤思維，謹將其理由歸納如次：

(1).華格納曾諂媚佛教徒的虛無思想，涵蓋虛妄無實、虛無形質、空無障礙的消極觀念，並以音樂作為掩飾。

(2).華格納諂媚各種宗派的基督教，與其他宗教腐化的宗教儀式暨其表現。

(3).華格納係一位淺薄且無希望的浪漫派人物；其政治、宗教思想的複雜性，成為歐洲音樂史上最具爭議的人物。

(4).華格納改變其音樂風格，尼采稱他是一位狡猾的人，稱聽他的音樂會使人發瘋。

尼采的為人接近於《希臘、羅馬神話》阿波羅（*Apollo*），充分表現其愛好恬靜、脆弱、和平的個性；顯然與《希臘神話》戴奧尼索斯（*Dionysus*）的狂悅、橫暴與果決迥然有別。他對酒、詩歌與愛情毫無興趣可言。因此，華格納曾批評，謂尼采是一位：「具有非凡纖敏的特質，是一位天生絕對不愉的怪傑，對於別人的說笑，常立刻感到侷促不安，他的內心與柏拉圖相近，深恐藝術不會使人堅強。由於他的心腸柔軟，疑心天下的人有接

近基督教的危險。」質言之，戰爭的經驗，不足以感化文雅的大學教授尼采，但當尼采心地平靜時，也會給華格納一個公平的評論，他認為：

「華格納的作法也有其理由，齊格飛（Siegfried）的勇氣與力量固然重要，而帕斯法爾（Parsifal）的溫柔也不可缺。」

當尼采處於恬靜的情境時，亦經常會回憶昔日兩人「燦爛的友誼」，念及彼此如何增進生活上的體驗，並且豐富生命。尤其每當尼采神志特別清醒，面對於1883年2月13日，死去的華格納畫像時，亦會用柔和的語氣說：「我曾深深地喜歡過他！」真是英雄氣短，兒女情長的寫照。

（四）. 尼采與祆教瑣羅亞斯德之歌

1878年1月3日，華格納將所撰《帕斯法爾》（*Parsifal*）新歌劇贈送給尼采，尼采寫了最後一封信給華格納，並以自己的新書《人性的，太人性的》回贈，從此二人就斷絕往來。1879年，正當尼采名氣鼎盛之際，突然間身心急速衰弱，面臨死亡邊緣。他對自己的妹妹說：「*我死了之後，只能讓知己朋友靠近棺材，必須拒絕好奇的群眾，不准牧師在我墳前玩弄把戲。讓我很平靜地躺進墳墓，永遠做一個純潔的異教徒（paganism or heathenism，泛指信基督教、猶太教、回教以外宗教者），可是他卻從鬼門關復元。*」自從此次大病之後，尼采改變了理念，重新體驗到人生的意義，其見解摘錄如次：

（1）.從此之後，他愛護健康、陽光、生命、舞蹈，且愛護卡門（Carmen，法國戲劇家梅里美Prosper Merimee，

　　　　1803～1870年所撰中篇小說，描述吉卜賽女郎的戀愛慘
　　　　劇）的《南方之歌》。

（2）.他的意志更為強韌，勇與死神決鬥，雖面臨苦惱與患
　　　難，仍不失其固有的生命歡樂。

（3）.他敢予模仿斯賓諾莎（*Spinoza，1692～1677年*），在
　　　喜樂之中接受自然的限制與人世的命運。

（4）.他給偉大定義為：「愛護命運」，在必要時要忍耐承
　　　受，而且要愛護它。

　　尼采於1881年與1882年，分別出版《黎明》及《歡悅的智
慧》兩本著作，時正值37、38歲壯年時期，其思維清新，落筆的
格調活潑，音韻諧和，充分反映其痊癒後對生命的感激。那時
尼采在巴塞爾大學擔任教職，學校供給他全部的生活需要，使得
其恬靜的生活，沈醉在哲學領域的教學與研究工作。正當處於生
活順遂之際，剛烈性格的尼采愛上一位露莎樂美的少女，但她覺
得他沒有一點柔情蜜意而離棄，令尼采在失望之中，寫了一些格
言來諷刺女性。質言之，尼采是一位熱情、浪漫的學者，生活樸
素且愛好天真、溫和的人；他與溫柔的女性決戰，本來就處於不
利的地位，一旦遭到創痛，便無法痊癒。因此，他說：「與人相
處真是困難，因為在人群中，不能找到孤獨。」於是他逃到阿爾
卑斯山（*Alps，歐洲中南部的褶曲山脈，平均海拔為2,500公尺*）山
中隱居，只求有朝一日能超越人類。就在這寂寞的孤寂中，獲
得了偉大的靈感，發現了新的導師瑣羅亞斯德（*Zoroaster，亦稱*
Zarathustra），新的神，它是超人，新的宗教——永恆的輪迴（*佛*
家語，謂眾生從無始以來，輾轉生死於三界六道之中，如車輪一樣的

旋轉，沒有脫出之期），尼采希望追求歌唱，愛舞蹈，因為他的哲學，已經有了靈感的熱情而昇華至詩境。

1883年，尼采完成《瑣羅亞斯德如是說》的一本大著作，當其2月13日，脫稿時「正是華格納的靈魂，在威尼斯歸西天的那一刻」，書中有許多地方，是針對《帕斯法爾》（*Parsifal*）而發的議論，可惜作者已靜悄悄地歸西，再無機會「以己之是、駁人之非了」。尼采在靜寂的深山裏，一個人住在空屋中，獨自歌唱，其孤獨寂寞之心聲，無人知曉。他說：「我厭倦了自己的智慧，我要伸出手來抓住幸福」，終於寫出《瑣羅亞斯德如是說》的名作，有一段短詩流露其內心的思維：

「我坐在那裏等待——並不是等候什麼，
只欣賞超越善惡的本體，時而光明，時而幽暗。
所有的只是日光、河流、正午與無窮的時間。
那時候我的朋友，忽然從一個變為二個，
瑣羅亞斯德就從我的旁邊經過。」

尼采在短詩中所指「本體」，係泛指事物之本身，如「太虛無形，氣之本體」，「天道者，天理自然之本體」。因此，本體論（*ontology*）為研究實在之終極本性，即事物之最後原則；亦即研究有關存在的一般性概念、意義或規範之學問，成為形而上學的基礎科學。

尼采所著《瑣羅亞斯德如是說》的主角瑣羅亞斯德，正值三十歲的壯年，從隱居的山中下來，向群眾說教，儼然像古波斯的查羅斯特（*Zoroaster*），他是西曆紀元前6世紀左右，在波斯創

立祆教（*Mazdeism*）的先知，此教為善惡二元論的教派，亦稱拜火教；祆教經典（*the Zend-Avesta*），主張世界乃由創造宇宙萬事萬物，代表光明與善的奧馬慈（*Ormazd*）神所主宰，與代表黑暗與邪惡的阿厲蠻（*Ahriman*）神，進行永無休止的交戰。換言之，瑣羅亞斯德將走繩索跌死的人，把屍體埋在適當的地方，並且向群眾說：

「因為他敢於冒險，所以我用我的手親自埋葬他。生活必須冒險，把您們的城市建在維蘇威火山（*Vesuvius*，義大利那不勒斯東部的活火山，70B.C.的大爆發埋沒了龐貝Pompeii城）旁邊，把您們的船隻駛入不知名的大海；把您們的生活處在戰爭的狀態中。」

瑣羅亞斯德（*Zoroaster*）從山上下來的途中，巧遇一位年長的隱者，兩人談論神，瑣氏當面告訴隱者「必須不信仰」，同時強調：

「因為古老的神，早已經淪滅了，而祂們的死，的確是美滿與愉快的收場！

· 祂們並不是徘徊在薄暮中死去的──雖然有些謊言是如此！相反的，祂們竟把自己笑死了！

· 祂有猙獰的鬍鬚與嫉妒的心，但是祂忘記自己是這個模樣。

· 所有的神都在笑祂，坐在搖動的椅子上高聲喊著：『不止只有一個神，這不是很合理嗎？』誰有耳朵，就請祂聽著。瑣羅亞斯德如是說。」

瑣羅亞斯德認為這是痛快的無神論，他繼續強調：

「誰比我更不信神，我就要聽他的教言。兄弟們，我求您們信仰土地，不要信仰別人所宣稱的虛無渺茫的希望，無論他們明白或不明白，他們都是有毒的人。有許多先覺的叛變者，開始時很能防備毒物，到了最後終於接受甜蜜的毒酒了；因為他們認為這是生命所必須的癱瘓。比較高貴的人，聚集在瑣羅亞斯德的洞口，準備向外面宣揚他的教義，於是他暫時離開他們；等他回來時，竟然發現這些人正向驢群跪拜著，而驢子的智慧，只能把世界造成自己的相貌——是最愚笨的動物。」

顯然這不是最好的教化。

因此，瑣羅亞斯德的教典，繼續指出：

> 「一個人必須是善惡的創始者——他必須先做破壞者，把各種有價值的東西都撕得粉碎。
> ·最可惡的事情，也就是至善的一部分，這才是創造的善。
> ·聰明的人啊，不管環境如何惡劣，應該勇敢地說出來。
> ·保持沈默，是最危險的；不說出來的真理，立刻會成為毒藥。
> ·如果有東西要破壞我們的真理，就讓它去破壞吧！許多房屋都必須重建過。
> ·瑣羅亞斯德如是說。」

瑣羅亞斯德稱他自己是「在不信神者當中最虔誠的人」，他渴望信仰，憐憫一切與自己相同，專在憎惡之中遭受苦難的人。因為他們心目中的舊信仰已經喪失，而新的神還躺在搖籃中。因此，他把新神的名稱揭示如次：

「一切的神都已死去，只有超人的願望正存在……

‧我教您們成為超人，做人必須做超越眾人，但如何去求超
越呢……

　　人之偉大，正因為他是橋樑而不是目標；人之可愛，
正因為他是過程與破壞。

‧我愛那些只知在滅亡中求生活，而對其他一切毫無所知的
人；因為他們是超越的。
‧我愛那些善於輕蔑的人，因為他們是偉大的崇拜者，他們
渴望著對岸的箭。
‧我愛那些不為天上的事而遭難犧牲的人，因為他為地球而
犧牲，使這個地球終將成該超人的世界。
‧現在時候到了，人應該計畫目標，又應當散佈最高希望的
種子……兄弟們，假如人類缺乏目標，那麼人類不就該滅
絕了嗎……
‧愛護遙遠的人，比愛護近鄰更覺得可貴。」

　　尼采深怕讀者把他視作超人，所以強調我們的任務只是超人
的先驅者，與栽培超人的泥土。他明確地指出：「千萬不要期望
超出能力範圍的事務，也不要要求自己去做辦不到的事。超人
所享有的快樂並不屬於我們的，我們最高的目標就是工作；從
前，我曾為快樂而奮鬥，如今只為工作而奮鬥。」質言之，尼采
用自己的模型創造出一個神，但他仍感到不知足，還要進一步
把自己尊為不朽；超人之後接著是永恆的輪迴，一切事物必定
會還原，一切如前。不僅尼采本身要從輪迴中再現，即使連日
耳曼帝國（*German Empire*，自1871年以普魯士為中心統一，至第一

次世界大戰1914～1918年終結為止之德國。）與帝國所採行的鐵血政策、戰爭、灰燼（指1871年俾斯正式成為德意志帝國的第一任首相，因主張強硬外交而有鐵血宰相之稱）以及人蔑視瑣羅亞斯德的心靈，也將再現。此種殘酷的教義，務必有極大勇氣的人才能承受，而事實必然如此，無法逃避。易言之，在現實的有限組合之下，面對時間的無限綿延，最後終究會促使生命與物質返回原始狀態，從原始之中，重演相同的歷史演遞過程。在此種情境下，只有命定主義（指人類壽命長短有定數）成為最後的權威。難怪，瑣羅亞斯德到最後一課，也同樣會感到恐懼震顫不已！

（五）. 尼采心目中的英雄道德：

1886年及1887年，尼采搜集他的零碎論文，編輯出版《善惡的彼岸》、《道德系譜》兩本專書，旨在打破舊有的道德觀念，擬以超人的道德取而代之，於是尼采又恢復語言學家的本色，希望從文字的來源去尋求善、惡兩字的意義。他發現在德文中有兩個惡的本字，一個是schlecht，另一個是böse，其釋意如次：

（1）. schlecht是居上位階級，對下位階級的用語，原意是平凡與普通，後來蛻變成為鄙陋、無價值與醜惡之意。

（2）. böse係居下位階級，對居上位階級者的用語。原意是不熟識、變化百出、不可猜測，隨後演變為危險、破壞與殘酷之意。例如拿破崙就是具有böse意義的惡人。生活單純的人，總害怕一個出類拔萃的人，會變成為禍害社會國家的罪魁。誠如諺語：「聖人不死，大盜不止。」即是。

　　至於guts，原本指勇氣、膽量、果斷力（*Courage and determination*），亦有兩個意義，就貴族階級而言，具有壯健、勇敢、善戰、有權能與似神；就平民階級而言，有熟悉、安分、無害與和善之意。

　　尼采曾就人類行為的兩種矛盾，予以評價，亦就是針對倫理觀念與倫理標準，予以審視評論，簡述如次：

　　（1）.主人的道德：

　　它是古人的道德標準，例如羅馬人，其道德觀念就是指剛毅、決斷、勇敢、冒險而言。不論上層階級的羅馬人如此，就是每個羅馬平民，也都具有此種心理。亞洲人卻大不相同，尤其猶太人。猶太人處於政治壓迫之下，無力反抗，因屈服而生謙恕之心，隨即演變成奴才的道德標準，而產生厭惡冒險、權勢的心態，以和平與持重為最高境界。昔日以力量解決問題與爭端，如今改採狡猾的手段，從公開的態度變成秘密的報復；由不屈服的毅力轉變為憐憫同情；從先見的能力，改採模仿的技能；由向外擴充勢力變成謙卑懦弱責備自己。易言之，榮譽成為異教徒、羅馬人、封建制度與貴族政治的道德；良心則變成基督徒、猶太人、中產階級與民治政體的道德。因此，自從猶太國家出現了先知阿摩司（*Amos，760年B.C.左右的希伯來先知，《舊約全書》中的一卷，〈阿摩司書〉記載阿摩司的預言*）及耶穌（*Jesus Christ，4BC.～A.D.30年，基督教的始祖*）之後，以其流利的辯才宣傳教義，將被壓迫階級的道德傳遍全人類。最後造成貧困成為道德的根據，而「現世」與「肉體」處處當作罪惡。

（2）.奴才的道德：

前述主人的道德標準，到了耶穌手裏達到了頂盛時期。在耶穌眼中，每一個人生來，就具有均等的權利與均等的價值，於是泛生民治主義、功利主義與社會主義的學說。就平民的立足點而言，進步只是向前的均等，而向前的平民化，最後便以腐朽與退化的生命來收尾。處於此種頹廢期的情境下，仍然致力於抬高憐憫與犧牲的價值，替罪犯道出傷感的撫慰，旋即引發社會上的罪惡無法去除了。質言之，同情無法發生效果，反而姑息養奸，後患無窮；而同情卻成為麻醉人心的遺物，對那些惡徒、罪大惡極的罪犯，形同社會人心感情上的浪費。

尼采認為潛伏在前述兩種「道德觀念」後面的，就是「權力意志」的奧秘，它是各種行為的原動力。除了權力的熱情與權力意志之外，一切理性與道德都無法發揮其應有的功能，它是權力手中的武器，假借它作為變戲法的騙術手段而已。哲學家正襟危坐，似乎在展現其冷靜、純潔、神聖與無私的辯證中有所著落；事實上，他們的命題、觀念，都是從其心中的慾望，流露出偏見而得，其不同之處，只是經過抽象與提煉的作用，復加上哲學家致力於尋找證據，用以支持其既成的命題或觀念。質言之，決定思想內容的，就是這種內在的慾望與權力意志的力量，而人類大部分的理智生活，都是在無意識的狀態中進行，它總是感覺不到，感覺到的思想只有最脆弱的部分。因為本能是權力意志的直接表現，不被意識所動搖，所以，本能是各種已被發現的智慧中，最有力的智慧。

尼采認為強者不願把慾望的衝動，放置在理智的掩飾下，他

強調堅強的毅力，是主人的靈魂，而憐憫與良心，在他們心目中並不存在。然而，由於近代猶太人與基督徒的民治觀，成為主流的意識型態，以致一切貴族的道德與貴族的價值，亦從而消聲匿跡，就連堅強有為的人也遭到摧殘，整個歐洲的道德標準，都建立在服務人群之上，因此，堅強有為的人，無法發揮自己的力量，卻在可能的範圍內，適應弱者所期許的生活環境。面對此種環境之下，強者的本能——打獵、戰鬥、征服、統治之類的行為，不但不能向外發展，而且只得轉為內心的自我折騰，於是產生了「性惡論」與「禁慾主義」的學說，隨即促成人心的內傾化，趨於消極無為的處世態度日漸旺盛。

尼采指出，社會頹靡的成因，一者為領導者的無能，另一為社會群眾的庸德。道德系譜的內容，應依據社會層次的差異而有所不同，而道德體系的推動，務必訴之於人類的良知、良能，並將「合於我者，自必適彼」的觀念，視為不道德，才能建立社會共識。復就社會群體而言，強者的惡德與弱者的善德，應等量齊觀，才是社會正義的起點。質言之，善良與和平，固然有其相當的價值，而嚴酷、暴動、危機、戰亂，亦應明究其原因，才能肯定其不可磨滅的功能。雖然有人認為：「只有暴動與危機的亂世，才能產生偉大的領導者與真正的英雄」，當然，人類最寶貴的生存意義，就是意志的毅力與慾望的持久性。在人類生存競爭與適應的過程中，諸如貪婪、嫉妒、詛咒、怨恨等，都是必然存在的現象，它猶如惡對於善，就像「突變」對於「遺傳」，「改革」對於「習俗」，二者相反而相成。換言之，頑強與犯罪的暴徒，敢於觸犯社會規範，衝破法網，有時也成為社會發展的原動力；因此，善良與為惡的本質、內涵、標準等，仍待吾人妥予界

定，以免太過善良，反而被惡人所利用，造成危害社會的要因。
2013年2月間，好人陳進福、張翠萍夫婦，陳屍距離新北市八里
左岸，「媽媽嘴咖啡館」附近的紅樹林潮間帶沙灘，事涉咖啡館
人員謀財害命，令人扼腕。

尼采發現在這世界存有許多罪惡與殘酷時，心中感到十分安
慰；又發現「古人都以殘酷為愉快」，其內心更是快樂無比。他
深信人類之所以愛好悲劇，係因為人性之中，藏有殘酷的本質或
基因；愛好悲劇就是這種殘酷本質的代表。所以瑣羅亞斯德承認
「人是最殘酷的動物」，每當尼采看到悲苦的劇情、劇烈的鬥
牛、殘酷的磔刑，都感到相當的愉快與興奮，他創造地獄時，地
獄是呈現在他的世界中。因此，每當尼采想到壓迫他的主人，將
在來世（*佛家語三世之一*）遭遇苦難的時候，他對現世所受的苦
痛，便毫不介意了。

尼采認為吾人身處五濁世間，評判事理，應該以事理對生活
所發生的價值作標準；而測定個人、團體與種族的真正標準，
應該是體力、才能與權力。尼采出生於19世紀中葉（*1844～1900
年*），時經拿破崙戰爭（*Napoleonic Wars，1799～1815年*），在拿
破崙一世的指揮下，法國和奧地利、俄國、英國、葡萄牙、普
魯士發生多次的戰爭，造成高貴的人類德性慘遭破壞。因此，如
果將他的觀點，強襲於人身，當可緩和拿破崙戰爭後，於1814～
1815年間，為了重新調整歐洲各國領土與次序，而召開的維也納
會議（*Congress of Vienna*），所造成的失衡狀態。此一措施，也
許要比希臘神話中出現的半神巨人普羅米修斯（*Prometheus*），
被鐵鍊將其鎖在高加索山的岩石上，遭禿鷹啄食其肝，使其長年
受苦更加強烈。簡言之，一位哲學家的哲理真偽程度，端視他能

否提昇其自身的生活，影響社會群體的生活理念而定。群居在歐洲大陸的歐洲人，尤其日耳曼語派（*Germanic*）的人士，常常認為人世間只有他才值得生存，因而拚命誇張自己的種性，自以為他才擁有特殊的人類道德。納粹（*Nazi，國家社會主義、德國勞工黨的黨員*），於第二次世界大戰期間，屠殺600萬猶太人的慘劇，即是此種思維的後果，令人嗤之以鼻，輕視嘲笑矣！

（六）. 尼采哲理中的超人人格：

尼采認為道德的目標，不是仁慈而是力量，我們努力的目標，只是希望求得少數有才能的人無限擴張。人類不是我們的目標，只有超人，才是我們所需要的。因此，他強調改造人類乃是最下等，而又最難成功的事情。就進化的過程而言，社會只是工具，用來增長個人的權力，發達個人的人格而已。因為社會本身不是其目標。尼采原來的希望，乃在於覓得新種類的產生；後來，他又以為優越的個人，可從平凡群眾中培養而得，如果要完成超人的理想，並不須依靠自然淘汰的經驗，可藉著刻意的經營，與有計畫的培訓教養而取得。只有人工的選擇方法，如優生學與教育學的過程，才能造就最理想的超人。

尼采心目中的超人，務必具備兩種條件：其一，便是血緣，他認為只有智慧，未必能使人變成高貴，要驅使智慧邁向高貴，那就是要有優良的血緣，才符合優生學的條件；其二，就是要經過嚴厲的學校教育，追求學問、人格的完美，各人的身心須嚴守沉默，意志務必服從命令，不要因自由和陷溺，而摧殘自身的肉體與道德勇氣。在學校裏學習歡樂，排除一切道德的腐敗，盡量鍛鍊個人的意志，但不要過分壓抑肉體的渴望，才是正確治學型

塑超人的要件。

尼采指出一位具有優良血統，又經過適當訓練的人，其眼光必定能超越善惡的固定觀念，身心具備不恐懼為其特性。*何謂善？勇敢、有為便是善，凡能增進個人權力感、權力意志與權力本身的就是善。何謂惡（schlecht）？懦弱、無能便是惡。*尼采眼光中的超人特徵，就是愛好冒險、愛好奮鬥。超人絕不先求平安，卻樂於讓大多數懦弱者，去享受快樂。瑣羅亞斯德是一位最喜歡衝破萬浪，遠涉重洋的勇士，其個性不喜歡幽居一室，度過那安身立命的平靜生活。尼采很果敢地認為，革命的混亂狀態，可以激發個人的才智，而渾沌之後，必有閃耀的星光出現，所以法國大革命塑造了拿破崙，文藝復興運動雖然殘暴，卻造就了大批的天才與自我意識強烈的偉人，開啟歐洲未有的盛舉，使往後歐洲各國的文明發展，邁向光明的前程。

尼采提出能力、智慧與狂傲係造就超人的三大要素，三者務必互相協和，才能成大事。然而，單有慾望不能成大事，如果要把慾望化成力量，必須擇取諸多慾望，塑為個人的意志力，並予以統合才可發揮其應有的能量。換言之，一位有為的思想家，要學習園丁的精神與毅力，默默耕耘，日久才會有所成。有為者要成為超越眾，首先必須嚴厲鞭策自我，立下目標，順著目標向前邁進。此乃造就超人的最佳公式。只有以這種超人的思維，作為吾人向上努力的目標和勤勞的報酬，我們才能真正認識生命的價值，生活的意義。質言之，假如當年成千上萬的歐洲人，都能同時為拿破崙的目標而奮鬥，並歌頌他的大名，如此也許有慧眼的知識分子，必能預見超人的出現，且為人類開拓一條康莊大道。瑣羅亞斯德即使在受苦受難的情境下，倘能聽到某些隱匿的幫手

與超人的敬仰聲音，則必將高聲歌唱：「*也許您們會感到目前的寂寞和孤獨，可是有朝一日，將成為一個團結的民族，而善於自我珍視的您們，必定會產生一位超人來領導您們，突破黑夜，覓得光明的民族前程。*」

（七）．尼采面對沒落困境的思維

尼采指出一個民族或團體，要邁向超人之路，必須先突破貴族政治，而與貴族政治息息相關的，便是民主政治，它是「計算人類的狂熱」政治，其後患無窮。如何消除民主政治的災害，值得吾人深思。回顧歐洲18、19世紀的政治生態，吾人可發現基督教的教義，與民主政治脫離不了關係。當我們誦讀《福音全書》（*gospel*）時，其內容似乎是由俄羅斯小說家杜思妥也夫斯基（*Dostoevsky，1821〜1881，所著《罪與罰》*）的小說中抄襲而成。換言之，當基督教的勢力征服全歐洲，結束了古代的貴族政治，不久之後，樓居於歐洲北部的條頓民族，其勇士便捲了整個歐洲，為近代的貴族政治立下根基，亦促使剛性道德又恢復生機。這一群不受適應規範，或社會約制的條頓民族，以其野獸般的本能胡作非為，殺人放火、搶奪、拷問等恐怖的行徑，令有識之士汗顏。當時的日耳曼、斯堪的那威亞、法蘭西、英吉利、義大利與俄羅斯等各國的統治階級，就是這一批野獸領導者。

尼采更進一步道出，一群天生為征服者與統治者的金髮猛獸，憑著擁有軍隊強而有力的組織，施展其恐怖的魔掌，控制了眾多的歐洲人。他們運用其權力征服眾多的民眾，以武力欺壓弱小國家，而登上主人與統治者的權位，使原本認為國家源於「契約的理論」，煙消雲散。易言之，有了權力就是領袖，

就是主人，契約有何用處，強權便是真理，令人噁心不可耐。歐洲境內的天主教，本於崇尚柔性道德，逐漸演變成文藝復興時期（*renaissance，14～16世紀以義大利為中心之古典美術、文學及各種學術的復興運動*）的貴族不道德時，旋即被宗教改革（*reformation，16世紀對羅馬天主教會的教義、習慣加以改革的宗教運動*），採用恢復生機的猶太教之嚴厲與莊嚴教義所扼殺。簡言之，文藝復興的真正意義，旨在把基督教的價值予以重新界定，要求人能盡量發揮其天才與本能，注意反面的倫理價值，期望高貴的德性，有朝一天能獲得肯定與認同。

尼采肯定了英國歷史學家吉朋（*Edward Gibbon，1737～1794年*）所著的《羅馬帝國衰亡史》（*The History of the Decline and Fall of the Roman Empire*）；吉朋認為只要時間，雖然是極長的時間，便可以使虛偽的觀念，使日耳曼民族消失。尼采認為1815年6月18日，拿破崙在滑鐵盧（*Waterloo*），被英國的將軍威靈頓（*Wellington, 1769～1852年*）所率領的英、普聯軍擊敗，就人類文化史而言，是一件不吉祥的事情，這如同德國的宗教改革家馬丁·路德（*Martin Luther, 1483～1546年*），針對羅馬教皇利奧十世（*Lea X, 在位期間1513～1521年*）所發佈的贖罪狀，掀起了宗教改革運動，而打敗教會的情形相似。從此之後，德國拋棄了歌德、叔本華、貝多芬而專門崇拜狹義的「愛國者」，總是自認為德國人是世界上最優秀的民族，以致引發日耳曼的哲學面臨結束的疑慮。所幸，德國人的潛意識中，仍存在著與英、法二民族不相同的剛性道德（*指剛硬不易變形之性質*），得以挽救德國與全歐洲。質言之，德國人獨具堅忍耐勞、百折不回的毅力，此種毅力經常可從學術、科學與軍事訓練中窺見。

　　尼采認為只要我們誦讀次列人物的著作，便可明瞭日耳曼與法蘭西民族的差異及其特質，謹摘述如次：

（1）.法國箴言作家拉羅希福柯（*Rochefoucauld, 1613～1680年*），其箴言主張人類行為的主要動機，即為利己主義的諷刺哲學。

（2）.伏文納古斯（*Vauvenargues，1715～1747年*）法國的道德實踐家（*moralism*），小品文作家（*essayist*）。

（3）.夏姆福（*Chamfort，1741～1794年*），法國作家，精於金玉良言（*aphorisms，格言*）之創作。

（4）.伏爾泰（*Voltaire, 1694～1778年*）法國文學家，思想界的泰斗，所著《憨第德》（*Candide*）最膾炙人口。

（5）.泰恩（*Taine，1828～1893年*）法國文學批評家，法國近代最偉大的歷史學家。

（6）.福樓拜（*Flaubert，1821～1880年*）係法國寫實主義的小說家，著有《包法利夫人》（*Madame Bovary，1856年*）、《薩郎波》（*Salammbo，1862年*）等名作。

（7）.蒲爾傑（*Bourget, 1852～1935年*）是法國小說家，擅長創作以心理分析為基礎的小說，作品脫離冷酷的自然主義，而進入道德的理想主義之情境，揭示作家的道德責任，與道德家應恪守的立場，作品有《驛站》、《白晝的惡魔》等名著。

（8）.安納托爾‧法郎士（*Anatole France, 1844～1924年*）是法國的小說家、散文家、批評家，本名Jacques Anatole Francois Thibault, 1921年榮獲諾貝爾文學獎。

　　以上八位法國作家，其著作較其他的歐洲作家，更有條理。彼等的思路，相當清晰、細緻、精確。換言之，幾乎所有歐洲人最高貴的嗜好、情感與禮儀，都是法蘭西民族的偉大貢獻。法國大革命（*1789～1793年*）打垮了法國的貴族政治，也破壞了法國文化，僅剩慘白而瘦瘠的靈魂，令人扼腕。然而，法國境內，涉及心理與藝術的課題，法國人仍就採用極為精巧與嚴謹的態度，深入慎審地研究，此種精細的研究精神與態度，絕非日耳曼人所能比擬。質言之，現代政治舞台上的領袖人物，雖然首推日耳曼，但在文化、藝術的領域，則非法蘭西莫屬了。

　　尼采認為俄羅斯（*Russia，1991年6月，通過國家主權聲明，成立俄羅斯聯邦Russia Federation*）是歐洲金髮碧眼的怪物，人民賦具一種固執的宿命論，使其在西方民族中佔盡了優勢。舉凡關心歐洲發展趨勢的思想家，都以預測猶太人與俄羅斯人的前途，為首要考量前提。誠如義大利的劇作家阿非艾里（*Vittorio Alfieri, 1749～1803年*），曾以神話、歷史為題材，撰述許多悲劇、政治劇、諷刺喜劇等劇本，作品中充滿對自由的熱愛，對暴戾的憤怒及熱烈的愛國情操。他直言義大利人個性最強烈，充分展現其百折不回，生活在極低微的環境中，仍舊表現出大丈夫的勇猛氣概與貴族的尊嚴。諸如一位威尼斯的小小船夫，其儀表就比柏林的樞密官（*暗指羅馬天主教會的教皇顧問Cardinal*）更有威嚴，為人也比日耳曼人更為優越。

　　尼采進一步指明，最壞的莫過於英國人，他們利用民主主義的妄想，去侵蝕法國人的心靈。英國式的功利主義與博愛主義，把歐洲的文化體系徹底腐蝕。質言之，世界上只有競爭激烈的國家，才造成人民把生命的掙扎，當作唯一奮鬥的目標；也只有在

船主與雜貨店的老闆眾多，勢力足以壓倒富貴階級的社會裏，民主政治才有其造謠生事的空間。這就是希臘人給歐洲社會的禮物，也是英國人施捨給20世紀世界的禮物，如何把歐洲從英國人操縱的手中拯救出來，擺脫英國人日不落國的思維，才是哲學家追求的最後目標。

（八）. 尼采對貴族政治的見解與評論：

尼采認為民主政治是一種漂流不定的政體，在它的陰影之下，組織體的各部門，都根據自己的偏好恣意妄行，失去整體的一致性與相互依存的關係。以致趨於沐猴而冠，人性暴躁，平庸者受崇，優秀俊才遭嫉，惡劣的選舉擺佈捉弄社會人群，令有識之士，侷於海隅。換言之，有智慧才幹的人，不被任用，不被鼓舞而淹沒於世，國事如何治理？在此種社會情境下，良好的個性自然流失，優越的超人，不是大多數平庸之輩模仿的對象，社會的進步失去平衡的憑欄。挪威劇作家、詩人易卜生（*Henrik Ibsen*，1828～1906年），由觀察、批評社會的習俗而撰述《玩偶之家》（*A Dolls House*），被譽為「現代戲劇之父」。在易卜生所著《傀儡家庭》是女權主義（*Feminism*）提高女權運動（*advocacy of women's rights*）表現在文學上之代表作。

由上述得知，女權主義係民治主義與基督教的自然推論而來，隨著女權主義的發展，旋即產生社會主義（*Socialism*，指各盡所能，按勞分配的社會制度）與無政府主義（*Anarchism*，主張依各人之理性及情感，建設自由平等之新社會，如中國之老子、希臘之芝諾*Zeno*，即有此種主張）三者同為民治主義的產物。尼采的內心裏，正義之聲經常呼喊：「人類是不平等的，任何東西，我都

不主張公有。社會主義基本上便違反了生物學原則，不承認在進化過程中，優越的種性、種族、階級或個體，經常會利用低等的種性、種族、階級與個體，來圖謀自己的生存或繁衍。」質言之，生物的生命原本就具有侵略性，會掠奪的生物便佔優勢，大魚吃小魚是自然界生物循環的常態；生物循環（life-cycle）是生物體的生活史，任何生物都無法脫離這個範圍。

尼采指出，19世紀的崇拜財富主義，的確是歐洲文化史上的一大污辱。一批有錢的中產階級，表面上好像是主人，而實質上，卻是一批劣根性的奴才，他們是習慣的傀儡，窮忙族的受害者，毫無吸收新觀念的時間。煙斗佔據了思想的地位，理智上的樂趣，都不是他們所能夢想到的；住宅不是真正的家，屋內擺設一堆庸俗的奢侈品，毫無趣味可言，所掛畫品「原作」，一定得附上標價，俗不可耐。整個住宅在感官上的娛樂，只能麻醉心靈於一時，卻無法激勵心靈或陶冶性情。換言之，這群劣根性的奴才，所獲多餘的財富，卻反而變為貪錢的人；雖然他們接受一切貴族政治的約束，而其心靈主人的發展，卻無法獲得適當的補償。他們表面上的財富，卻不能利用財富來做高尚的社會事業，處處顯出銅臭、野心的掙扎及醜陋的呼吸，永遠不能了解藝術與文學的真正價值。因此，只有賦具智慧的人，才有資格獲得財富，否則財富愈多，危害社會愈大，他們內心裏充滿著算計，一有機會就互相攻擊，互相批亢擣虛。尤其那美其名為「敦親睦鄰」，是從其內心的垃圾堆中所找出的小利，作為施捨的象徵，以展現其虛偽的假仁慈。

尼采的內心觀察入微，他認為戰士階級較中產階級高一級，雖然不能與貴族相比，但他指出當時的社會景象，可歸納為次列

二類：

> （1）.在戰場上，將軍指揮士兵，命令他們要為光榮的戰爭
> 　　　而喪失生命，以符合「醉臥沙場君莫笑，古來征戰幾
> 　　　人回」的箴言。
> （2）.在工廠中，雇主支配工人，要他們為謀利的機器而
> 　　　死，為謀求三餐溫飽不得不為「五斗米折腰」。

　　簡言之，二者殊途而同歸，都是死，但在戰場的死亡，要比在工廠的死亡來得高貴。當戰爭的號角響起，離開工廠衝入前線準備作戰時，其精神抖擻，當快慰無比。換言之，拿破崙遠征俄國不是屠夫的行為，可視為是施主（佛家語，施行布施的主人），他能使人脫離經濟壓迫之下的死亡，而求得軍事榮耀之死。歐洲人相信有朝一日，人會齊聲讚美拿破崙，因為他改造了歐洲社會，使戰士的地位勝過商人。在懦弱、柔性與生活散漫的民族中，戰爭就像一支興奮劑，能使腐敗中的社會人心獲得生機，邁向繁榮生長的方向前進。

　　尼采談到商人，有其獨到的見解，他認為就政治學而論，商人通常眼光短淺，胸襟狹小，不適合處理國家政事；必須將有學養、有見識、有抱負的社會精英，施以相當的訓練，才能負起治國大業。貴族假借神的賦予統治權，形成其優越階級的權利，其德性是否符合中庸之道，尚待人民檢驗。勤勞、儉樸、行事規範等合乎中庸，才是人民的期許，這些德性，是掌理治國者必備的基本要件。一個高度文明的社會、國家，猶如一座金字塔，其基礎必須力求廣闊，為其先決條件，而領導者務必具備宏觀的理

念，從長遠處研訂長程施政策略方針，則國家之發展便可指日而待。

尼采的治國理念與柏拉圖雷同。他認為理想的社會，務必包括三類人物，即生產者、官吏及統治者；統治者應該是哲學家出身的政治家，他們負起監督經濟與控制軍隊的權責，其人選應該像柏拉圖的守護者。誠如柏拉圖所說，只有哲學家才是最高貴的人，其舉止文雅，賦具魄力、果斷與毅力，使其能夠將禮儀、機智緊密結合成一體。必須過著充滿道德、互敬、感恩的嚴謹生活；待人方面力求慎思、克己、慇懃、友誼等態度。本於此項為人處世的原則，當可在政通人和的情境下，展開治國救世的方針與策略。

（九）. 歷史學者對尼采一生的評論：

當代美國著名的歷史學者威爾‧杜蘭（*Will James Durant, 1885~1981年*），在其所撰《西洋哲學故事》（*The Story of Philosophy*）中，針對尼采（*Nietzsche，1844~1900年*）一生的著作、文體風格、政治理念、為人處世等提出客觀的評述，為保持公平，謹條列如次：

（1）.尼采的著作，如果說是一套哲學，不如說是一首美麗的詩歌；尼采的哲學就像一帖補藥，令人神清氣爽。

（2）.尼采的著作風格，其文體宛若舞蹈，善於鋪張，具有一種神經質的自我主義，樂於嘲諷一般人所崇尚的道德，視別人所厭惡的罪惡為神聖。

（3）.尼采有力的言詞，充滿條頓民族（*Teuton，日耳曼，*

德國人）的浮誇虛飾，擺脫了藝術的第一原則——抑制；其作品缺乏平衡、和諧及典雅。

（4）.尼采貢獻給世人的，不只是一套哲學，也不只是一首詩歌，而是一個新的信仰、新的希望與新的宗教。

（5）.尼采的文體風格和思想，顯示出係浪漫主義運動的產生，旨在能戰勝時代，成為「超時代的人」。

（6）.尼采所說的超人，不只是叔本華的「天才」、卡萊爾（*Carlgle, 1795～1881年，英國蘇格蘭的歷史家*）的英雄，華格納的齊格飛（*Siegfried*），而是席勒（*Schiller，1759～1805年，德國劇作家*）的卡爾·默爾（*Karl Löwith，1897～1973年，德國著名哲學家*）與歌德的哥茲（*Hermann Gustav Goetz，1840～1876年。*）

（7）.尼采重視本能甚於思想，重視個人甚於社會，重視「瑣羅亞斯德」（*Zorathustra*）甚於阿波羅（*Apollo,希臘·羅馬神話中的預言之神。*）亦即他重視浪漫主義，甚於古典主義，充分表現哲學中的時代性。

（8）.尼采攻擊蘇格拉底，是華格納派對理則學的蔑視，而崇拜瑣羅亞斯德，認為是習慣於安靜生活的人。羨慕舞台上活躍的人物，而歌頌拿破崙，則是尼采單身漢害羞，對酒色的嫉妒表現。

（9）.尼采批評蘇格拉底，是促進希臘分化的主要人物，勾消蘇格拉底的貢獻，不足以採信。須知破壞希臘文化的不是哲學，而是戰爭、賄賂與暴行。

（10）.尼采排斥柏拉圖，正如他排斥其餘的債主一樣。尼采的哲學緣於坦拉西麥斯（*Thrasymachus*）與培里克里斯

（Pericles，495～429年B.C.，雅典政治家）的倫理學，暨柏拉圖所傳述〈三十五篇對話錄〉中的蘇格拉底之政治哲學理念。

（11）.尼采雖有語言學的知識，作為研究工具，但他對希臘的精神，未能徹底認識清楚，所以不明白必須以阿波羅，抑制瑣羅亞斯德，用以達到節制與自我認識，來冷卻其內心的熱情與慾望之火。

（12）.尼采不像是異教徒，也不是希臘的培里克里斯（Pericles，雅典政治家、將軍，於460～429年B.C.時執政，使雅典盛極一時。）也不像日耳曼的歌德（Goethe，1749～1832年，曾擔任韋瑪Weimar公國的宰相，名作有《浮士德》Faust.）他們兩人所以偉大，就因為他們處世具有平衡的力量，尼采所缺乏的正是這種素質。

（13）.尼采所著《瑣羅亞斯德如是說》包括二種矛盾的心理：其一為大膽的利己主義，認為自我為聖潔完美，又認為利己的人為有福；其二為利他主義的要求，期望成為超人的人，必須肯犧牲，不僅自利而且還要利人。閱讀此書的人，有誰願意將自己列為奴僕而不列為超人呢？

（14）.尼采有關倫理學的著作，計有《善惡的彼岸》與《道德系譜》，都太偏於刺激性的誇張。人類必須學習勇敢、學習嚴厲，所有的倫理哲學都希望如此。但學習勇敢，絕不可胡亂妄為；而學習嚴厲，絕不可殘酷不仁。

（15）.尼采認為在哲學中，必須重視歷史的觀念，但他自己
卻過分排斥溫和與謙虛的德性。11～13世紀末，西歐
基督教徒展開7、8次的遠征，最後無法收復聖地而告
失敗，招致教皇權力的衰退，和封建貴族的沒落，促
使中世紀社會的結束。因此，當時由於基督教教義，
維繫歐洲社會人心，否則尼采所嚮往的歐洲文明，必
遭完全毀滅的命運。

（16）.尼采哲學系統中的思維盲點，在於無法認清哲學本能
的地位與價值；他僅知道，利己與為我的衝動，必須
用哲學的機能方可促使其成長。但尼采卻忽略了德性
的功能，宗教對當時歐洲社會的最大貢獻，就是能採
用極度的溫和性，調和陷於浮動中人類所固有的獸
性，降低其放縱野蠻的破壞性。

（17）.尼采失去父母和朋友的愛，以致無法感覺人與人之間
的互動、友誼的樂趣。尼采身心健康欠佳，有神經質
的傾向，經常向人類的愚笨與平庸挑戰；所以他認為
孤獨的人，是偉大德性的表現。他否認叔本華主張
「個人」應當屈服於「種族」的見解，強調「個人
的自由，應當絕對解放，絕不受任何社會規範的限
制。」

（18）.尼采的政治見解，似乎較為中道圓滿，他渴望歐洲的
統一能早日實現，以利產生大規模的文化。然而，統
一的歐洲，並不一定如尼采的期待，有利於文化的發
展；有時適得其反。諸如，日耳曼分裂時期，每一個
地區所表現的就像一個小國家，相互競爭，進步更加

迅速。

（19）.尼采以為世襲的貴族政治時代，才能產生高度的文
化，事實不然。依據歷史記載而論，中產階級逐漸發
展的社會，其文化較為可觀。一切文學與藝術的偉大
創作，都以中產階級的財富為背景，而貴族反而沒沒
無聞。一個國家的政治要昌明，惟有「以才取人」，
才是最可靠的治國之道。

（20）.尼采雖屢受各界反駁，但他的哲學永遠是近代思想界
的一大柱石，他的散文也成為日耳曼文學史上的顛峰
之作，絕不因各種批評而貶低其應有的價值。

壹拾、亨利・柏格森的生之哲學思維

（一）. 亨利・柏格森的哲學緣起與背景

亨利・柏格森（*Henri Bergson，1859～1941年*）係法國哲學家，1859年出生於法國巴黎，家族是法蘭西與猶太人的混合血統。從小就處處顯示出，他是一位天賦優異的兒童（*Gifted children*），對於科學研究發生興趣，尤其擅長數學與物理學。19歲便進入巴黎的高等師範學校，畢業後被分發到克拉蒙—福蘭大學（*Clermont Ferrand University*）擔任哲學講師。1888年，年僅30歲，完成其第一冊名著《時間與自由意志》；1896年，又出版第二部著作《物質與記憶》，其學術聲譽漸獲肯定，旋即於1898年，被聘為母校巴黎高等師範學校的哲學教授；翌年，升任為法蘭西的哲學教授。1907年，柏格森教授寫了《創造的進化》，引發全球學術界的注目，一夕之間，成為當代哲學界最受歡迎的人物。1914年，年55歲的柏格森，其著作被列入「禁毀書目」（*意即永久保存，不得毀損之名著*）名冊之中；同年，被選為「法蘭西學院」的會員，榮耀無比。

柏格森年輕時是史賓沙（*Spencer，1820～1903年，英國的進化論哲學家*）的忠實信徒，他注定要擔任打倒唯物論的哥利亞之大衛角色（*Goliath，哥利亞係非洲土著民族的巨人，《聖經》撒母耳記上17所載，相傳被大衛David殺害*），柏格森認為年輕時的信仰，

最不堅定，易於變節，他愈研究史賓莎的進化哲學，愈感到唯物論（*Materialism*）謂宇宙萬有均可由物質予以說明，不承認物質以外之存在，感到無法認同。唯物論的盲點在於未能闡明：「*物質與生命、肉體與心靈、定命論與自主之關係*」。因此，法國生物學家巴斯德（*Pasteur*，1822～1895年），曾以實驗證明否定了微生物的自然發生說，但結果反而使「有生物由無生物產生」的觀念，更令生物學說無法採信，雖歷經百餘年的研究，迄今依然未能解答生命的來源問題，唯物論派的努力耕耘，仍然無濟於事。

柏格森有鑒於唯物論所主張的見解，對於生命來源仍然無解之際，改變其哲學思維體系，著手探討「身與心的關係」。他認為倘若吾人接受唯物論的理念，認為心就是物，而心的行動，也就是神經狀態的機械組合，則意識的功能何在？又定命論，是否較自由意志來得合乎哲理？最後，必然會窮根到原始的星雲是一切物質，一切能量的最主要之本源和原因。換言之，如此推論，那麼莎士比亞（*Shakespeare*，*英國的劇作家*，*1564～1616年*）的戲劇及其靈魂；如《哈姆雷特》（*Hamlet*，*1600~1601年作*，*莎士比亞的悲劇之主角*）、《奧塞羅Othello，1604～1605年作》、《李爾王》（*Lear*，*1605～1606年作*、《馬克白》（*Macbeth*，*1605～1606年作*）等四大悲劇，都早就由天空中的星雲預先決定了，實令人無法確信之事。簡言之，此種神秘而奇特的宿命論（*Fatalism*），認為所有事物均遵循必然的超自然法則，無論人的意志或智慧都無法加以改變；即一切順從命運，聽天由命（*submission to all that happens as inevitable*），此種闡釋，恐怕是由星雲組織而成的悲劇，實無法令人心服口服吧！柏格森以其極大

的膽識與智慧，勇於挑戰懷疑主義（*Skepticism*）所主張，對一般真理的確實認識是不可能的；而謂吾人無由窺見真理之學說，並且排除傳統思想，擬將一切事相訴之於理性。此種似是而非的論述，柏格森嚴肅以待，予以駁斥，期能究理爭辯為要。

（二）. 柏格森勇於挑戰唯物主義的思維：

柏格森認為人類的思想起源有二，其一係從「*思想的對象*」為出發點，將思想的神秘性，從物質的現象與機械的法則範圍內，去探討與追尋；另一為從「*思想的本身*」為出發點，依循理則學（*logic*，*邏輯science of reasoning*）的必然性予以推理，闡明一切事物現象，都是心靈的方式或是心靈的產物。雖然，近代數學、物理學與機械學相當發達，難免使人類的思想偏向唯物論之色彩，但仍有法國的數學家、物理學家、哲學家笛卡兒（*Descartes*，*1596～1650年*），在其名著《方法論》（*Le Discours de la Methode*，*1637年*）中，提出準力學的概念，說明世界是由受數學定律所支配的空間、質量、運動而形成。同時，笛卡兒等人依舊竭力推崇自我，認為一切思想應該從自我開始，進而及於外界。不幸的事，工業化的西歐，卻無法為思想而思想，逐漸朝向唯物主義的方向前進。

史賓沙的哲學系統，雖然以「達爾文派的哲學家」聞名於世，表面上他是達爾文學說（*Darwinism*）的宣傳者，其實，他是工業主義的忠實信徒，集工業主義之大成，進而歌頌工業社會的榮耀和美德。換言之，史賓沙的理念是本於機械師與工程師的觀念，沈迷在物質的動態運動中，其實質內容與論述生命的演遞、繁衍的生物學家的觀點相去甚遠。同時，近代的思想界，其生

物學的觀點，超越物理學的思維，生命的運轉勝過物理的慣性。時至今日，世人對物質本身的認知，都賦有生命的內涵與色彩。舉例而言，德國厭世主義的哲學家叔本華（*Schopenhauer，1788～1860年*），強調重視生活的意志：「*認為人類要超脫痛苦的最終途徑，只有藉著生活意志來克服*」，視生的概念比力的概念，更有意義與價值。質言之，柏格森繼承了叔本華的哲學思想，以其天賦的智慧，運用其熱忱的心境與流暢的文筆，闡釋「生命哲學」（*Philosophy of life，即人生哲學system for conduct of life*），體認到宇宙與生命流轉不息，時刻都在進化與創造，故哲學之任務，不應僅止於追求科學之準確性暨概念之認知為滿足，更須追求直觀之確實性，並將世間的情境及人格之力量，植入哲學體系之中，令世人信服其哲學思想，其功勞至偉。

（三）. 柏格森對生命哲理的觀點：

柏格森指出：「*人類喜歡從空間觀察一切生存的環境，以致傾向於唯物主義；其實，時間與空間對生命同樣重要，依賴時間方能掌握生命的常德，才能體驗宇宙的本體（佛家語，泛指諸法之根本自體，在應身稱真身為本體；應身為佛三身之一，即應他之機緣而化現之佛身）。因此，吾人想了解宇宙及宇宙內部之生命，首先必須認知時間是一種累積、生長與綿延；而綿延便是指過去是永遠存在、無物耗損而言。所以，將來必定與過去不同，它含有新的要素；其變化多端且激烈，無法預測*」。換言之，對有意識存在的生命體而言，生存就是變化，而變化便是成長，成長就形成無限制的創造自我（*self，猶言自己或自身，包括個人身心活動之主體，係一種自覺之真實，先後、相續、永存而不變者*），故一切

實體與一切本體，都是時間與綿延、轉化與變遷之現象而已。

　　柏格森說：「*在人類生存過程中，記憶是綿延的媒介，依賴記憶才能保存昔日的生存記錄，以便因應未來環境的變化，最後泛生人類生存之意識。意識*（consciousness，*泛指人類精神覺醒之狀態；舉凡一切精神現象，如知覺、記憶、想像等均屬意識內容之一*）*能照耀行為四周之時空，並非無用之物體，而是一種可供人類想像的大舞台，一切行為的反應均呈現在此一舞台上。因此，意識是生物行為之中心，代表著所有生物界可能發生現象之要因，又是生物創造進化之原動力*」。質言之，記憶所獲得之資訊愈多，則吾人心靈愈能擺脫物質需求的桎梏；其所獲身心自由之程度愈高，則吾人克服環境的能力與行動的能力便愈強。依此可推論，人類所表現於外之自由意志，就形成意識之自然邏輯，故凡是重視意識的人，必然會主張自由意志。

　　柏格森的《創造進化論》（*Theory of Creative Evolution*），認為純粹的綿延（*Pure duration*）為生命之本質；謂一切物象，不外時間的流轉之表現，一方面，對於過去之已創造者，無限存積，無限融合；另一方面，又本於其內在之傾向，而無限創造，無限擴大。故生物學上之所謂「類與屬」者，亦悉在此繼續不斷地演化中，是為「創造進化論」。因此，《創造進化論》係顯示柏格森採用簡易的類比推理（*Analogical reasoning*），係以兩物之相同點，或相似點為根據，而推論其信於此者，亦信於彼。例如，地球有生物，而火星似地球，有種種證據，如水、氧氣，故火星也許也有生物存在，來代替論證。柏格森指出：「*人在抉擇時，不但費神費力，而且內心沈重；選擇是一種責任，務必加上毅力決心，運用個性上的力量，方能打破精神上的疑惑，才能獲得成*

功。選擇就是創造，而創造需要智慧，才能達成目的，只有人類的決心、果斷，才能釋放自己的心結」，所以，人類在生活上常陷於憂愁的情境中，甚至出現厭惡現實，生活中缺乏樂趣，而仰慕那無憂無慮的空中飛鳥，或水中的魚群，期望能過著平靜、祥和自足的日子。這種意識是倚賴人的大腦思維而存在。大腦是意像（*image*，*心像，概念*）與反應模型的系統，而意識卻是印象的回想與反應的選擇。同時，意識寄存在生物有機體之中，但其本身與所寄存的有機體有別，易於分辨出來。

柏格森最後提出，對於「心智與大腦」的綜合論述，他大膽而肯切的指出：「*生命要從固定的概念中脫穎而出，它所象徵的不是空間而是時間，不是位置而是變化，不是數量而是形質，不是物質與運動的分配和組織，而是永遠邁向進展的創造。因此，吾人不能倚賴思想與理智，來體認生命的流動與真諦。吾人所體驗的是心靈而不是物質，是時間而不是空間，是自動而不是被動，是選擇而不是機械論*（*Mechanism，生物哲家之一派，謂生命現象可用機械式定律解釋之，如物質與能力之保存律，可應用於生物界，呼吸作用類似燃燒予以說明*）*，吾人所見的生命是誠摯而深入的流動，不是片斷的心靈狀態。*」換言之，柏格森認為理智在研究物質與空間的世界，或生命與心靈的物質，或空間方面時，務必維持生命的正常機能，方是哲學之道。

（四）. 柏格森對創造進化論的闡釋：

柏格森認為生物的演進是多樣性的，吾人所認知的進化，應該有感覺綿延的意義、生命力的累積、心靈與生命的創造、以及「絕對新的繼續展開」等四種面相。達爾文的進化論學說，就是

生物產生新的器官、機能或新的有機體與種族，都是生物界自然
淘汰的結果。然而，此一學說，自1859年，達爾文發表《物種原
始論》以來，紛紛遭到學術界質疑，其理由謹摘述如次：

（1）.生物的本能被解釋為：「承認本能來自習慣的遺傳，
認為前代的所獲得的習慣會傳給後代」，此種見解近
代的生物學者無法採信。因此，習慣既然不能遺傳；
而遺傳的特質，又務必仰賴生殖細胞。吾人既然不承
認習慣的遺傳，則對於本能的淵源問題，便無法解
決，此為令人質疑之一。

（2）.生物的「變異」，如何發生？亦遭學者質疑，如果採
用機械的原理，以生物盲目的變異與盲目的天擇，來
解釋生物體複雜器官的構造，則必成為不可信的理論
或學說，此為令人質疑之二。

（3）.生物演遞過程中，其過程不同而結果卻是相同，如何
解釋？例如動物與植物在本質上相隔甚遠，且在進化
的過程上亦迥然不同，但是兩者都以交配為繁衍後代
的方式，其緣故為何？例如，蚌屬於軟體動物斧足
綱，與哺乳動物完全屬於二個不同的門類，但是其視
覺器官及其機能卻是完全相同。如果吾人認為物動的
變異完全出於偶然，則不同的各種變異累積起來，為
何會發生恰巧相同的系統？同時，此種相同的系統，
在兩種獨自進化的演遞過程中，被生物學者發現？此
為令人質疑之三。

　　柏格森就生物進化的過程而言，血緣相近的生物種類，能採取完全不同的胎生方法（*Viviparous*，*動物在母體內，發育至母體之型態相同始產出者，曰胎生；種子在植物體發芽者，亦為胎生之種子*）產生完全相同之結果。諸如哺乳動物的網膜（*retina*，*乃眼球的最內層，有感受光線之視覺神經細胞分布*），係由腦壁向外分裂而成網，可視為視神經之擴張者；然而，蚌的網膜卻從胚胎表層直接形成，而胚胎諸器官係由外、中、內等三層胚胎葉所成。因此，就理論而言，生物體的部位不同，其組織各異的部分，機能也必定不同；但是事實證明，其機能並非絕對不同，而且在必要時，會產生同樣功能的器官，此種現象令生物學者感到迷惑不解。

　　柏格森又指出，在失去記憶與失語症的病患當中，其「*失去的記憶*」與失去的功能，可以從新生的組織中，重新恢復其原有之功能。諸如此種事實，足以證明生物的進化，絕非物質機械所促成，必定仍有「*某些生命體*」在推動。因為生命必然超越機械，它具有一種生長、恢復原狀的機能，並且依其意志能將環境妥予改造，故並非機械主義，或宿命論所陳述之見解能定奪。同時，它有礙於個人之先見、更破壞創造的進化，吾人務必推翻機械主義和宿命論的信仰，重視個人的心靈和個人的創造。換言之，生命係宇宙創造的原動力，它在生長時有其一定之方向，朝前邁進；雖然用生殖的方法繁衍後裔戰勝死亡，但仍然時時刻刻必須向物質挑戰；並且向前推展、活動、搜尋，以避免呆立不動的惰性與腐化現象出現。

　　柏格森就生物進化的歷程及演遞實質過程而論，他明確地說：

「生命在最原始狀態時，幾乎和物質同樣呆滯毫無靈性可言，採取一種固定的身軀。因此，在物進化過程，仍以靜止不動作為生命的指標。但是生命的力量並不以此為滿足，它須要向前發展，故務必往前冒險、擺脫穩重、求其自由，不願意像甲殼類（crustacean，屬節枝動物，體由頭、胸、腹三部組成，大多為水生動物）、鱗介類（水族類之概稱，動物體之最外層為鱗板，角質所構成），有其保護物，無法四處飛翔。換言之，生命的進化，堪稱與人類社會與個人進化雷同；舉凡有膽量冒險的人，便有成功的機會。人類的命運，才不致像現已絕跡的巨獸；生物的器官有時可以幫助生命的延續，有時亦會成為妨礙生命的要因。」

綜合前述，器官的功能如此，生物的生命本能是心靈的工具，永遠附著在生物體的身上，其功能僅限於某種環境；倘若生物生長的環境變遷，產生有礙生存的情境，則生物所呈現的本能就會失去功能，有機體無法擺脫困境，而遭到死亡的命運。易言之，生物面處生活環境的複雜化，為尋求適者生存的道理，務必脫離本能。因為本能是安全的保障，順從本能易於發生生活上的呆滯，成為機械而危及生命的前途，故只有理智才能戰勝險阻，獲得向前發展的機會。因此，柏格森指出，生物進化的方式，可分成三大類，謹摘述如次：

（1）.第一類，係返回呆滯的植物本質；生長在苟安的不利生長環境中，可享有千年以上的壽命，如神木類。

（2）.第二類，生物具有精神與力量，並經久凝固成為生命的本能，如蜜蜂、螞蟻。但只有哺乳類的動物，勇於

冒險，寧願擺脫本能，進入危險的思路。質言之，只有人類具有理智，並把理智無限地擴張，不斷地往前推展，把希望寄託在理智之上。

（3）.第三類，是神與生命係同一體，而神並非全能，祂經常受到物質的限制，生物只有無止境的向前奮鬥，才能擺脫物質的惰性。因此，神代表永恆的生命、行動以及自由；人類之所以能夠奮鬥、忍受環境的折磨，就是因為人體內具有「生之衝動」與「生之催促」方能使人成長，促成地球成為無限制的創造空間。

簡而言之，人類只要有信仰，只要能夠奮鬥，則人類的生命便可以戰勝敵人——經常與生活為難的物質。柏格森相信：「精神感應具有無可抗拒的證據，人類應以開闊的胸懷；坦然期望的心境，只要時間允許，則一切事物都有變成生物的可能。動物依賴植物的生存，人又跨在各種動物之上，而處於積極時空下的全體人類，無論在時間或空間方面，必須以排山倒海之勢克服一切阻力，掃除一切障礙，甚至還可戰勝死亡」。

（五）. 柏格森對現代哲學的貢獻：

柏格森係一位19世紀下半葉，至20世紀上半葉的法國哲學家，他曾說：

「我相信平時用來駁斥別人哲學的時間，都是浪費的，只有各人所積極貢獻的部分，迄今還能存在。真理本身最能排斥錯誤，最能戰勝他人；真理不須辯論，可是其他的信念，往往都會

被它屈服。真理本身就是最有力的辯論」，顯然這是柏格森最具智慧所發出的警世聲音，此為其對哲學貢獻之一。

柏格森的著作風格係其文筆的遣詞用字，相當燦爛奪目，猶如流水般地傾瀉而下，並且保有法國散文的風格，少有語焉不詳之處。他的想像力豐富，具有民族的特性，遇到難解之處，就採用隱喻代替解釋，故研閱其《創作的進化論》時，應謹防作者之幻想，以免誤解，此為其對哲學貢獻之二。

柏格森對理性的批評，獨樹一格，不建立在直覺的基礎，而是建立在廣義的智慧上。此種見解與美國的哲學家、心理學家詹姆斯（*William James*，*1842～1910年*）所主張的實用主義（*Pragmatism*，*主張命題或理論的真理性，以生活上實際效用來決定*）有落差，詹姆斯認為思想是過程觀念之波流，而思想中的觀念，只是記憶所顯示出來的點狀和段落之概念。因此，心之波流，適度地反映了知覺的持續和生命之動態，此亦為其對哲學貢獻之三。

柏格森於1927年，榮獲諾貝爾文學獎，成為歷史上第一位哲學家，榮獲此項榮譽者，實至名歸。

柏格森最卓越的哲學理念，是他對唯物主義與機械主義所作的批判，可惜他的懷疑精神只做到一半。假如他對於新興的獨斷主義（*Dogmatism*，*指機械性的盲目信奉古典規定及原則之態度，尤其是將團體組織內所公認的教條或教義，不經驗證而毫無批評的信奉。或謂不從學理上深思詳察，而遽然發表議論者*），能用懷疑主義的理念去仔細分析，則他的哲學，必定更加有力量，更能打動人心。其次，柏格森常將現實與精神、肉體與靈魂、物質與生命，視為相互敵對，卻忽視了物質、身體與「現實」，係經常在

等待人類的智慧與意志，去創造的基本要素或原料。西曆紀元前6～5世紀的希臘哲學家海洛克來特斯（*Heraclitus*），依其所著《自然論》（*Concerning Nature*），主張萬物輪迴，說得正確，倡言生命短暫的悲觀論，這些原料說不定也是生命的形式，或心靈的預兆。

柏格森對於達爾文主義的批評，係他的《生命哲學》（*Philosophy of life*）使然，他認為宇宙與人生流轉不息，時時刻刻都在進化與創造，故哲學之任務，不當以科學之確實性及概念之認識為滿足，更須要求直觀之確實性，而將情意及人格之力量，注入哲學體系之中。直觀主義（*intuitionalism*，由直覺而得之知識，謂直接領略事物之意義或內容，而不由推理歷程者；直覺為無知之知，凡屬本能的知識皆是。主張真理之認識，係由直觀而來的學說，為直觀主義）。質言之，柏格森繼承拉馬克所建立的法國傳統思想體系，著重於衝動和慾望，強調此二者為進化的原動力，採取以物質的聚集與運動的分離，來闡釋進化論。他認為生命是一種積極的勢能，係根據慾望的堅持，促進器官的進化而來。簡言之，柏格森強烈反對機械唯物論的思想系統，他所採取的方法不是康德式的理性批判，亦不是唯心論的說法。他認為一切物質都是心靈的作用；他繼承叔本華的哲學系統，企求在主觀與客觀的世界中找出勢能（*Potential*，指物體佔有優勢形勢所儲存之能；亦即「能」之因位置之差異而生者，即是勢能）之原理、活躍的內因，期能解答世人的疑惑及生命之神秘性，並將《生命哲學》詳予釋解，令人欽服。

壹拾壹、克洛齊的精神哲學理論與思維

（一）. 克洛齊的身世與經歷：

克洛齊（*Beuedetlo Croce*，*1866～1952年*）係1866年，出生於義大利亞奎拉（*L'Aquila, 2009年發生大地震*）的小市鎮。他的家庭富有，信奉天主教，態度保守。他是家中的獨子，從小接受嚴格的天主教神學教育，竟成為無神論者（*Atheism*，*哲學上屬於唯物論派，否定神之存在；宗教改革時代之舊教徒，亦嘗以此名呼新教徒，其意與異端無異*），令人好奇。究其原因，為沒有發生宗教革命的義大利，其正統派信仰（*Orthodoxy*，*即正教*）與絕對不信仰之間，毫無折衷可言，克洛齊既不信仰舊教，故自然無所信仰了。質言之，幼年時期的克洛齊，是一位虔誠的天主教信徒，曾立下宏願，要從事宗教研究事業，可是隨著年齡的成長，他愈研究宗教禮儀，就愈懷疑天主教的教義；之後，當他專攻哲學和人類學（*Anthropology*，*研究人類及其文化的學問，包括自然人類學和文化人類學*），他的學問無形中取代了宗教信仰。

1883年，克洛齊僅18歲，他所居住的亞奎拉小市鎮，遭到強烈地震的襲擊，喪失了父母和唯一的妹妹，他身受重傷，被壓在斷牆殘垣之下數小時，經獲救並費了好幾年才恢復健康。然而，克洛齊歷經大難不死，其精神更加勤奮，並專心於學業。他運用災後重建家屋的剩餘資金，大量贈買名著，成就了義大利個人最

為完備的圖書館。從此他研究哲學，不必付出貧窮無助的代價，但充分體會了《聖經》〈詩篇〉49章第3節的教言：「人享富貴而不聰明，就像要滅亡的牲畜一樣」（*Man in his pomp yet without understanding is like the beasts that perish.*）因此，他將遺產用於充實智慧，對其哲學研究助益甚鉅。

克洛齊曾擔任義大利政府的教育部長，但並非其志趣，目的在於向政客官僚展現哲學家之風範、尊嚴與智慧，期能符合柏拉圖（*Plato*，427～347年B.C.，希臘哲學家）的治國理念。同時，他曾當選為義大利的參議員，但他並不以問政為重，仍然專心在哲學領域的研究；他曾與吉歐瓦尼・真提勒（*Giovan Gentile*，1875～1944年，政治哲學家）等人共同辦理文哲評論雜誌，專門批評思想與文學，該雜誌名聞遐邇。質言之，克洛齊的從政經驗，係屬客串性質，猶如莎士比亞四大悲劇之中的奧賽羅（*Othello*，義大利威尼斯將軍，疑其愛妻不貞，殺之，旋知其冤屈，自殺以殉），發人深省。

1914年6月，奧國太子斐迪南（*Francis Ferdinand*）與其妻，於波西尼亞（*Bosnia*）首府遭塞爾維亞（*Serbia*，巴爾幹半島諸國之一）人刺死，引發第一次世界大戰（歐戰），1915年義大利加入協約國。克洛齊無比憤怒，認為只為一點衝突而政治人物無法以理智平息，引發歐洲大戰，相互殘殺，有礙歐洲思想的發展，形同瘋狂的自殺政策。他以個人身分發出強烈的反對，令其聲譽嚴重受損，在義大利四面楚歌，受困窘境，猶如英國哲學家羅素（*Bertrand Arthur William Russell*，1872～1970年）提倡非戰論；法國小說家、評論家羅曼・羅蘭（*Romain Rolland*，1866～1944年），於第一次世界大戰時，亡命瑞士，推行反戰運動，發表

《超越戰爭》（*Above the Battle*），來指責戰爭的不人道，花費10年多時間，完成《約翰克里斯朵夫》（*John Christopher*），向當時的法國青年鼓吹理想主義的偉大作品。歐戰結束後，義大利青年尊克洛齊為大公無私的導師、哲學家。因此，義大利哲學家拿托里（*Giuseppe Natoli, 1815～1867年*），曾給予肯定地說：「在近代思想體系中，克洛齊所構建的哲學系統，堪稱登峰造極」，其成功祕訣，值得後學研究、參採。

（二）. 克洛齊哲學思想的時代背景：

克洛齊（*Croce，1866～1952年*）係19世紀下半葉至20世紀中葉的義大利籍哲學家、政治家及歷史學家。他是一位懷疑主義者（*Skepticism*），主張認識之不可能，而謂吾人無由窺見真理之學說。古代希臘之詭辯學派（*sophist*），盛行於西曆紀元前5世紀後半期，希臘學派之一，認為人類知識之變動無恆，動機惟知自利；真理與善惡之究極標準均為個人，彼輩以立身處世及修辭能辯之術授人，是為巧辯者（*captious or fallacious reasoner, quibbler*）。克洛齊的血統具有日耳曼民族（*條頓族*）的特性，凡事不願說明清楚，樂於採用語帶保留之習慣，作品文詞艱奧難誦讀。著作存有美國黑格爾派的風格，善用辯證法解析哲學體系。他是義大利的天主教徒，採信經院哲學（*Scholasticism，歐洲中世紀之哲學主流，視哲學即神學*）與美的信仰，除此二者之外，別無所謂宗教。換言之，克洛齊與柏格森的哲學理念不同，克洛齊是一位神祕主義者（*Mysticism，哲學及宗教用語*），泛指欲超越現實，捨棄一般性之感覺及思考作用，採取以心觀心，使自己浸入於絕對情境中，並與大自然融為一體者。他經常將個人的幻覺，

撰述成亮麗的文章；他是一位賦具宗教慧根的人，其談吐卻像一位純粹的進化論者。柏格森（Bergson，1859～1941年）具有法蘭西與猶太人血統的人，繼承了斯賓諾莎（Spinoza，1632～1677年）與拉馬克（Lamarck,1744～1829年）的思維。故克洛齊與柏格森，雖為身處同一時代的哲人，但基本上二人的哲學思想，經常呈現相反相左的見解，係典型的文人相輕之實例，真是奇怪耶！

　　義大利自中世紀之後，因其思思家，始終堅持經院派的哲學態度及方法，以致其哲學呈現落後歐洲各國。雖然宗教方面，擺脫了神學觀念的牽制，但在哲學方面，依然無法衝破經院主義的羅網，此為哲學不能發展要因之一；另一個原因，是義大利只有一次文藝復興，卻沒有一次宗教革命，使其民族性偏好美學，寧願為美學犧牲而在所不惜。至於真理，他們只有彼拉多（Pontius Pilate，26～36年A.D.，統治猶太人的羅馬巡撫，曾依眾人的要求，允許人民將耶穌基督Jesus Christ釘在十字架上，詳〈約翰福音〉18章38節）式的懷疑精神。簡言之，人世間的真理，就如同海市蜃樓，虛無縹緲，無法捉摸；而美雖是個人的主觀，但卻是真實的，為人所擁有。因此，文藝復興時代的義大利藝術家，不談道德，不問宗教。除了米開朗基羅（Michelangelo，義大利文藝復興時期的雕刻家、畫家、建築家、詩人，1475～1564年），是一位嚴肅且帶有清教徒精神的畫家，堪稱是殉教者薩佛納羅拉（Savonarola，1452～1498年）之聲的回響。薩佛納羅拉勇於極力反對文藝復興時期藝術的放縱和社會的腐化，提出尖銳的訓誡，引起教皇亞歷山大六世（Alexander VI，在位期間1492～1503年）的敵意，而被當作異端處以火刑。此一事件，令義大利藝文界，知善不薦，聞惡無言，隱情惜己，噤若寒蟬。此時的義大利百姓，只希望教會能

承認他們的藝術天才，恩賜俸祿之外，別無所求，形同義大利的不成文法律。舉凡有智慧的人，都不敢反對羅馬天主教，因而假借宗教的力量，使世界各地的藝術精品，紛紛輸入義大利，促成義大利成為世界藝術館，因而藝術家便百依百順，自然不敢為難宗教了。

義大利人因而始終忠實於傳統的信仰，並且把義大利的哲學家、神學家阿奎那（*Thomas Aquinas, 1225～1274年*）的《神學概要》，當作義大利唯一的哲學範本。阿奎那於修道院擔任道明會修士（*指潔身之士；天主教神職人員，有志獻身傳教工作者，務須入神學院修習神學與哲學，經考核合格，則可升為神父職*）時，完成《神學大全》（*Summa Totius Theologiae*），將經院哲學的思想作明確的解析，隨後經由佛卡（*Giambathista Vica*）及羅曼尼斯（*George John Romanes, 1848～1894年，生物進化學家、心理學家*）兩人，向義大利的傳統思想挑戰，雖激動過義大利人的心靈，但仍歸失敗，而義大利人本於生活現實計，更服從教會的指使操控了。

（三）．克洛齊對精神哲學的闡釋：

克洛齊的第一本著作是《歷史的唯物主義與馬克思經濟學》等相關的論文，該論述起因於他在羅馬大學讀書時，跟隨萊勃里拉（*Antonio Labriola, 1843～1904年，馬克思理論家*）教授，研究馬克思主義（*Marxism，馬克思是德國社會主義者、經濟學家、哲學家，1818～1883年*），遂步走上社會主義哲學之路。克洛齊自我承認說：「*自從接觸馬克思主義的書本，並且與德、義二國的社會主義論文發生關係之後，我的生命大受感動；我第一次對政治*

感到興趣與社會運動的熱情，生活別有一番滋味，無法壓抑。在我小小的心靈上，能撥出一點時間，來省思這種社會主義的熱情及其神祕歷程，令人感到無比的興奮」。然而，半年之後，他發覺政治上充滿著對立、矛盾，因而又重新回到哲學研究的領域，期能有所成就。

克洛齊重回哲學研究時，他將功利主義（*Utilitarianism*，*無人我差別，而以最大多數人的最大幸福，為道德標準者，邊沁Jeremy Bentham及米爾John Stuart Mill屬之*）的理念提昇，與真善美的概念相提並論。他並非迷信馬克思與恩格斯的思維系統，但承認經濟因素，確實為穩定社會的重要本質。同時，他認為馬克思思想雖不完備，卻點出不為人知，或被蔑視的社會現象，引發各階層人士的研究；他反對馬克思的經濟史觀。美國心理學家塞利格曼教授（*Seligman*，*1942～*），稱馬克思的唯物史觀為經濟史觀，它是一時的工業主義的反響，顯然有誇大其辭之處。換言之，克洛齊否定唯物主義是一種哲學，更認為它連科學的方法都談不上。據他說：「只有心靈才是最原始的與最後的實體」，所以當他敘述思想系統時，稱他自己的系統為「精神的哲學」。

克洛齊係一位唯心論者（*Idealism*），認為外在知覺的對象，殆由各種意義的觀念所構成之思想體系，以精神為終極之實體，而宇宙萬物不外為此實體之顯現。因此，黑格爾（*Hegel*，*德國哲學家，1770～1831年*）、萊布尼茲（*Leibniz*，*德國哲學家，1646～1716年*）、巴克里（*Berkeley*，*愛爾蘭觀念論的哲學家，1685～1753*）、斐希特（*Fichte*，*德國唯心主義和國家主義論的哲學家，1762～1814年*）、繆塞（*Musset*，*法國浪漫派詩人，1814～1857年*）等哲學家的思維都在他排斥之名單。克洛齊強調一切

實體都只是觀念，吾人所認識的，均是感覺與思想中的方式，除此之外，別無客觀的實體可言。因此，一切哲學都可歸納為理則學（*logic*，*又稱邏輯，以思想為研究對象之科學，始創於亞里斯多德*）。質言之，克洛齊心目中的「真理」，只是吾人觀念中的圓滿關係而已。此為克洛齊最為得意的哲學結論，所以哲學界人士批評他的哲學：「只是理則學的哲學」。然而，克洛齊則認為：「哲學是研究具體的共相，而科學是研究抽象的共相」，但學界覺得他所謂的「共相」，太過於概括，屬於非常抽象的「共相」。為何有上種見解？究其原因，他畢竟是經院法學（*Scholastic theories of law*）的產物，無法離棄經院哲學的本色，喜歡在迂曲煩瑣的觀點上計斤較兩，令讀者厭倦，極易於掉進詭辯的理則學中，無法超脫。易言之，克洛齊的性格可與尼采（*Nietzsche*，*德國的哲學家1844～1900年*）相比，尼采是義大利化的日耳曼人；「*活在人類意志的絕對肯定基礎上，主張對於超人的道德之支配，以及權力的意志之虛無主義，倡言超越它、克服它*」；而克洛齊則是日耳曼人化的義大利人，因為他有三篇研究理則學的論文，視理則學為純粹概念的科學。其中第一篇為〈日耳曼人化與黑格爾化〉，旨在希望每個觀念力求純粹，也就是抽象化、觀念化與非實驗化。

克洛齊和威廉·詹姆斯（*William James*，*美國的哲學家、心理學家，1842～1910年*）的哲學思維相反。詹姆斯係實用主義（*Pragmatism*，*主張命題或理論的真理性，以生活上的實際效用來決定*）的創始者，哲學上注重條理、實驗，力求所獲結論清晰而實用，使他的哲理成為哲學迷霧中的一盞明燈；反之，克洛齊卻不願意把哲學觀念的意義，予以實際化、具體化，而寧願將實際的

事物化成觀念，化成關係，並且化成範疇，以致他的哲學思想顯得晦澀難解。然而，克洛齊依舊堅持他的哲學思維，說出下列數則他心目中的哲學理念：

（1）.「*純粹的概念，就是普遍的概念，諸如質量、進化等概念，可以應用在一切實體上*」。此種概念，猶如黑格爾的靈魂，再度進入他的心靈中，所以他是黑格爾的化身。

（2）.他稱這種過程為理則學，想藉此種方法戰勝黑格爾的晦澀觀念，並諷刺形而上學，但他不沾染形而上學的病態，他認為：「*形而上學是神學的回音，現代大學裏的哲學教授，高談闊論，自稱為哲學家，其實這些哲學教授，形同中世紀的神學家*」。

（3）.他把自己的唯心論，和對信仰的冷酷態度，混合起來，反對軟性的信仰。他排斥宗教，又排斥靈魂的不朽。但是，對自由意志，卻有深刻的信仰。他崇尚美學，崇尚優越的生活，就是他的信仰，亦就是他的宗教。他指出：「*我們的宗教係從原始人民遺留下來，是原始人的資產；我們的宗教，乃是理智與智慧的結晶……近代有許多人，既不肯放棄宗教，亦不肯放棄藝術、批評、哲學和其他類似的理智活動，而希望二者同時存在。……有了哲學之後，宗教便無存在的理由了，哲學是精神的科學*」。

克洛齊的哲學理念，涵蓋層面甚廣，令人難解。他崇尚觀

念，既信仰自然主義，又信仰精神主義；既堅持懷疑態度，又執著非定命論；既重視實際，又尚觀念；既講經濟學，又講美學。換言之，克洛齊的哲學，原本就偏向經院主義，而事實上崇尚理論、輕視實際事物；但是他撰述論文，企圖擺脫經院派的哲學氣息。克洛齊所著《實踐的哲學》，計分為二部分，其中第一部分，討論另類的理則學；第二部分，則研究自由意志的問題。此外，他的名著《歷史論》，在書中，他強調：

> 「*歷史的概念為進化，史學家不宜在抽象與理論方面，描寫自然、人生，而應該在發展與實際的因果方面，來觀察人生。吾人必須承認這是成功的歷史概念。*」

　　這種因果觀念符合佛家所言：「因是種因，果是結果，由此因而得此果，是因果義。又因是所作者，果是所受者，種善因必得善果，種惡因必得惡果」。

　　克洛齊十分欽慕佛卡（*Giambathista Vica*），贊成他的見解：「認為人類的歷史，應該由哲學家來撰寫，因為一般的歷史學家，所撰述的歷史內涵，常將微細、不相干的瑣碎史實記載下來，反而把史實上的真理忽略了。此種情形，猶如一批自命為科學家的歷史學家，認為特洛城（*Troy City*，小亞細亞西北部的古都，曾於特洛戰爭*Trojan War*時遭希臘軍包圍而毀）只有一個。但是經由德國考古學家希利曼（*Schliemann, 1822～1890年*）於1870～1890年間，在布塞路里克（*Hissarlik*）發掘到特洛（*Troy*）、美錫尼（*Mycenae*）及泰林治（*Tiryns*）等七國特洛伊城遺跡，破除一般歷史學家的迷失」。

克洛齊曾引用法國哲學家盧梭（*Rousseau, 1712～1778年*），對於歷史所下的定義：「歷史只是一種技術，用這種技術，可以從過去的許多謊言中，選擇與真理最為相近的謊言」。因此，吾人得知克洛齊並未贊同黑格爾、馬克思及巴克爾（*Henry Thomas Buckle, 1821～1862，英國歷史學家*）等理論家的見解，希望把過去的史實，化成三段論法（*syllogism，從大前提、小前提而導出結論的間接推論法*），概括一切現象。質言之，從事著述歷史的學者，應該就歷史事件、闡明事件的前因後果及其相互間之關係；也就是歷史學家，著述歷史書應掌握歷史真相，採取自然的啟示法則，人類生存的意義，作為前提，則該史書就誠如一代梟雄拿破崙（*Napoleon I，1769～1801年*）所言：「歷史是唯一真正的哲學與真正的心理學」，足供歷史學者參採。

（四）. 克洛齊對美學所獨到的哲理：

克洛齊於1902年出版《美學》，他重視美學高於形而上學和科學，他認為：

「*科學賜給功利，美學賜給美雅；科學使人類脫離個體，脫離實在，而邁入無限制的數學的、抽象世界。藝術使人體悟出哲學的共相、自相往來。知識可分為直覺的知識與理則學的知識：直覺知識係幻想得來，屬個體的知識，為研究個體的事物；理則學的知識，則由理智得來，屬共相的知識，為研究事物的關係。簡言之，前者為意象的產物，後者為概念的產物。因此，藝術由意象統治，意象就是他的財富，只要有所直覺，意象便是自然呈現*」。

　　克洛齊明確地指出，意象（想像）必定在思維之前出現，而成為人類思維所必需，故藝術的心靈活動，必來自理智的心靈活動，舉凡賦具想像能力的人，加上勤於耕耘，便有成為藝術家的可能。

　　義大利文藝復興時期的雕刻家米開蘭基羅（*Michelangelo, 1475～1564年*），了解藝術箇中的真義，曾說：「吾人不須用手來繪畫，而是用大腦來繪畫」。同時代的天才畫家達文西（*Leonardo da Vinci，1452～1519年*），曾說過：「畫家若無法畫出一切萬物，就不配獲得讚賞；天才在外表最沉默的時候，他的心靈就是創造畫作最活躍的時期」。換言之，克洛齊對藝術的評價，曾說出其內心的體驗：

　　「藝術的真諦，存在於藝術家構想完整的意象時，所下的靜心工夫；其中所含直覺的方式，並非神祕的洞察，而是圓滿的觀察、完整的知覺與豐富的想像。因此，藝術的奇蹟，不在於觀念的表現，而是在於概念的組成」。

　　因此，克洛齊認為美是一種意象，或是一套意象在心智上的組合，此種意象務必掌握，被知覺的事物之真諦才有意義。美的要義屬於內在的意象，而非外在的形體。一般人和莎士比亞的差別，並不在於表達意象的能力，而在於兩者製造意象，藉以發揮所知意象的內在能力之差異。

　　克洛齊對美學的哲理，最後指出，不僅藝術的創作如此，連藝術的鑑賞也是屬於內在的表現。一個人了解藝術或欣賞藝術的程度，端視其能否具體體會藝術的實體性之直覺能力，或其本身是否具備表達意象的才學能力而定。簡言之，不論就藝術的創作

或鑑賞而論,所謂美的祕訣,就是可用以表現的意象。因此,美就是適當的表現,美就是表現。

克洛齊所著《歷史論》,明確地希望能將歷史和哲學打成一片,認為只有綜合與和諧的歷史,才能代表一個時期,代表全體的複雜意象;也只有具備此種條件、性質的歷史,才是哲學家所樂於執筆撰述的史書。舉例而言,法國雕刻家羅丹(*Auguste Rodin*,*1840~1917年*)的作品造型,結合了寫實及激情的表達方法,對於19世紀之前,傳統束縛的雕刻史而言,無疑是一件大革新的傑作。羅丹所刻的〈賣淫女〉,除了表現該作品的形體之外,為何能讓人感到主題的美呢?誠如,希臘哲學家亞里斯多德(*Aristotle*,*384~322年B.C.*)所言,對於現實中,令人不悅事物的忠實呈現,往往令人感到快樂,這正是說明,人為何要尊崇觀念完全具體化之藝術,其理在此。法國小說家、散文家、批評家安維托爾・法郎士(*Anatole France*,*1844~1924年*,*1921年獲諾貝爾文學獎*),在其所著《生命與文學》一書,這樣寫著:

「*沒有一個人能為我們指出正確的途徑⋯⋯至於我,也只能憑著情感來決定事物之美醜,除了情感之外,又有什麼方法呢⋯⋯假如有人強迫我,要我從美和真之中任選一種,那我會毫不猶豫地站在美的一方。老實說,除了美之外,這個世界上,更無所謂真的東西了*」。這就是設身處地的哲學家,對於美的哲學所表達的意見。所以克洛齊總結地指出:「*我相信,我們永遠無法解釋,為何這事物是美的,只好領會了法郎士的見解了*」。

壹拾貳　羅素對邏輯與改革的哲學思維

（一）. 羅素的邏輯思維及其對哲學的體驗：

羅素（*Bertrand Arthur William Russell，1872～1970年*），係一位傑出的英國邏輯學家、哲學家，除邏輯學、哲學的著作之外，尚有許多有關政治、教育、社會等問題之著述，晚年致力於和平運動。1950年以高齡78歲，榮獲諾貝爾文學獎，聲譽享遍全球。

羅素的家族是英國最古老，又是最著名的望族之一，其家族傑出人才輩出，堪稱是政治世家，謹摘述如次：

（1）.他的祖父約翰・羅素（*Lord John Russell，1792～1878年*），係英國輝格黨（*Whig，與保皇黨並列的英國政黨，反對王權，擁護議會政治*）的首領、政治家，1832年，在議會提出選舉法修正法案（*the Reform Bill*）並獲通過，曾兩度擔任首相（*1846～1852，1865～1866年*），為自由貿易而戰，為普及自由教育而戰，為解放猶太民族而戰，又為許多的自由而戰。

（2）.他的父親亞姆貝理・羅素（*Amberley Russell*）伯爵，係一位崇尚自由主義的思想家，素來不受任何傳統思想的約束。

基於上述家族傳承的緣故，羅素本人，亦不拘泥於西方道學

傳統規範。其父親死後，他放棄繼承爵位，自動搬離爵邸，過著清苦貧窮，享有尊榮的自由生活。1914年，他在美國哥倫比亞大學（*Columbia University，1912年，正式命名為紐約市哥倫比亞大學，私立大學*），講授《認識論》（*epistemology，研究認識之起源、本質及其效力等課題，計分為唯理論與經驗論、觀念論與實在論、獨斷論與懷疑論等三大部門*）時，第一次世界正在開戰，這位仁慈與愛的和平哲學家，眼見最大文明的歐洲大陸，將因戰爭而回到蠻荒狀態，心中大為憤怒，使其情緒陷於不安而損及健康。

羅素強烈主張和平主義，1914年，第一次世界大戰爆發後，遭到劍橋大學（*Cambridge University，創設於1209年*），以反戰為由，予以革職。隨即以「天下為一家，世界為大學」，成為一位實質的遊行聖者（*sophist，是古希臘修辭學和哲學的老師之敬稱，但自柏拉圖之後，演變為詭辯家、巧辯者之惡名，而及於現今*）。然而，全世界反對戰爭的學者及學生，都樂於幫助他，追隨他的主張而成為羅素的信徒。羅素原本所具有的神祕性格，可用他的社會主義為象徵。正因為羅素的社會主義雖近於哲學領域，卻可歸附於宗教的門下。他所著《神祕主義與理則學》一書，最能表現這種特性。該書大力攻擊傳統的神祕主義，所隱含的非邏輯性，卻又極力讚美科學方法，令人憶起理則學中的神祕性。質言之，羅素繼承英國派的實證主義（*positivism，係法人孔德Auguste Comte的思想體系，排斥思辨，而以科學研究之結果為憑之一種哲學*），處處採取強硬態度，明知其不可為，卻朝此路線謀求發展，使其成就相當可觀。

羅素由於太過尊重理則學的道德性（*道者物之所由，德者物*

之所得；眾人所應遵循之理法及行為之合於理法者，曰道德），又將數學神聖化，有矯枉過正之弊。他認為神祕主義與朦朧不清的思維，都是人類的大敵，而道德上的第一法則，應該是「思維務求正確」、*「寧願全人類滅亡，也不容許自己或別人相信謊言，這就是思想上的宗教；依賴這個宗教的烈火，才能將人世間的糟粕焚化淨盡。如果能用正確的眼光觀察數學，則它所代表的不只是真理，而且是高度的美德。它本身就是純潔而又莊嚴的完美，猶如雕塑般的美德，嚴厲樸素，獨具風骨，不需熱情的濡染，在各種藝術品中，深賦高貴性。易言之，19世紀最值得紀念的，就是由於他而使數學迅速發展」*。

羅素為何傾向數學，因為數學的本質，是非人格性的嚴苛和賦具客觀性使然。有智慧的人都會同意，只有在數學的法則中，才具備永久的真理，和絕對的知識。這些「先驗的公理」，堪稱是希臘哲學家柏拉圖（*Plato*，427～347年*B.C.*）的「諸觀念」，也是斯賓諾莎（*Spinoza*，荷蘭的葡萄牙系猶太裔哲學家，1632～1677年）的「永久的秩序」與世界的「本質」之理念相當。換言之，羅素認為：

「哲學的任務，在於使自身的一切經驗之前，陳述任一事實轉而能像數學一樣精確、真實和完美；哲學上之命題，必須是先驗的，這是奇特的實證驗主義的呼聲。這類命題所涉及的不是特殊的事物，而是事物與事物間的關係。同時，不是局部的關係，而是普遍的關係，它超越特殊的「事實」與「事情」之上，而不被事實所限制。例如，「A:BX＝A:X＝B」，這就是先驗的命題，無論A的內容如何改變，命題的全體不受影響。因而，羅

素把蘇格拉底（*Sacrates*，希臘哲學家，469～399B.C.）的三段論法（*syllogism*，從大前提、小前提而導出結論的間接推論法），歸納為普遍的與先驗的形式」。

　　羅素進一步肯定地指出：「*柏拉圖與斯賓諾莎的哲學理念，相當正確，他們兩位認為共相的世界，也可稱為本體的世界，本體的世界永遠固定，永遠正確，永遠不生變化，特別適合數學家、理則學家、討論形而上學的哲學家，以一切愛護完美，更勝於生命的人之胃口*」。質言之，羅素畢生的雄心，就是要把一切哲學理念化成數學的形式，將其內涵提示出來再加以組織，使其成為數學性的條理，因此有人稱他為「新畢達哥拉斯（*New Pythagoras*，畢氏出生於西曆紀元前6世紀，係一位希臘的哲學家、數學家，相信靈魂不滅和輪迴之說，並且主張「數」是萬物的根本，萬物因「數」的關係才產生了秩序）。

　　羅素於撰寫哲學論述之後，便轉移研究興趣，開始針對戰爭、政府、革命及社會主義等重要課題，發表其觀點。他擺脫經濟哲學的觀點，自然會偏向於「不可知論」（*Agnosticism*），提倡「*認識神的存在，是不可能的事，而能認識的，只有經驗過的事實。至於事物現象的本質，則全然不知，或者只是一種假想而已*」。羅素在基督教教義中，未曾發現與數學原則相當的理論，因而拋棄了基督教，但他仍然保持著對基督教的倫理法則。然而，他極力蔑視將反基督教的人都處以極刑；同時，不贊同把熱衷研究基督教義的人，都加以無理的監禁。質言之，羅素身處矛盾的世界中，不能發現神，僅看到一群詼諧的魔王、魔女、魔孫，在社會上作祟，令人反感。他對世界末日的觀點與史賓沙（*Spencer*，1820～1903年）持相同的見解；他極力批評斯多噶學

派（*Stoic*，西曆紀元前315年左右的希臘哲學派，重視倫理學）的禁慾主義，認為它會導致個人及其群體走向滅絕的悲劇。羅素心目中的「進化」，係使生物在死亡與消失中超道德循環的一種情境；倡言「自由的人」，絕不以稚氣的希望及神人同形的神引為滿足，更無法從中獲得安慰。他深知有朝一日會死亡，也知道一切生物也總有一天會同歸於盡，但他仍然繼續生活下去，不肯屈服於環境的惡劣。雖然明知投入戰場，未必能戰勝而歸，卻至少能體會戰爭的樂趣。換言之，基於對生命的體認，他能預見失敗的場景出現，卻仍然希望能掌握盲動的驅力，絕不敢崇拜外在環境的壓力，它們所暴發的衝力可以制勝他，其暴力可以毀滅人類所建造的生活與文明，他不肯屈服這種無理的外在壓力。因此，羅素內心所崇拜的，只有個人內在的創造力，憑藉著這股毅力，才能面對失敗的情境仍要奮鬥。正如同吾人經常走訪世界名勝古蹟、博物館、美術館，所見數世紀前所遺留下來的殘缺美術品、雕刻品或呈現倒塌的城堡，不也是人類生活的紀錄，值得吾人緬懷憑弔、思古幽情。

（二）. 羅素對政治改革所提出的哲理：

1914年第一次世界爆發時，羅素正積極致力於研究理則學、教學及認識論。然而，一夕之間，他以無比的勇氣、熱愛人類的精神，跳脫學者的範疇，往前邁進，向當代的政治人物開砲猛擊。因而被劍橋大學革職，又將他關進倫敦的小閣樓內，並指責他是英國的仇敵，被社會拋棄，罵他是一位賣國賊，他的性命朝夕不保，但他不懼怕，更不戰慄，依然為反戰而辯駁時政。羅素出身英國高貴的家族，學問淵博，是一位大公無私的和平論

者，但其背後隱藏著一群恐怖而無智慧的領導人物，他試圖成為一位傑出的智者，認為國家的領導者，為了一時的私利，而迫使一群充滿朝氣的年輕人，昂首闊步地步入死亡的戰場，此種毫無意義的犧牲，究其原因為何？羅素明確地指出：「*只要吾人略微研究社會主義中，其所包含的政治與經濟的分配原則，便可知道其病根所在，並可從此種病根找出診治的方法。病根的原因就是私有財富的遺毒，一切產業都是從爭奪與劫掠之中獲得的，私有財產就是變相的劫奪。例如，南非中部角省的鑽石礦山慶伯利*（*Kimberley*，*源於1871年，該處金礦尚在英國保護下時的殖民地大臣慶伯利伯爵所擁有，故取此名）和南非特蘭斯瓦爾*（*Transvaal*）*的約翰尼斯堡*（*Johannesburg*）*，附近的金礦區雷德*（*Rand*）*，都是英國殖民時期，從強勢劫掠之中，轉變而為私人財產*」。

質言之，羅素所指的私有財產遺毒淵源說，是有其事理根據。對社會公平合理發展而言，此種假藉統治權，而獲得鑽石礦山的開發，只見其壓迫當地窮人，為討生活，而賣命地日夜從事勞苦的開採工作，只見其社會悲慘場景，卻未見其產生社會光明面，令有智慧的人同感悲憤。

羅素對於國家的存在與意義，雖然強烈的質疑，他很懇切地指出：

「*國家一方面，藉其組織、權勢，保護私有財產制度；另外一方面，又藉著所制定的法律，來掩護戰爭的理由，以武力為後盾，向人民實施強制性的橫征暴斂，故成為人民心目中的首惡。現代的社會，不僅不能幫助個人，而且常毀壞個人的人格與個性。人民希望只有獲得更多現代生活所必須的安全與秩序，才能*

使期待與國家的步調一致。」

羅素對於人民享有自由的觀點，堪稱令人敬服，他很有尊嚴地指出：

「*自由為至善，無自由就無人格可言，在現在多元社會的情境中，只有依靠「自由的言論」，才能剖析錯誤的觀念，排斥不當的成見，而獲得真理的見解。讓人的意見互相交流，讓學校的教師互相爭辯；意見愈多，討論問題的層面愈廣愈周密，則決策的錯誤機會相對地降低。人人崇尚理性，則發生戰爭的機會相對減少；須知人類之間，相互仇恨與敵對，是戰爭的根源，它緣於人類所執著的固定觀念與信仰所引起。因此，自由思想與自由言論，才能把近代人類心靈中的迷失及成見，予以清除乾淨*」。質言之，羅素高瞻遠矚的哲理，值得世人沉思。

羅素對於教育的改革，亦有其獨到的見解與理念，他很具體地說：

「*每個人常自以為自己所受的教育十分完備，其實我們的教育才剛開始，普及教育尚在試驗階段，它對於我們的思想方法與團體生活，並未發揮實質影響力。我們正進行各項建設工程，可是方法和技術，依然停留在原始狀態，何時能突破還是遙遙無期。我們以為教育是一種定型的知識傳授，卻不知它該是科學心靈習慣的發展。社會群體中無知者的心靈易下結論，經常易於將自己的偏見，看作天經地義，無法改邪歸正；反之，科學家從不輕易信仰，常對自己的假設提出修正。科學教育及方法，其優*

點便是提供了知識良知之尺度，令我們相信手邊所蒐集的證據。只有憑藉此種方法，教育才能解決目前所遭遇到的困難。進而啟發兒童成為有希望的後代。人類品性中的本能，最具改造的可塑性，吾人可依信仰、物質環境、社會環境及社會制度等，逐步落實改造的策略。諸如吾人可以藉教育的力量，改造個人的偏見，提昇愛護藝術更勝於財富；教育可以憑藉決心，促進個人的創作慾，而消除一切佔有之衝動和欲望。換言之，新自然道德律的兩大原則，便是首重尊重原則，其次為容忍的原則，也就是務必盡力，抬高個人與社會的生命力。同時，個人或社會盡可能不要以自己的生長，妨礙他人或社會進步及成長」。羅素一席名言，明確地針對人性的弱點，提出正確的明燈，令人欽服景仰不已！

羅素對於現代教育體制，提出具體可行的建言，他說：

「如果各級學校的組織，有建全而合理的發展體制，學校校長及教師有明確的進用管道，則教育必能發揮重塑，人民的氣質之適當指導功能，人盡其才的教育目標指日可待。只有經過這種教育培養訓練程序，世界各國人才的交流、溝通，則經濟上的矛盾與獨佔欺壓的思維，才能逐步降低，國際間的衝突、戰爭，才有終止或減緩的可能。易言之，採取武力革命、紙上立法的措施，都非治本的方法。人類在生長過程中，花了相當多的時間，學習研究控制生命、保健的課題；卻少有時間去尋覓控制、改造個人思維的機會。猶如開門或除去障礙的口語、咒語「芝麻開門」（open sesame，語出《天方夜譚》Arabian Nights'），期望有朝一日，人類能運用智慧超越難關，開啟光明的大道」。

（三）. 羅素一生對現代哲學思維的貢獻：

　　羅素一生對社會哲學，注入了神祕主義與感情的分量相當大。神祕主義（*Mysticism*）係泛指藉由冥想，或超脫自我而與神結為一體者，或在靈性上自信能掌握超人知的真理，並以心觀心，使自己沒入於絕對的情境，與大自然合為一體。然而，這些質素，從來未被羅素運用在形而上學和宗教，真令人稱奇。羅素研究理則學與數學時，其所採取之態度頗為嚴謹，經常針對各種假定、假設，甚至公理，以懷疑態度深入研析，故其所得結論相當圓滿。換言之，羅素非常熱心於「先驗哲學」（*transcendentalism*，*以直觀作用，了解現實的哲學思想*），且偏好「完美更勝於生命」，引進了一美燦之情境，助長了詩律邁向散文世界的方向發展。藝術雖具有影響力，但財富仍佔據先決的地位，正如同文藝復興時期，先有富豪麥第奇家族（*Medici*，*1434年之後，支配佛羅倫斯金融業界的著名家族*）然後才能產生大藝術家米開朗基羅（*Michelangelo*，*1475～1564年，雕刻家*）。

　　羅素於20世紀初，看到蘇俄正致力於社會主義社會（*socialism*）的創造，主張個人為社會從屬，一切建設應以全社會之公共利益為依歸，便認為與他的理念相近，內心自然非常喜悅。羅素稱自由哲學之前提，就是最高的民主政治；但蘇俄政府卻反對民治原則，壓制言論自由、出版自由、壟斷媒體，深感憤怒。羅素看到蘇俄的公有土地，處處向財團、私人低頭，媒體事業接受政府的津貼，替執政者做無意義的宣傳。因此，從社會各個層面深入察覺，蘇俄的情勢，形同另一個法蘭西（*France*），1787～1793年爆發大革命，王權遭廢止，第一共和國成立；1799

年拿破崙推翻法國革命政府；1804年建立法蘭西第一帝國；1814
年波旁王朝恢復政權；1830年的革命中再被推翻；1848年革命又
起，建立第二共和；1870年普法戰爭慘敗，人民群起推翻拿破崙
三世，方建立第三共和，成立國會。古老的封建制度終被清滅。
羅素了解法蘭西戲劇性的百年革命，犧牲許多志士的捐軀和無數
英雄，卻只成就了蘇俄的崛起。

　　羅素於1920年，到中國北京講學一年，頗獲好評。他在哲學
上，主張新實在論，在政治上，極端重視個人自由的思維。當他
在中國時，發現社會的步調較為緩慢，終於找到了哲學的新見
解。他體會到悠遠的文化根源，仍然靜靜地停滯在古老的亞洲，
旋即將從前的三段論法（*syllogism*）與其他的哲學體系熔化為一
體，形成溫和的相對主義（*relativism*，認為知識、認知、價值，只
不過是相對存在的一種思想）。這是巨大的古老國家所給他的影
響，他的哲學系統才逐漸鬆弛了。羅素頓然之間思維大開，他認
為：

　　「白種人的社會地位，並不像以前所想的那樣重要。假如歐
洲人與美洲人，因戰爭而自相殘殺，甚至絕跡，對於人類與文明
的演遞，並不會產生多大的阻礙。歐洲與美洲人消失了，並非全
人類的覆滅；歐洲與美洲的文明衰竭，亦非全人類的文明都衰
竭。亞洲古國的理智相當特殊，崇高務實，且不為特殊的意識型
態所侷限，值得世人關注」。

　　羅素一生著作等身，重要者計有《哲學問題》、《哲學中
之科學方法》、《社會改革原理》、《政治理想》、《心之分
析》等，堪稱是一代大文豪。隨著年齡的增長，也學得老成與穩

重，對於DNA相傳所造成的惡業，也更能周知明察，只能以無奈處之。換言之，羅素的思想觸角，也趨於福慧圓滿，且深知社會改革並非易事；但他能夠針對思想界最深奧的形而上學，提出其獨到的見解亦非易事，又能應用最艱深的數學法則。同時，他的談吐簡潔而風趣，有人誠懇求教，便以最誠摯的心境回報一切；他熱愛智慧，常沉醉在思想中，以致情感在他身上早已是乾涸的泉源。因此，我們可以肯定羅素為人處世充滿慈悲心，並以其神秘性的溫柔來對待全人類。他確實是一位學者，是英國上等社會的紳士（*gentleman*），在英國非貴族，而有資格配戴徽章的人（*Man of good social position*）。他是一位有誠意為善的基督徒，比起那些口口聲聲耶穌基督的人，他更是一位賦具善良性格的基督徒。他的大名列在「許多和平與友愛的哲學家」的前茅。1970年2月2日下午，98歲高齡的哲人——羅素，在英國北威爾斯（*North Wales*，位於英國大不列顛島西南部的地區，首邑加地夫 *Cardiff*）的一個山莊仙逝，結束了他一生傳奇的生涯。他是1950年，諾貝爾文學獎的得主，其哲學思想繼續影響21世紀的新人類。簡言之，羅素是20世紀的傑出哲學家、數學家，有一次曾對英國泰晤士報（*Times newspapers*，創於1966年9月）編輯說：「*報紙上的記事中，唯一能相信的是足球比賽和股票行情表！*」真是一言道出媒體的報導，虛假不可信度，令人讚嘆斯人斯言矣！

壹拾參　約翰‧杜威的哲學思想與理論

（一）. 約翰‧杜威的哲學思維與教育變革：

　　約翰‧杜威（*John Dewey, 1859～1952年*）係美國實用主義哲學家兼教育家,學於懷俄明州立大學（*Wyoming state University*）及霍布金斯大學（*Johns Hopkins University*）。曾擔任密西根大學哲學及教育處主任,在校創辦試驗學校,以實驗其教育學說之可行性,由小學擴充至大學預科,後歸併為該校教育學院,並為院長。隨後轉任哥倫比亞大學（*Columbia University*）哲學系教授。1919年赴中國北京講學;翌年任北京大學哲學系教授,及北京高師教育研究所教育學教授。於1921年返回美國,在哲學上倡導實用主義（*Pragmatism，指命題或理論的真理性，以生活上的實際效用來決定*）及工具主義。謂經驗即生活,生活便需因應環境之改變,於因應環境改變之中,思想最為重要,故思想為因應環境之工具。因此,哲學的研究必須離去虛幻不實之課題,而以解決人生實際面臨問題為主旨。

　　杜威所倡導的實用主義及工具主義的哲學理念,並非新英格蘭（*New England，美國東北部地區，由緬因州、新罕布夏州、佛蒙特州、麻薩諸塞州、羅得島州及康乃狄格州等組成*）西南邊界,所開展的廣大美國地區之精神,而是一種背叛清教徒（*Puritans，英國新教徒之一*）始祖的高度道德哲學。最初這種實用主義,對形而

上學及認識論的反應，被認為係合於自然及社會的哲學，後來演變為希望人對於每一種信仰，都要給予明智的尊重。換言之，杜威在19世紀下半葉，構建他的哲學思想時，社會環境及人類的思想已趨於成熟，使他得以闡揚代表美國教養及覺悟精神之哲學。

杜威於1859年，出生於佛蒙特州（*Vermont State*，*屬新英格蘭地方的一州*，*於1791年*，*成為美國第十四個州*，*首邑蒙貝利Montpelier*）的柏林登，在那貧瘠的東部鄉村小鎮受教育，使他在進入新文化之前，有機會吸收古老文化。隨後接受美國著名報人格里萊（*Horace Greely*，*1811~1872年*）的勸言，移居美國西部，在明尼蘇達大學（*Minnesota University*，*首邑聖保羅St.Paul*）講授哲學二年（*1888~1889年*），時年滿30歲；1889~1894年轉任密西根大學（*Michigan University*，*首邑蘭辛Lansing*），又於1894~1904年調至芝加哥大學（*Chicago University*，*屬伊利諾斯州*）；1904年之後，方從西部回到美國東部，擔任哥倫比亞大學（*Columbia University*）的哲學教授，旋即兼哲學系主任。質言之，杜威於20歲之前，在佛蒙特州的柏登鄉村受教成長，田園的優雅環境，培養了生活樸素且個性單純的習氣。當他初展才華為學界所推崇時，那種純樸的個性未曾失色。1879年之後的25年間，深入美國中西部研究、觀察，對當地的拓荒時期之荒蕪情境，為進入富裕的美國人所無法想像。杜威於考察中西部實際狀況之後，將所見加以研究分析，令其著作獨具慧眼，探得美國的深奧實質情形，握住了自然主義的真正精神，並充分闡釋了美國中西部的社會差異狀況。因此，杜威所寫實用主義的哲學，就如同窮苦家庭出身，苦學有成的美國詩人惠特蒙（*Walter Whitman*，*1819~1892年*），大膽率直地表白民眾的希望，並將民主主義、平等主義、

愛國情操等發揮得淋漓盡致，開創不受傳統拘束的新詩型，其代表詩集是《草葉集》（*leaf of grass*）。杜威所描述的美國各州、各省的情境，涵蓋整個美洲大陸的族群，印第安人、新教徒等階層，其主要著作計有《學校與社會》、《理論邏輯探究》、《達爾文對哲學的影響》、《民主與正教育》、《明日的學校》、《實驗邏輯論集》、《人性與行為》、《經驗與自然》、《自然與文化》等十餘類，堪稱著作等身之哲學大師。

杜威於1894～1904年間，在芝加哥講授哲學思維時，其教育思想中提出實驗的構想，對「明日學校」的興趣相當有信心。他在所著《民主與教育》的一書，期盼在哲學的領域中能培育出下一代，成為優秀人才為努力的目標。他在1919年至1921年，在中國北京任教兩年，曾向中國教育學者，講授教育改造課題。胡適（*安徽績溪人，字適之，1891～1962年*），曾於1911年考取官費留學美國，在康奈爾（*Cornell University*）、哥倫比亞等大學，攻讀哲學與文學，並贊同杜威的實驗主義。杜威認為科學要從實際事物中，直接求得經驗，從職業教育中得來的情誼，有助於民主政治的發展。尤其在工業社會中，學校應當為工廠的模型或社會的模型；因此，教育兒童，應從日常生活和實用方面著手，注意試驗與錯誤的嘗試（*try an error*），只有這種教育，才能令兒童，得到必需的訓練與實際的教育功能。吾人務必修正教育的觀念，教育並非止於成年期的準備，而是更應重視心靈的發展、生命的發揚與人格的塑造。

（二）. 杜威對功利主義的哲學思維：

杜威的哲學思維中，接受達爾文的進化論（*evolutionism，*

1858年，英國生物學家達爾文所創），他認為人類的精神與肉體，都是從生存競爭中進化而來，處處都以達爾文主義（*Darwinism*）為其哲學出發點。杜威說：

「笛卡兒（*Descartes，法國的數學家，哲學家，1596～1650年*）認為世界是由受數學定律支配的空間、質量、運動所形成的，並非一時之間突然完成的，吾人應更能了解物理世界的性質。到了近代，達爾文的《物種原始論》（*On the Origin of Species by Means of Natural Selection，1859年*），其成就比笛卡兒更大，他所發明的論理學，已為他人所採信，世人對於那控制它的邏輯，已產生認同。因此，達爾文物種原始，即為此種邏輯所產生的最新科學成就。當達爾文依照伽利略（*Galileo，義大利的天文學家，1564～1642年*），講解有關地球問題的方式，來闡釋物種的來源時，達爾文斷然地將物種發生與實驗的觀點，用以尋求答案和解釋的工具。」

質言之，從上述得知，此後吾人不能再用超然的因果（*Supernaturalism，即超自然主義，主張自然界之外，另有一種超乎自然之存在，具無上之支配能力，強調宇宙間事象不能以常理推測之*）關係，來解釋事理，而是應將它放在環境之中，以其地位、機能來決定。

杜威是一位自然主義者（*Naturalist*）。要把自然的真面目還給自然，在教育上，宜循人類固有之性能，聽其自然發展，不事矯揉；在哲學上，主張以自然律或自然科學的研究方法，來闡明宇宙本體，而否定唯心論者，所謂心靈的超自然原理。換言之，杜威對叔本華（*Schopenhauer，德國厭世主義的哲學家，1788～1860*

年）式的意志，認為超脫痛苦的最終途徑，只有憑著生活意志來克服；以及柏格森（*Bergson，法國的哲學家，1859年～1941年*）認為真實的存在是「純粹持續」，具體的生命概念化之後，即為無法把握的「創造的進化」，並以此發展出他的直覺主義的、唯心論的「生之哲學」。杜威對此二人的哲學思想，始終抱著存疑的態度。杜威強調：「*神性永藏在人心裏面，但與中性的宇宙勢能*（potential energy，*即位能，指物體佔有優勝形勢所儲存之能量，亦即*「能」*因位置之差異而生者，曰勢能。*）*毫無關係可言。*」

　　杜威係一位傑出的實證主義者（*Pragmatism*），主張以實際之效果，為決定真理標準之主義，強調適合於時代環境而有效果者，即是真理。他繼承了培根（*Francis Bacon，英國哲學家，1214～1294年*）、霍布士（*Hobbes，英國哲學家，1588～1679年*）、史賓沙（*Spencer，英國哲學家，1820～1903年*）、米爾（*Mill，英國政治經濟學者，1806～1873年，功利主義者*）等四位哲學家，偏好功利主義的思維，所以竭力排斥形而上學（*Metaphysics，純正哲學，探討存在、實體、宇宙、時間、同一性等事物之基本原理的學問*）。換言之，杜威認為形而上學是神學的化身，而哲學經常和宗教的神學混為一談。諸如柏拉圖（*Plato，希臘哲學家，427～347年B.C.*）最初確實在政治上有所主張，其治國理念重視人才的培育、訓練，並注重公平、公正的社會組織，從其所著《柏拉圖理想國》（*Plato Republic, Translated by Paul Shorey*）可知其梗概，但他對神學的境界卻有所迷失。又如德國派的哲學，常因太重視宗教的問題，以致發展較為遲緩；英國派的哲學較能重視社會利益的實質課題，且較能超越自然法則，而趨於務實的價值。因此，自1800年迄今200餘年

來，哲學界的激烈爭辯，一方面代表著宗教的權威，與貴族階級的唯心史觀（*Idealistic Conception of History*，*由黑格爾、穆勒、孔德等倡導*）；另一方面，則由代表自由信心與民主式的唯美主義（*Aestheticism*，*19世紀末，發生於英國的藝術運動，提倡「為藝術而藝術」art for art's sake'*，*斯文本Swinburne、英國詩人；莫理斯Morris、英國詩人，為此派之創始者；王爾德Wilde，英國唯美派詩人，為此派代表人物*）。

杜威所認知的自然主義（*naturalism*）之觀念，逐漸被採納，只能以「心與生命」來解釋自然現象，不再以神學的觀點，改採用生物學的觀點，闡釋萬物演遞狀況。因此，吾人所謂「心靈」（*soul*，*心，魂，精神*），是生命體內的有機體，能適應環境，更能改變環境；同時，能接受環境的塑造，且能超脫並塑造環境。所謂「觀念」（*Concept*，*概念，idea of a cless of objects, general notion*），係指吾人心靈上想像的關連和調適的嘗試，其反應的重點，在於能操縱環境，改變環境為要。就哲學上的問題而論，旨在改造世界，故要能解剖感覺或分析知識，並且獲得知識，達成人類慾望的祈求，提昇生活水準為其努力之目標。簡言之，杜威的思維論（*thinking*），最主要之特點，便是希望為人務必面對事實，提出問題的癥結，再加以細密的研析，終於明察秋毫，找出解決問題的要領與對策。

杜威哲學思維有其社會特性，可在特殊的社會情境中發生，亦可在熟知的文化背景中萌芽。社會固然是個人的產物，而個人亦是社會的產物；身處巨大影響力的風俗、習慣、語言、文字及其他傳統的觀念，都直接、間接影響社會群體中每個人的價值觀，其思維模式都易傳遞給後代子孫。因此，吾人務必透過社會

影響及教育措施，來控制人類本性中的貪慾等天性，旨在改變私慾，提昇社會公平、公正的生活目標。

（三）.杜威對於科學與政治學的哲學思維：

杜威一生最崇拜的就是「成長」（*growth，發育，擴大，伸展*），成長是一種最優美的德性，值得人類讚美；所以他所著《倫理學》，這樣說：

「*善並非生活的最終目標，人的一生只有趨向圓滿、成熟、精益求精，才是生活的最高理想。如果有一個人，從前雖完美無瑕，到了現在漸漸墮落，進而為惡，此人即是惡人；反之，如有一人，從前一無可取，現在卻走向善路，漸漸進為良善，此人即為善人。惟有此種概念，才可以使人類培養出『寬以待人、嚴以律己』之德性。*」質言之，杜威對善良、智慧、意志、思想等用詞，提出其獨具慧眼的觀點，謹就其內涵，摘述如次：

（1）.善良，並非指服從與無害的德性而言；善良而無才幹，其善必有缺陷。

（2）.除了智慧之外，任何道德，都無法拯救人類。

（3）.無知並非福氣，而是麻木不仁，且是奴隸的表現。

（4）.只有智慧，才能讓人類，成為自己命運的代言人。

（5）.意志的自由，並不在於破壞因果法則；而在於知識對行為的嚮導。

（6）.人類不應當信任本能，卻要信任思想。

（7）.環境經由人為的刻意經營後，趨於複雜，人類又侷限

於複雜的環境中，不應憑著盲目的本能，去適應環境，因為本能無法解決面臨的問題。

簡言之，杜威以其明亮的智慧，指出人類的迷津與迷惘，他說：

（1）.當今物質文明的進步，遠在精神科學之前，知識已足以為人類產生最大的利益。但是人類對於生活的知識，尚處於十分不足之狀態，自然難以實現生活的真正價值，處處受制於習慣、偶然的遭遇，而陷於困境之中。

（2）.無怪乎英國蘇格蘭的歷史學家卡萊爾（*Thomas Carlyle*，*1795～1881*）及英國美術、社會評論家羅斯金（*John Ruskin,1819～1900*），對於西方工業文化提出嚴厲的批判，而俄國思想家托爾斯泰（*Tolstoy, 1828-1910年*）為社會、人生、藝術上的矛盾而苦惱，經過種種挫折與努力之後離家，在寂寞的旅途中，於西伯利工鐵路的小站裏去世，回歸沙漠的虛無世界。

（3）.道德及哲學，都應回歸到對智慧的愛好，而愛好智慧可以培養「善」的種子，且可回到希臘哲學家蘇格拉底（*Socrates*，*469～399年B.C.*）的原理，糾正了當時功利主義主知說（*intellectualism*，*認為世界之本質，以知性的立場為出發點，重視知性、悟性及理性*）的風潮。

（4）.蘇格拉底的原理，涵蓋探討及考驗之特殊方法；同時，包含大規模的知識組織，社會分配的控制，在有

　　價值的追求中，擴充自己的吸收能力，並傾向全力參
與產業、法律及教育等問題之探討。

　　杜威深知民主主義的缺陷，卻又強烈主張民主主義
（*Democracy*，*以人民全體運用主權之民主主義*）。就政治體制而
論，貴族政體與專制政體，應該比民主政治更有效率，但是危害
人民、社會的危險性更大。易言之，杜威亦因此種原因，不信任
國家的存在，而主張多元化的秩序，並且在此種多元化的秩序之
下，社會的分工合作，應盡量由自發性的社團來擔任。因此，只
有多元的社會組織、黨派、公司以及貿易團契，才能融合個人行
為、社團行動，達成彼此高度的和諧。至於國家的功能，則偏向
於調節與制裁的規範，遇有糾紛衝突，能為他們化解平息爭端為
要。

　　杜威復就政治改造事宜，提出其獨到見解，他希望將其在自
然科學中，成功的實驗方法和態度，用來解決社會問題。因此，
杜威提出：

　　「我們不能用個人主義、社會主義、民主政治、專制政治及
貴族政治等概念，來治療社會的疾病，務必用特殊的策略，來治
療個別而特殊的社會疾病，才能有效的達成治療目的。採取特殊
的個案研究，來代替主觀上的盲信；引用細微的事實，取代龐大
而晦暗不明的觀點，期能化解渾雜不清的內容，這才是解決社會
問題的要訣」。

　　杜威在其哲學思維的終結時，認為哲學的任務，應當在人類
生活環境內，力求社會的正常發展，並將全部的科學方法，應用
到解決社會問題的各個層面，方是上上之策。因此，不論是社

會演遞所引發的摩擦，或者是生活上的改變所泛生出來的社會對立，哲學和其他科學務必設身處地，轉化為世俗之用，以啟發人類生活之途徑，來為生命之繁衍與進化而努力，這才是正確的「哲學之道」。質言之，哲學必須傾全力，研究社會與倫理的衝突原因，進而提出可行的解決途徑，此乃是哲學高瞻遠矚所追求之目標。

壹拾肆　威廉‧詹姆斯的實用多元哲學

（一）．威廉‧詹姆斯的生平及研究歷程：

　　威廉‧詹姆斯（*William James*，*1842～1910*）係美國的哲學家、心理學家，實用主義（*Pragmatism*）的創始者。他是美國的小說家亨利‧詹姆斯（*Henry James*，*1843～1916年*）之兄。亨利於1895年以後定居歐洲，1915年歸化英國，著有《奉使記》（*Ambassadors*）、《金碗》（*The Golden Bowl*），兩兄弟均為當代傑出人物之一，但兩人的思想截然不同，亨利比任何英國人，還要帶有英國人的色彩。

　　威廉‧詹姆斯於1842年，出生於美國紐約市，父親是史維登柏格（*Emanuel Swedenborg*，*1688～1772年*）瑞典神祕主義者的一派門徒，這種神祕並不妨害他的智慧及幽默感，認為神是聖人，有著無限的愛及知識，創造人類的目的是為了使人神同形；又認為《聖經》裏有象徵的意味存在，他自己便是受了特別的指示而來到人間，從事解釋《聖經》的人。易言之，威廉‧詹姆斯承受父親宗教信仰之影響，使他在宗教信仰、智慧及幽默等三方面無一或缺。兄弟兩人在美國紐約，私立學校念了幾個學期之後，被父親送到法國私立學校求學。在法國求學期間，他倆都讚賞佛洛伊德（*Sigmund Freud*，*1856～1939年*，*奧國的精神病理學家*）的恩師沙考（*Jean Martin Clarcot*，*1825～1893年*，*神經學與精神醫學的*

大師）暨其他精神病學家的作品，兩人同時潛心研究心理學。兄弟兩人分別依個人興趣，分道揚鑣，其各自發展途徑，謹摘述如次：

（1）.弟弟亨利・詹姆斯，著手以心理學為基礎，創作小說；同時，將大部分時間消磨在歐洲各國，最後入了英國籍，不斷地接觸歐洲文化，但依然欠缺成熟的思想。

（2）.兄長威廉・詹姆斯，從法國返回美國定居。自身感覺美國是個年輕的國家，具有發展潛力，並包容了美國南北戰爭後，社會氛圍及各個州郡的特殊精神，終於被抬舉為美國建國以來，最為卓越的哲學家。

　　威廉・詹姆斯於1870年，以28歲的青年學子，取得了哈佛大學醫學博士學位，並從1872到1910年去世為止，長達38年都在哈佛執教，其敬業的教學及研究精神，令人欽服。最初講授解剖學，其後分別講授生理學、心理學，後來轉為講授哲學課程。1890年，當其智慧成熟時，方發表第一部作品《心理學原理》，係一部集解剖學、哲學及分析的精品傑作；對威廉・詹姆斯的學驗而言，心理學乃是從形而上學（*Metaphysics*，*形而上即超物質主義*）演遞而來。由於其弟亨利・詹姆斯（*Henry James*），提供了諸多見解，使該書更賦具敏銳之內省法（*introspection*，*自省*；*examine one' s own thoughts and feelings*），以分析人類精神狀態。質言之，在生理學的解剖實驗方法，未發達之前，研究心理學者，均以此內省法為惟一研究手段，對直接研究精神狀態，有其

價值存在，故一般心理學者仍參用之。此種內省法，自英國哲學家休姆（*David Hume*，1711～1776年）懷疑論之倡導者，聲稱「*人的知識受觀念與印象所限制，所以知識真偽的最終驗證為不可能*」。

由於前項休姆所提懷疑論哲理之影響，以致於休姆離世百年之後，內省法方首次出現在心理學界，令有識之士同感欣喜。

威廉·詹姆斯偏好明確之分析，促成其研究興趣，從心理學轉移到哲學課題，然後又回到形而上學；他認為形而上學，有益於對事物清晰思考。因此，他用簡單明晰的理念，對哲學下了一個定義：

「*哲學係應用最簡單而易理解的方法，來思考事物的學科*」。換言之，自1901年之後，他全心全力致力於哲學方面的探討，其作品前後出版時期及論述主題，謹摘述如次：

（1）.1897年，年55歲，出版《信仰的意志》。

（2）.1902年，年60歲，出版了解釋心理之傑作《宗教經驗的種種》。

（3）.1907年，年65歲，出版了名著《實用主義》。

（4）.1907年，年67歲，雖然年老力衰，但仍然毅力十足，出版了《多元宇宙論》及《真理的意義》兩書。

（5）.1911年，他死後第二年，出版商又為他整理而出版了《哲學問題》。

（6）.1912年，他死後第三年，出版商又出版了一本重要作品《根本的經驗主義》論文集，他的哲學基本概念，均在此書中闡釋得極為清楚。

　　威廉‧詹姆斯出生於美國，受教於美國，在他的著作中，一切用字、語氣、成語，全部是美國式的。他喜歡引用「兌現價值」、「效果」、「盈利」等，具有代表性的詞句；同時，說話語氣不夾帶貴族的氣息，卻樂於運用帶有活潑的鄉音，簡潔有力地表達其內心的思維，堪稱頗能扣人心弦。因此，他所倡導的「實用主義」和「潛在精力」，就精神層面而言，與羅斯福總統（*Theodore Roosevelt，1858～1919年，第二十六任總統，在位期間1901～1909年*）所宣揚的「實際的」和「奮發的」之精神相互呼應。換言之，誠如詹姆斯對友人所說：

　　　　「*在美國人的心靈中，對古老神學，在本質上具有信任的溫柔心境；同時，對商業經濟交易的行為，表現出現實精神*」。

　　因此，威廉‧詹姆斯在其所撰《實用主義》書中，多處引用「柔和的、優雅的心」（*tender-minded*）和「強韌的、剛毅的心」（*tough-minded*）二字，充分表達人類氣質的兩種極端；同時，還表示要使原野（*wildness*），改變成肥沃土地（*rich soil*）的堅毅勇氣和毅力。

（二）. 威廉‧詹姆斯首倡「實用主義」的哲理：

　　威廉‧詹姆斯的哲學思維，素來便朝向著事物予以論述，即使是從心理學出發，也不會像個迷失於洞穴中的玄學家。他是一位實用論者，認為思想如果與事實分離，則形同外在有形的魔鏡，可以察覺及反射個別之事物，並從其前後關係中獲知事物微細之屬性。質言之，英國學派中的古老原子心理學家，誤認為思想是一連串繼續的、個別觀念之機械組合；而事實上，思想並非

繼續的，而是屬於流動性的思維，係一種連綿不斷的感覺及觀念的構成，而觀念思想之流動性中，其「及物」因素，相互交織而形成吾人的精神生活，因此延續生命體。

威廉·詹姆斯指出，人類的意識（*consciousness*）並非實體，也不是物體精神覺醒之狀態，諸如一切精神現象，如知覺、記憶、想像等、皆為意識內涵之一。他所創用的心理學術語「意識流」（*Stream of Conscious*），則泛指吾人之精神作用，雖常變動，而其現象則相續以起，無時或斷；而諸種精神現象之存在絕非孤立的，實融成一片，並保持其統一性，猶如涓涓細流，而成江河一體。同時，他認為一種思想，絕不能以同一形式為第二次之顯現，擬心如流水，無法把捉，而所把捉者，並非原水，已為新水，故名曰「意識流」。換言之，意識既非實體，亦非物體，而是兩者關係的組織及其意識流。至於，思想的次秩及關係，與事實之次秩及物之關係，具有點與點之契合性質。因此，流入思想的是事實本身，而非單純之現象使然，此乃因為除外表及現象之外，別無他物存在。故吾人未必需要越過經驗過程，而趨向靈魂。其實，靈魂僅是吾人精神生活之總和，猶如「實體」是現象之總和。

威廉·詹姆斯對即刻、真實和對事實的切愛，使他步上實用主義的哲學路程；由於從小接受法國明晰的教育訓練，令他不喜受德國玄學的曖昧涵意，和引經據典的術語。他確信德國玄學和術語，都是浮而不實，舉凡一顆坦誠的心靈，都易於領悟抽象概念的空間，無法接受。1878年，他看到皮爾士（*Charles Peirce*，*1839～1914年，美國的通才哲學家*）所撰《如何使我們觀念清楚》一文時，他覺得自己正在尋找的辯解理由。皮爾士說：

「如果要找一個觀念的真義，務必先深入明瞭，觀念所引起的動作後果，以免產生對於一個觀念真偽的爭辯永無止日，並且也將一無結果」。

威廉·詹姆斯接受皮爾士所提出的理論，並以此種方法來測驗古老玄學的問題和觀念，使得古老玄學和觀念被碎裂支解，就如同希臘柏拉圖（Plato, 427～347年B.C.）著名的比喻：「抽離洞穴的陰影，而進入陽光普照的燦爛正午一樣，那些問題變得清晰且實在，而易於解讀了」。皮爾士所提出的理論，引導威廉·詹姆斯，開啟了一個真理的新定義，他說：

「所謂真理，就是吾人思想的準繩，如同『正義』是人類行為的準繩一樣，這種準繩可以任何方式出現，但並不具備一慣性、整體性。因為，能夠適合目前一切經驗的法則，未必能適合其他更多的經驗法則。真是善的一種，在信仰的路途中，一切能證實其為善的，都是屬於真的範疇」。

換言之，真理係在觀念中所發生的一個過程而已，而其真實性是經過確證之後獲得的。因此，實用主義只求觀念的結果，而不過問其來處或是前提；它將重點轉移，只向前看，不看原始、原則、範疇暨假定的需要，僅重視最後的成果、結果和事實。故實用哲學只問：「結果是什麼？」——並將思想面轉向行動與未來。

皮爾士（Charles Peirce, 1839～1914年），係美國的通才傑出人物之一，與威廉·詹姆斯同一時代之學者，出生於麻薩塞州坎菲里奇，早年在哈佛大學接受化學教育，後任教於霍普金斯大學（Hopkins University）。他是數學、研究方法論、科學哲學、知識論和形而上學領域中的改革者，對形成邏輯有重要貢獻。他所

提出的「邏輯」，涵蓋層面頗為廣泛，故被稱為「科學哲學和知識論」；他發現並創建了作為符號分支的邏輯學。同時，他發現「邏輯運算」，可以用電子開關電路來完成，因此預見了「電子計算機」的出現，堪稱係一位電腦程式的先驅開拓者。

（三）. 威廉‧詹姆斯的〈多元論〉哲理：

威廉‧詹姆斯將〈多元論〉（*Pluralism*），運用到哲學上探討最古老的問題：「神的存在及性質」。它承認兩個以上根本原理的二元論（*dualism, 雙重性*），該學說創始於希臘德謨克利斯（*Democritus，西曆紀元前5世紀的希臘哲學家460～357年B.C.*），主張宇宙本體，係由多數獨立自存之實體匯集而成，以德謨克利斯一派之原子論（*atomism*）為始，與一元論或單元論對立。換言之，經院哲學家（*Schoolman，又稱煩瑣哲學家*）係歐洲中世紀的哲學主流，將上帝形容為：「一個抽象之物，超於萬物，是必然、唯一、無限、完美、單純、不變、巨大、永遠與智慧的」等，賦具光輝十足的尊號。質言之，如果神是萬知萬能的，則人類只是祂的傀儡，因為神當初安排的命運，人類亦無能將其改變於絲毫。因此，喀爾文主義（*Calvinism*）和宿命論者（*Fatalism*），均是依據此種定義之邏輯所推論的結果。如果將此種理念運用到機械論者（*Mechanism*）的宿命論上，用以解釋生命起源的論述，亦可得到同樣的結論。吾人若相信定命論（*determinism，謂人之意志行事，由神所決定，個人毫無選擇之餘地*）的教義，必將成為印度的神祕主義者（*mysticism，藉由冥想或超脫自我與神結為一體者，或在靈性上自信能掌握超人知的真理*），並將自身交給玩弄命運之神來操控。反觀，喀爾文主義係

喀爾文（*Calvin，法國的神學家，1509～1564年*）及其信徒，依喀爾文教會的教義，認為神可擇人救施、限定的贖罪、墮落者不能懺悔——亦不能有真信仰，絕對性的恩寵，再造的靈魂亦不消失等，稱為喀爾文主義的五個信條（*the five points Calvinism*）。簡言之，有智慧的人，不會接受這種陰鬱幽暗的哲理，並依生活常態越過此種哲學思維，繼續朝前邁進。

　　威廉·詹姆斯對哲學的基本認知，認為絕對不能違反次列二大原則：

> （1）.*哲學的終極原理，絕不可阻撓人類所衷心的冀求和殷切的希望。*
>
> （2）.*在哲學中，不能阻撓人類一個可追求的目標。哲學不能脫離人類最潛在慾望，更不能承認慾望與宇宙的息息相關，甚至消滅此種思維的動機，則此種哲學將較悲觀主義（Pessimism，厭世主義，認為現世的一切沒有比此更壞的，或所有事物都朝不好的方向前進），更不受人歡迎。*

　　換言之，人類對哲學的接受程度，係衣據個人的需求和氣質而定；人類很少會過問哲學是否合乎邏輯，卻會質問這種哲學在實踐力行後，對其生活產生何種利益或影響。對此種見解的爭辯永不休止，只能使它趨於明朗化，卻無法獲得一致性的確證，誠如次列短文所云：

　　「*邏輯和教誨，從來不能將人說服；如次，我又再次地仔細研究哲學與宗教。但在浩渺的雲際、山川、氣流之間，始終得不*

到歸依」。質言之，吾人深知，人類的需求指使議論的發生，但議論卻無法指使人類的基本需求。

威廉・詹姆斯認為哲學的氣質，可分為陰柔性與陽剛性兩種類型，謹就其內涵，摘述如次：

（1）.*陰柔性的氣質屬於宗教性，喜歡有一確定不變之主義和先驗的真理，故傾向於自由意志、理想主義、一元論及樂觀主義。*
（2）.*陽剛性的氣質較傾向於唯物主義、無神論、實驗主義、感覺論、宿命論、多元論、厭世觀及懷疑論。*

然而就事實而論，有的人，如威廉・詹姆斯，他信任感官，專心於事實的追求，係屬陽剛性的氣質；但從對宗教信仰的需求，和對定命論的恐懼而言，則屬於陰柔性的氣質。令人質疑的是，是否有一種哲學，能將陰柔的與陽剛的氣質，揉和為一，呈現第三種氣質？

威廉・詹姆斯相信，多元的「有神論」，將提供一種綜合的方法，他認為上帝並非無限的，並不是一個高坐雲頂的奧林匹亞（*Olympia*，為宗教上的中心地）的雷神，而是大世界命運塑造者之中的一個幫手。宇宙亦非是一個完結的調和系統，而是一個諸多橫流和交錯意志的戰場。它充分顯示自身並非是一個單一宇宙，而是個複宇宙（*Multi-Verse*）；因此，宇宙自身就處處表示出衝突與分裂。質言之，複宇宙比單宇宙（*Uni-Verse*），更有價值的地方，在於當橫流（謂水行不由故道，洪水橫流，氾濫於天下）與衝突發生時，人類的意志和力量，可以助其決定最終的

結果；在複宇宙的觀念中，沒有一成不變的定命，只有行動是重要的。威廉‧詹姆斯認為，在這個機會均等的世界，命運並不能決定一切，世上每一件東西都還未定型；我們自身及我們的行為可以改變一切。誠如法國的數學家、物理學家、哲學家巴斯噶（*Blaise Pascal，1623～1662年*）在其所著《冥思錄》（*Pensées*）說：「*如果克利奧佩脫拉（Cleopatra，68-30年B.C.，埃及女王）的鼻子高一寸或低一寸，整個歷史將為之改觀*」。

威廉‧詹姆斯很懇切地指出，這些自由意志、複宇宙、有限之神，正如同一般反面的哲學，是缺乏理論根據的，甚至於連實際的證據，也都見仁見智。吾人可以推想而知，有些人可以從定命論中，比從自由哲學中，在生活方面，創造出更好的結果。換言之，當證據還未確定時，為了自身的生活及道德利益著想，吾人務必對陰柔性與陽剛性的哲學做一選擇，以利歸屬並獲益處。因此，威廉‧詹姆斯深深為宗教經驗，與信仰的永無止境之變化所吸引及迷惑；即使對於最不滿意之處，也能以藝術家的能耐予以描繪。他對於神的堅定信仰，係一種對於普遍性的生命道德價值之肯定。他對每一項新線索，都以絕對客觀的態度探究之，因此，他毫不猶豫地加入靈魂研究社，後來他又相信世外，另有一個精神世界存在著。他說：「*我絕不相信人類的經驗，已達到宇宙的最高形式……我們也只是與那遼闊的萬有生命相接觸而已。*」一語道破生命的價值與生存的意義，令人折服！

威廉‧詹姆斯是一位「助人不倦」的哲人，且常以自身的勇氣鼓舞他人力求上進。他心目中深信每個人皆有「潛在力量」，在某種情境之下，那股潛在的力量，便可以自然而然地發揮出

來。他之所以不斷地向個人及團體演講，旨在勸導大家，能將此潛在力量充分開採運用。他對人類在戰爭中的消耗大表驚恐，如果人類對於戰爭能作適度掌控，並進而轉化為對大自然災害的抗衡，則必然會對人類歷史及文化的演遞，產生鉅大的貢獻與價值；反之，不論貧富、階級、種族，能相互尊重，不以殘殺弱小民族，掠奪他國資源及產物為能事，而共同致力於控制疫病、開闢灌溉渠道、改良物種、提昇產量，並以民主方式建設社會性的公共工程，則人類福祉可期，卻不可在瞬間全毀於戰禍，這是威廉‧詹姆斯最大的期盼。

　　威廉‧詹姆斯雖然同情社會主義（*Socialism*），卻不贊成「*主張個人為社會之從屬，一切行動應以社會之公共傾向為依歸*」之見解，此種對個人價值及才能的全然抹煞，未敢苟同。他對法國文學批評家、歷史學家泰恩（*Hippolyte Adolphe Taine*，*1828～1893年*）所提出的公式，將一切文化現象，皆歸納於「種族、環境與時代」的框架，認為不足採信，因為它完全否定了個人存在的價值。簡言之，人類需要一套哲學，及一種信仰，並且將宇宙視為一種企業，而非靜止的物體。我們可以高舉宇宙，讓人類明白在這世界之中，雖然有無數的失敗，卻也有勝利的機會，在等待我們努力去擷取。同時，他以一首情義相挺的散文詩，希望能激起人類的「潛在力量」：

　　「*有一個落難的水手，埋葬在海濱荒丘，*
　　促你揚帆順水行。
　　當我們迷航汪洋，數艘勇敢的小舟，
　　破浪而來救危難。」

　　吾人可從哲學史發展過程，得知實用主義（*Pragmatism*）係以實際之效果，作為決定真理標準之主義，此項哲學之淵源，依序彙整如次：

　　（1）.康德（*Immanuel Kant，德國的哲學家，1724～1804年*）所倡導的「實用理性」，提出「純粹理性批判」及「實踐理性批判」，有其獨到的哲學見解。

　　（2）.叔本華（*Schopenhauer，德國厭世主義的哲學家，1788～1860年*）主張意志之昇華，認為絕對的現實，是一種盲目和無止境的慾望，故人生基本上即為痛苦，而超脫痛苦的最終途徑，只有藉著生活的意義來克服。

　　（3）.達爾文（*Darwin，英國的生物學家，1809～1882年*）於1859年，發表「物競天擇」的理論，說明生物於自然界中的自然淘汰，只有能適應環境者，才能生存。

　　（4）.邊沁（*Bentham，英國的哲學家，1748～1832年*）係功利主義的倡導者，潛心於倫理學、法學及政治經濟學的研究著述，並致力於貧民法及監獄的改革，他認為人生的最終目標是幸福，而追求最大多數人的最大幸福，即是最崇高的社會道德。

　　（5）.孔德（*Comte，法國的哲學家，1798～1857年*）是實證主義（*Positivism*）哲學的創始者，排斥思辨，而採取以科學研究之結果為憑之一種哲學思維。

　　（6）.佛蘭斯・培根（*Francis Bacon，1561～1626年*），是第一位採用歸納法（*Induction*）從個別的事實，推演出普遍性法則之方法，即由種種特殊事例，予以統合為一般的原理。近世科學昌明，賴此方法之力居多。

　　總體而論，威廉‧詹姆斯係一位誠實的哲學家，將實用主義很謙虛地形容為一個「舊思想的新名」。他說新的哲理，是經過實驗與經驗所獲致的結果，才是真理的原則，只有普遍、永久的功用，才能形成真理的要素。質言之，威廉‧詹姆斯期盼能以最新的、最新奇而驚人的方式，去改變古老英國對理論及理想主義的態度。因此，吾人可以肯定地指出，威廉‧詹姆斯是繼英國哲學家佛蘭斯‧培根之後，使哲學再一次面對物質世界的人之挑戰。他的真理理論，雖未被人重視，但其所研究的新實體論，暨其重視實驗的精神，必被後繼者所尊重，並留念不忘。

壹拾伍　喬治・桑塔耶那的理性哲學論

（一）. 喬治・桑塔耶那的生平及哲學思維：

　　喬治・桑塔耶那（*George Santayana, 1863～1952年*）係1863年，出生於西班牙首都馬德里（*Madria，海拔高730公尺，有大鬥牛場、博物院*），1872年移民美國，畢業於哈佛大學（*Harvard University，由英國移民，劍橋大學畢業的牧師約翰・哈佛John Harvard 於1636年創立*），並自1890年起，就在母校哈佛擔任教職，直到1915年去世為止，先後長達25年之久。

　　桑塔耶那早先從西班牙的馬德里，移居到波士頓（*Boston，美國麻薩諸塞州之首邑，建於1630年*），隨後又遷到劍橋（*Cambridge，波士頓郊外之文教都市，哈佛大學的所在地*）定居。他對於美國城市的煩囂與緊張感到苦惱。因此，他喜歡哈佛大學的幽靜環境，於教學中常帶著莊嚴、甜蜜，而又內斂的精神來面對學生。他認為哈佛大學的哲學一門，勝過其他的美國大學，並且說：「它是理性生活的一個清晨，雖然有陰雲，但卻是晨光照耀」。

　　桑塔耶那的第一篇哲學論文是《美的意義》，被尊之為美國第一篇有關「美學的論文」。其後七年之間，他傾全力於研撰《理性的生活》，內容涵蓋五大卷：（*1）. 常識中的理性，（2）. 社會中的理性，（3）. 宗教中的理性，（4）. 藝術中的理*

性，（5）.科學中的理性。

該書出版後，桑氏的聲望震動全世界，從書中所研內涵，吾人可獲知對桑塔耶那的事證與認知，謹摘錄如次：

（1）.他賦具西班牙貴族，承繼了愛默生（Raplh Waldo Emerson，1803～1882年），美國思想家、詩人）的家系，信仰自然主義超絕倫，肯定個人人生的尊嚴。

（2）.他秉性地中海貴族主義，與新英格蘭個人主義，精純混合為一體之哲學思維。

（3）.他擁有不受時空限制的自由精神，與解放的靈魂。

（4）.他以異教徒的高傲視野，來俯視美國的哲學系統。同時，以精美的散文，沉靜的理性，來鑑定美國新生的哲學體系。

（5）.他以蘊含新奇的風趣、優美而精緻的語法組織，並飾以譏刺的機智，猶如絢爛隱喻的詩人，令世人心繫美的誘惑，與真理的召喚之風範。

桑塔耶那在享有盛名之後，少有著作，他又離開美國，到英國定居。1923年，六十歲的老年人，遠渡重洋，重返歐洲的舊世界，卻邁向新的路程，其思維仍然熱烈，風格依舊光彩，出版了《懷疑與動物崇拜》頗令人驚訝。他一生的主要著作計有《三個哲學詩人》、《哲學學說之道》、《德國哲學中的自我主義》、《美國的性格與見解》、《在英國的獨白》等名著，留傳世人。

（二）. 桑塔耶那對《懷疑與動物崇拜》的哲理：

桑塔耶那在所著《懷疑與動物崇拜》的序文上說：「*如果人對其他哲學家有所偏好的話，我倒希望他們能勤找心靈之窗，好像氣象萬千的無窮美學，能更亮麗地展現眼前*」。因此，他提議先消除妨礙現代哲學成長之蛛網似的認識論。同時，能先行討論人類理性的起源、效力與限度；他認為思想界最大的弊端，就是無條件地接受傳統的理論。有見於此，提出具體的思維，形成桑氏的名言是：

「*只有批評精神，才能把靈魂從傳統的懷抱中驚醒過來*」。換言之，桑塔耶那非常懷疑我們所認識的世界，並非真實的世界。只有此時此刻，這一剎那的經驗──顏色、格式、味道、氣味、質性，才是「真實的」世界，依賴它們才能「發現宇宙的真諦」。

桑塔耶那認為觀念論（*Idealism，哲學上認識論之一派，與實在論相對*），雖然正確，但並不重要。吾人所認識的世界，是從觀念中獲得的，所以我們盡可採取實用主義的態度，對於將來的事情暫不過問。「動物的信仰」也許是神話中的信仰，但實際的生活，畢竟是比形式上的三段論法要好些。英國哲學家休姆（*David Hume，1711～1776年*）首倡懷疑論，當他發現觀念的起源之後，反而把觀念的效力毀壞了，其原因係對懷疑經驗的真實性過於嚴苛，被德國人視為一種病態而遭遺棄。因此，桑氏曾道出下列感言：

「我們不必放棄對於自然界所泛生的概念，在日常生活中，也不必去否認這種概念的存在，我們只有在面向北西北時（指加拿大國境），或處於超越境界的時候，才能暫時充作觀念論者；一旦轉為南風，我們又必須成為唯實論者（Realism，與觀念論相對，乃就認識與實在之關係而立言者），──如果要我讚美我們不相信的東西，那真令人羞恥極了。我以為不在自己，而在別人所擁有的風格下，實在是懦弱與不誠實的表示。所以在我看來，近代作家當中，沒有一個是完全的哲學家；只有斯賓諾莎（Spinoza，荷蘭的葡萄牙系猶太裔哲學家，1632～1677年，主張泛神論的一元論）是例外……我很誠懇地接受自然，並在遐思當中，將之尊為律令或動物信仰，度過日常生活」。

（三）. 桑塔耶那所闡釋「科學中的理性」之哲理：

桑塔耶那所指的理性生活，係泛指一切在意識上，所發生效果的實際思想與行為而言；理性不是本能的仇敵，它是由衝動與觀念二種要素組合而成。因此，理性的動物包含觀念與行為兩項要素；並非空想的觀念，也不是虛無的行為，故理性乃是人類對於神的模仿而得。換言之，桑塔耶那對「科學中的理性」，有其獨到而深入的見解，謹摘述如次：

（1）.理性的生活係以科學為基礎，只有科學才能包含可靠的知識；桑氏了解理性的缺失，亦明白科學的弊病。

（2）.現代所採用的科學分析，並非統御自然的永恆不變法則。

（3）.信仰理智，可獲得真實而可靠的信仰，體悟人生，
如同蘇格拉底（*Socrates，469年～399年B.C.，希臘哲學
家*）洞察生命，認為只有凡事經過論辯，而得的結
果，才能稱為有價值、有意義的果實。

（4）.吾人應把人類前進的方向，連同人類的歷史及演遞過
程，交給理性去研判；只有理性的智慧，才能作出妥
適的研判。

（5）.他不創建新的哲學，相信最早的哲學家最為優秀，
尤其西曆紀元前5世紀的希臘哲學家德謨克利斯
（*Democritus，完成原子論atomism*）與亞里斯多德
（*Aristotle，384～322年B.C.*）二人最為傑出。

（6）.他樂見德謨克利斯的清晰唯物論（*Materialism*），和
亞里斯多德的穩健哲學（*中庸之道*）。

（7）.他以德謨克利斯的原子論，與亞里斯多德的中庸之
道，作為哲學研究之依據，來探討近代人類面臨的課
題。他認為二位哲人指出，事物的觀念都有其自然的
基礎，必能獲致理性的發展，而人類的理性生活，當
可得到經典上的論據。

桑塔耶那不同意泛神論（*Pantheism*），所謂神即萬物，萬物
即神的形而上學之理論，這種多神教（*worship of all the gods*）形
同無神論者（*Atheism，否定神之存在*）之代言人。桑氏素來執著
於那種優雅、變質的古老信仰，如同沉溺於幻想的夢想家，無視
於現實而崇尚理想的唐吉訶德（*Don Quixote，西班牙作家塞凡提斯
Cervantes所撰諷刺小說之主角*），他指出：

「自然本身就早已充滿詩意，它充分提示人類，舉凡生產和統制的機能、無限之生命力，以及變化無窮的宇宙秩序，早已存在。吾人相信這個世界，並沒有不朽之事，宇宙的精神及其能力，就是人類生活的表現。假如人類硬要把神完全抹煞，則這個世界必將變成慘淡落寞，毫無生氣可言。因此，人的靈魂，也許是近乎永存與理想之間，而靈魂並不以現實世界為滿足，卻想在現實世界之外，求得優越的生命力，害怕死亡，希望在宇宙之內，有一股力量，使人類在變化無窮的世界中，找到永垂不朽之境界。簡言之，人類的權利，只有在向前推進的歲月與景色中，因應環境的變化，去適應環境，並盡情欣賞生活的情趣，才是正確的認知」。

　　桑氏認為，我們不能用物理學來闡釋地球表面的運動和生長，但是心理學可設定心靈的幽處，存有機械作用。因此，吾人可用唯物論與機械論（Mechanism）的見解，來觀察人類的心智活動，則心理學才能脫離文學的領域，進入科學的世界。諸如斯賓諾莎（Spinoza，1632～1677年）主張泛神論的一元論，認為全部的個體就是他們的樣態，以因果之機械關係，說明宇宙之變化現象，不認為變化之發生具有任何目的，是為機械論。同時，當斯賓諾莎探討情感的緣起，尚無法擺脫「文學的心理學」的邏輯概念，欠缺探究每一項衝動和情緒的心理學，或機械論的基礎，並且無法逃出演繹的辯論，實為美中不足之事。

　　桑氏將生命視為機械性、物質性，所以他認為意識並非一種物質，僅是一個狀態或過程，亦無因果關係的效能。心靈的效能來自情感的「熱力」。質言之，桑氏認為：「思想的價值是理

想的，而不是因果關係，思想不是行為的工具，而是經驗的美麗舞台，它是倫理與美之愉悅的接納者」。因此，吾人可肯定地指出，思想、意識，雖在語意上略有差異，但它是人類快樂的媒體，且是判斷的有機體，其主要功能是感想的表達，反應的調整。法國的哲學家柏格森（*Henri Bergson，1859～1941年*），樂於談論生命，自認已得到生命的奧祕，認為真實的存在是「純粹持續」，當具體的生命概念化之後，即為無法把握的「創造的進化」，並以此發展出他的直觀主義（*Intuitionalism，主張真理之認識，係直觀而來的學說，謂絕對之認識，得由知的直覺以達之*）、唯心論之「生之哲學」。故，創造務必有陽光和雨露滋潤，才能發揚成長。

（四）. 桑塔耶那對「宗教中的理性」之哲學思維：

桑塔耶那所著《宗教中的理性》，係一部充滿著優柔寡斷，與懷疑的心境之著作，其主張與羅馬詩人魯克里夏斯（*Titus Lucretius94～55年B.C.*）雷同，相信人類因恐懼而產生宗教，他明確地道出：

「人類對於宗教的信仰，乃是身心遭到厄運，心生恐懼而不能避免的選擇，……當面臨弱者時，其憎恨心變成殘忍；反之，面臨強者時，則會自然而然變成恐懼、阿諛（徇私諂媚）。由此，可知人類信仰宗教的動機，是何等卑微，何等低賤！此種動機起因於面臨災難、生活困苦所致，於是希望藉由對神的讚美，採取最謹慎遵從的態度侍奉神、接受神的吩咐、指示。他們內心裏相信，神的保佑或神的懲罰，都是有其因果關係，順天者昌，

逆天則亡，天網恢恢，疏而不漏。」

　　桑氏認為自古以來人類因生活情境的變化，除心理上產生恐懼之外，富於想像或幻想，亦是產生宗教信仰的重要因素。人類在先天上就是靈魂主義（*Soul Theory*），謂人於肉身之外，尚有靈魂之實體存在，一切心意活動，皆為此實體之顯示於外者。因此，人總是樂以人為本位，解釋萬事萬物變化之情境。然而，創造神話的民族，並不相信神話的真實性，但是這種神話的傳說富有詩意，常可以激勵生活的情趣，因而人民易於接受。此種神祕的傳聞，隨科學的發達而逐漸消失，但在原始的民族中，諸如近東、亞非的部落民族，仍然成為其主流信仰之重要部分。有關神話及宗教信仰，其源起及演遞情形，摘述如次：

（1）.*《舊約聖經》中，處處充滿著神祕的詩文與神祕的隱語，令教徒好奇尋幽。經查《舊約》係猶太人所創立，原本不象徵什麼神奇人物，可是傳到西歐各國，歐洲人民的思想中，常將《舊約》幻想的隱喻誤解為科學，因而泛生了西方的神學。*

（2）.*原始的基督教，就是希臘神學與猶太倫理學的結合體，但此種結合體，並不穩固，有時希臘神學佔優勢，有時猶太人的倫理學佔優勢，彼此相互抗衡或對立，紛爭四起。*

（3）.*當自然的希臘神學佔優勢時，就成為天主教（catholicism），奉羅馬教皇為宗主，盛行於世界各國，並引起文藝復興運動。*

>（4）.當嚴肅的猶太倫理學佔優勢時，就成為新教
>　　（Protestants），在16世紀宗教改革時，因否定羅馬教
>　　皇的權威，而從羅馬教會分離出來的基督教徒，以及
>　　屬於此系列之教會和信徒，總稱為新教。

　　桑塔耶那稱日耳曼人為「北方蠻種」（屬條頓族、印歐語系之一），他們從未接受羅馬的基督教教義，其宗教理念始終堅持「剛毅的非基督教的倫理、迷信、神話暨傳統與情感，並在中世紀的民族中表現出來」。因此，所謂「歌德式的教堂」（Renaissance, Gothic architecture church）被認為是野蠻民族的，不是羅馬式的教堂。易言之，在東方的和平時代，由於條頓民族的戰鬥精神嶄露頭角，隨將基督教所提倡的博愛、清苦生活，轉變為嚴守教規、道德教訓、崇尚權力、經濟掛帥的宗教。事實上，基督教的教義，並非主張令窮人無立錐之地，而富人佔據高位享受富貴。然而，條頓民族卻將這種新興的、野蠻的教條，徐徐地導入基督教教義之中，使基督教、天主教趨於式微狀態。

　　桑塔耶那指出，日耳曼人硬將基督教字面的教義，嚴格予以剖析批判，令東方正教（Orthodox Church），於9世紀自羅馬天主教會分出，以君士坦丁堡為總主教管區的基督教會的崩潰，成為不可幸免的事實。因為採用生硬的字義來解釋基督教教義，必然使其教義難令人信服。何況，由信徒個人對教義的解釋，必然引起教派之間的內鬥，進而產生溫和的泛神論。諸如德國的劇作家勒辛（Lessing, 1729～1781年）與德國詩人歌德（Goethe，1749～1832年）、英國思想家卡萊爾（Carlyle，1795～1881年）與美國思想家愛默生（Emerson, 1803～1882年），便是此

種類型的泛神論。質言之，耶穌（*Jesus Christ，4B.C.～30年A.D.
基督教的始祖，上帝之子*）的道德體系，摧毀了好戰成性的耶和華
（*Jehovah or Yahweh，上帝之希伯語本名，《舊約聖經》中神之名，
上帝God*）。然而，由於歷史上的偶然事件，竟促使耶和華順著
先知（*prophet，預言者，能傳佈神旨，以警世人*）的啟示，與耶穌
的和平主義轉化成基督教，令世人生出無限的好奇，各式各樣的
思維、教派，五花八門，無奇不有的教別名稱，充斥於街頭巷尾
及鄉間荒野，真是奇怪耶！

　　桑塔耶那的天性和遺傳基因的關係，無法認同新教，他樂於
欣賞賦具活力氣息的青春信仰。他所以反對新教，係因為新教將
中世紀的美麗神話拋棄，同時忽略了童貞瑪麗亞（*Virgin Mary，
耶穌基督的母親，基督徒尊稱為聖母*）的存在。他與猶太後裔的
德國詩人海涅（*Heine，1799～1856年*）的認知相同，稱瑪利亞為
「詩中最美麗的花朵」。有人批評桑氏不信上帝，卻敬奉瑪利亞
為自己的母親，他熱愛天主教中的美，更勝於其他信仰的真，正
因為這個緣故，所以他熱愛藝術更勝於工藝。換言之，對於神話
的批評，可分為二個時期：第一個時期，視它為迷信；第二個時
期，則視為詩。因此，宗教係採用人類的幻想來闡釋的人類經
驗，有人未把宗教看作象徵的東西，卻將它誤作真理與生命的實
質代表，難逃批判。簡言之，宗教是不可辯論的，有智慧的人，
只好尊敬信仰者的虔誠，並盡量朝著詩的境界去闡釋，以免引發
不必要的爭論。

　　桑塔耶那有見於世人對宗教的思維相當紛歧，故提出對「宗
教中的理性」之建言如次：

「文化人，不宜干擾他人的生命所賴以安慰，所賴以激發生活情趣的神話隱喻。凡是過理想生活，又能將理想發揮在社會與藝術上的人，必能享受雙重的不朽。」

因此，桑氏認為，唯一能使文化人產生興趣的不朽，就是斯賓諾莎（*Spinoza, 1632～1677年*）所說的不朽。斯賓諾莎曾駁斥笛卡兒（*Descartes，1596～1650年，法國的哲學家*）的二元論，認為神，雖擁有宇宙內在因素的無限屬性，但對人類所得的認識，只是其中的思想和延長而已，所以他主張泛神話的一元論，認為全部的個體，就是他們的樣態。

（五）. 桑塔耶那對「科學中的理性」之哲學思維：

桑塔耶那認為探討哲學之目的，在希望覓得不必借用宗教的隱喻激發或信仰，便能廣行道德。吾人可從蘇格拉底，或斯賓諾莎兩人所撰哲學之中，找到人世間所存倫理上的完美體系，而不必在人世間之外，另求天堂或極樂世界。然而，世界上素來就沒有純粹而合乎理性的道德，自然難求得適宜世間的道德規範。換言之，這些道德規範，便成為哲學家的奢侈品，而哲學家自有其心目中的天堂，哲學家為他人所求得之寓言性的福音，雖是詩歌的象徵，卻涵泳在真理之中，自得其樂。因此，大多數的芸芸眾生，對德性之展望，只好有賴於往昔之追憶與對未來之憧憬了。誠如，法國天文學家兼數學家拉普拉斯（*Marquis de Laplace, 1749～1827年*），致力於推究太陽系之來源，創星雲說，當他臨死時，說科學只是瑣碎的東西，人世間只有愛，才是唯一的真實。

　　桑氏指出家庭是人類最基本的組織，係綿延種族的場所，但它對引導文化發展的功效不大，希望文化能進一步的發展，則有賴於一個較為複雜的制度，方能見其成效。猶如，德國的哲學家尼采（*Nietzsche, 1844～1900年*）所說的：

　　「國家可以成為一個體積龐大的怪物，實行中央集權，減少許多小權利的爭鬥，使人民的生活趨於安定狀態；因此，人民的愛國心大多根據此種心理思維而產生。桑氏並不認為愛國心害多益少，因為一個人的愛國心，可以使污名者變成熱忱，支持改革者。要愛一個國家，必須先認清楚，這個國家的實際狀況，與理想的目標，差異在何處，這種差異可以刺激改革的願望和達成改革的毅力；另一方面，愛護種族的心是不可或缺的。有此種族較其他民族卓越的觀念，才能致力於生存環境的改革，而獲得精神上的勝利，其視野開闊，並在穩定中求成長」。

　　桑氏對於國家的認知，有其獨到見解，他指出國家的最大罪惡，莫過於成為戰爭的機器，動輒便在弱勢民族或國家之前耀武揚威，展示其軍備、武力，但是戰爭的結果，只有帶來人民的死傷，國力的衰退，沒有一個國家、民族得到真正的勝利。反觀，政黨腐敗，政府無能，戰爭的結果，不論是本國或敵國勝利，受到災難還是人民。百姓遭到橫征暴斂，生活受到騷擾和漠視，內心的痛苦，惟有無語問蒼天。

　　桑氏指出，人類自古以來的政治活動，都是從黑暗時代演遞而成，那時有一種政治理論，便認為有關世界帝國與天主教的學說，係依理性時代的思維，逐步推演而來。在此之前，早就有少數崇尚理性的領導者，企圖將世界看成一個整體，加以合理的區劃，再予以統理。桑塔耶那點出，數項處世原則，令人佩服，他

說：

（1）.國際競技運動的發展，可使群體之間的鬥爭精神，有
一正當的出路，如奧林匹克運動大會便是。

（2）.「道德代替戰爭」的理論，也可在相當程度內獲得明
證，諸如協助面臨飢餓困境的民族，作出人道的幫
助，必可化解貧窮與富有的對抗，降低戰爭的發生，
必有所助益。

（3）.實施國際間彼此投資，使貨暢其流，當可平息世界市
場的無端爭執，亦可減低貿易戰爭的機率。

（4）.工業的發展，可用於和平與軍事兩方面，故不必被工
業主義所迷惑。

（5）.他同意美國思想家愛默生（Emerson，1803～1882年）
所說：「貨物坐在鞍上鞭策人類！」的觀點，愛氏信
仰自然，主張超越論，肯定個人人性的尊嚴。

（6）.在哲學家組成的世界裏，每天工作1、2小時所得的酬
勞，就足夠維持生活所需。因此，英國雖然狂妄無知
地大量生產，卻知道消遣的價值與藝術，對人類生活
的價值與貢獻。

　　桑氏認為，所有世界上的文化，都是貴族政治所泛生出來的
成果；文明則是貴族階級的生活習慣，散佈民間所形成。一個由
農民、工人所組成的國家，其生活水準、生活環境自然低落，故
必然停留在野蠻、半野蠻的狀態，則其優雅的傳統文化、遺跡將
趨於消失；其愛國的理性根源，暨其歷史本質亦將逐漸消失。亞

里斯多德（*Aristotle*，*384～322年B.C.*，*希臘哲學家*）所認知的貴族社會，係一種特殊的貴族主義，不以門第賦予政治權力，而是以能力或相對能力的榮譽，才可賦予政治權力；這才符合柏拉圖（*Plato*，*427～347年B.C.*）所主張的哲學家治國的理念。

　　桑氏深知貴族政治有其優點，也有其嚴重的缺點。貴族制度有助於文化的提升，也有助於暴政的出現──千百萬的奴隸，為了少數人的享受而犧牲生命與尊嚴。桑氏對於政治有其獨特的思維或見解，謹就其重點，摘錄如次：

（1）.政治的首要原則，就是應提高社會組成分子的生活水準及其技能，為衡量之準則。

（2）.一個國家，如果沒有優秀的個人存在，必然沒有任何國家或個人會認識它。

（3）.民主制度下的政府，常顯得腐敗、無能、壓制異己。最糟的是它獨特的壓抑─對於整齊劃一的盲目崇拜，倡導自我感覺良好的一言堂。

（4）.再沒有比那種庸俗而隱匿的暴力，更令人恨之入骨。統治階級或掌權者兇殘而愚蠢的行為，常摧毀每一個新奇的思維和天才的幼苗。

（5）.善不是自由而是智慧，善就是對個人所應受的限制感到滿足。

（6）.現今的民主社會，開闢了人人自由與放任政策的道路，許多人為了貪財而毀了心靈，少有人知道滿足的意義。

（7）.社會上各階級和階級之間，互相仇視殘殺；誰是自由

放任的倡導者，誰就摧毀，並結束自由民主社會的元兇。

（8）.這就是對社會改革的天罰；為了改善人類的生存環境，他們反而把自己所推翻的虐政，又重新建立起來。

（9）.革命的意義甚難領會，一場革命結束之後，革命的成功，通常與他們對反抗勢力的適應能力，與吸收能力成正比。

（10）.千萬次成功的革命，仍然把世界遺留在腐敗的狀態中，因為成功的革命運動必建立一種新制度，而此種新制度免不了又會受野心政客、政棍所濫用。

桑塔耶那心目中的理想社會，是一個「名譽政治的社會」，它是德高望重的人所領導的政治，將是高貴而清廉的政治，且是非世襲的財團、貴族掌政。每一位男女，都依據其學術、能力、經驗，尋求機會，擔任政府組織裏的適當而重要職務；無能、無品者，不管其獲得多少選票，也沒有資格，更無權利執政。質言之，在機會平等的原則下，政府的貪腐機率甚微；柏拉圖所稱「哲學家王國」得能實現，而科學和藝術，也有大放異彩的機會。面臨今日政治混亂的態勢下，有識之士所期待的民主、法治、人權的政治體系得能實施，這便是哲學家所寄予厚望，且賦具高瞻遠矚的政治哲學理念。

綜合上述，吾人可察覺桑塔耶那，是一位憂鬱的哲人，他以一位西班牙貴族的身分，流浪到美國中等社會裏，只有適時宣洩其悲痛的心境。他說：「生命是有意義的，如果沒有此項重要的

假設，則哲學將永無結論可言」。在其所著《理性的生活》首冊中，將人類的生活與歷史的演遞過程暨其意義，視為探討哲學的主要課題。他在無意中譜出自己生命的悲劇，他說：「在完美中自有悲劇，因為產生完美的宇宙本身便不完美」。此種思維，猶如美國浪漫詩人雪萊（*Shelley, 1792～1822年*），著有《普羅米修斯的解放》（*Prometheus Unbound*）等革命詩劇而聞名，很年輕就感悟到超越現世的「理想美」之存在，透過作詩、戀愛及社會改革理想，一心追求這個綺麗的影像。換言之，桑氏處世超然，獨來獨往，生活缺乏情趣，異常孤寂，令人不捨。

　　桑氏曾說：「智慧來自幻滅」。它是智慧的開始，正如懷疑是哲學的原動力。他認為宇宙只是唯物機械論的思維，可能和他那陰鬱內省的哲學觀息息相關。他體會到吾人所認識的大自然的一切事物，其秩序和方法的幻想，經常充滿著美和恐怖，但他確實是一位道道地地的天生唯物論哲學家，自然會像西曆紀元前5世紀的希臘哲學家德謨克利斯（*Democritus*，*460～357年B.C.*）所認為的：「*最高的善是幸福，而幸福存在於內心的平靜與明朗之心境中，自己也將親自付之實施*」。故一般的希臘人，稱他為「歡樂的哲學家」。反之，西曆紀元前6～5世紀，出生於小亞細亞的以弗所（*Ephesus*，*513年B.C.*），希臘哲學家海洛克萊特斯（*Heraclitus*），則依所著《自然論》（*Concerning Nature*）主張萬物輪迴，倡言生命短暫的悲觀論，而被稱為「悲觀的哲學家」（*the weeping philosopher*，*又稱「涕泣的哲學家」*）。

　　簡言之，桑塔耶那生來就是樂於孤獨地過活（*live in solitude*），他的哲學充分反映著自身卓然獨立的人格，它是一種不畏不懼，率真無偽的自我表現。他樂於運用其圓融、精細而帶

有陰鬱的心靈，以其雄偉而典雅的散文，將其所思、所見的哲理留給後人尋幽探索。令人遺憾的是，雖然人類早已拋棄了舊思維，卻未覓得人類朝前邁進的新思想、新風格，以便裨益於引導世人而流傳不息。

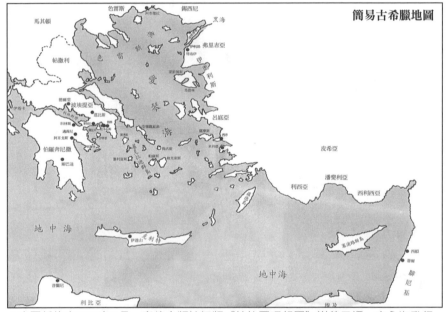

＊本圖係錄自2012年9月，康德出版社初版《柏拉圖理想國》謝善元譯　李永海發行。

蘇格拉底的雕塑像

　蘇格拉底(Socrates，469~399年B.C.希臘哲學家)面對，盛行於西曆紀元前500~400年時期的詭辯學派(Sophists)，如普洛特哥拉斯(Protagoras)、哥爾吉斯(Gorgias)、普洛狄科(Prodikos)及喜庇亞(Hippias)等詭辯家，糾正了當時功利主義及主知主義的風潮。

希臘地圖與雅典的柏拉圖學園

柏拉圖的鑲嵌畫

　　位於義大利西南部坎佩尼亞(Campania)省的古代都市龐貝(Pompeii)，79年，因維蘇威火山(Vesuvius Volcano)爆發而遭掩埋，1755年開始進行挖掘，乃使全貌漸現。在龐貝城附近出土的鑲嵌畫(拿破里—Napoli國立博物館典藏)，描繪著正在指導弟子幾何學的柏拉圖(Plato，427~347年B.C.)，態度認真，弟子亦專心聽講，接受教導。

歐幾里得的銅版肖像畫

歐幾里得(Euclid，330~275年B.C.)係希臘數學家。出生於亞歷山卓港(Alexandria Harbour，位於非洲東北部尼羅河三角洲之西北，瀕馬利斯湖—Mareotis Lake)，曾在托勒密朝教授數學，主要著作有《幾何學原理》(Elements of Geometry)15卷，是編輯古代數學而成為數學史上第一次有系統、有條理之著作，現代幾何學即淵源於此。圖是1740年所作的歐幾里得銅版肖像畫。

亞里斯多德和柏拉圖並肩齊步圖

義大利文藝復興時期的畫家拉斐爾(Raffaello Sanzio, Raphael，1483~1520年，也是建築師)，所繪之壁畫「雅典學院」(1510年，部分由梵諦岡拉斐爾室典藏)。右為亞里斯多德(Aristotle)，左為柏拉圖(Plato)。亞里斯多德認為靈魂有理性的(人類)、感覺(動物)，營養的(植物)三種形態。

希臘抒情詩人平德爾的肖像畫

　　平德爾(Pindar，518~438年B.C.)係希臘的抒情詩人。圖是19世紀法國畫家安格爾(Jean Augusts Dominique Ingres，1781~1867年，法國古典派的畫家)所畫的平德爾，他被認為是希臘最偉大的抒情詩人，常與王公貴族交往，應他們所求作了許多不同形式的詩，為後世留下了典範。

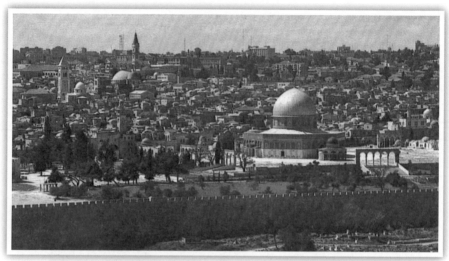

耶路撒冷的曼多邦姆城門

耶路撒冷(Jerusalem)係以色列(Israel)的首都，猶太教、基督教、回教的聖地。於1948年以後，被約旦(Jordan)與以色列二國分割，1967年第三次中東戰爭後，屬於約旦的舊城，亦為以色列所兼併，並以曼多邦姆城門(Mandelbam Gate)，分隔為新城與舊城。

以色列、約旦、敘利亞、黎巴嫩相關位置圖

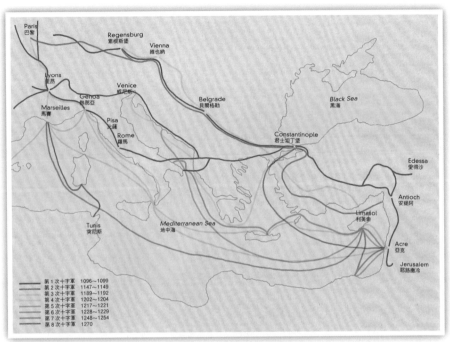

十字軍八次的東征路線圖

　　十字軍(Crusade)東征，於公，想從回教徒手中奪回聖地耶路撒冷(Jerusalem)；於私，想朝聖為個人贖罪(Redemption)。

　　英諾森三世謁見聖芳濟情形的畫像

　　英諾森三世(Innocent Ⅲ，在位期間1198~1216年)畫像，係義大利畫家賈第(Taddeo Gaddi)的作品「聖芳濟的故事」，佛羅倫斯學院畫廊典藏中的部分，描繪1210年英諾森三世謁見聖芳濟，並承認聖芳濟修道會的情形。

華茨華斯對詩的特別見解

　華茨華斯(William Wordsworth，1770~1850年)係英國湖畔詩人之一，與柯爾里吉(S.T. Coleridge)合寫的《抒情民謠集》(The Lyrical Ballads)，為英國浪漫主義的先聲，1843年被封為桂冠詩人。華茨華斯是批評家安諾德(Matthew Arnold)，列為僅次於莎士比亞(Shakespeare)及密爾頓(Milton)的英國最佳詩人。主張詩必須取材自日常生活、使用人類實用的文字及加入想像的色彩，其詩超脫塵俗，將自然界的聲音與回憶中的影像，經由想像而戲劇化地表現出來。他是個人價值及尊嚴的衛護者，睥睨(斜眼看人)歷代詩壇的自然詩人。

伏爾泰的肖像畫

伏爾泰(*Francois Marie Arouet de Voltaire*，*1694~1778年*)早年及接受自由主義思想的洗禮。*1717年*由於寫諷刺攝政的詩而被監禁於巴斯底獄，於獄中完成了悲劇「伊底帕斯」(*Oedipus*)，翌年出獄。*1726年*亡命英國，將英國的議會制度、社會、文化風俗等作全面研究，*1729年*返回法國。*1734年*因發表「哲學書簡」(*Let-trees Philosophiques*)，又再度被放逐。*1759年*定居於瑞士邊境的弗尼(*Ferey*)，專心致力於寫作。

孟德斯鳩的肖像畫

孟德斯鳩(*Charles Louis de Secondat de Montesquieu*，*1689~1755年*)於*1721年*因發表「波斯信函」諷刺專制政權而聞名，其後遊學於英國和歐洲各國，著有《羅馬帝國聖衰起源論》(*1734年*)，歷經*20年*寫成了《法意》(*De Lésprit des Lois*，*1748年*)一書，主張政治自由和三權分立，對後世影響極深。孟德斯鳩的肖像畫，*1728年*，法國凡爾賽宮典藏。

拜倫著希臘服裝畫像
　由菲力普斯(Thomas Phillips)所繪身著希臘服裝的拜倫像(George Gordon Byron，1788~1824年，英國詩人，嘗助希臘獨立)，由倫敦國立肖像畫廊典藏。

腓特烈二世的肖像畫
　腓特烈二世(Frederick II，1712~1786年)的肖像畫，德國柏林國立歷史博物館典藏。

總結語　書後的回顧與省思

　　希臘哲學家雷卡巴斯（*Leucippus*）與其弟子德謨克利斯
（*Democritus, 450～360年B.C.*），共同完成原子論（*atomism*），
認為一切物質均由不可分割之微粒構成的學說；兩位哲人堪稱
係現代科技發展的開展者，其叡智超乎常人，令人敬仰。在此
同一時代，柏拉圖（*Plato,427～347年B.C.*）出生於雅典的名門
之家，年幼失怙（*父親往生*），母親改嫁，繼父在培里克里斯
（*Pericles, 495～429年B.C.，雅典政治家、將軍，460～429年B.C.時
執政，使雅典盛極一時。*）治理國政時代，是一位活躍的政壇人
士。柏拉圖因家世富裕及政商關係良好，於20歲時即拜蘇格拉底
（*Socrates, 469～399年B.C.*）為師，受其身教、言教影響甚大。當
399年B.C.蘇氏因其教學，被指為會使青年學子墮落，在雅典被
判死刑，而飲毒身亡。於蘇氏死後，柏拉圖因失去良師指引，旋
即離開雅典（*Athens, 希臘首都，是古代希臘文明的中心地*），周遊
各地，歷經12年之久，始於387年B.C.左右重回雅典，在郊外設
立學院（*Academe, of the philosophy of Plato*），宣揚自己周遊各地
所獲的哲學思想，並公諸於世之外；同時，從事教育事業，其哲
學主題在於「*追求統一永遠不變的超越性觀念，暨強調其生長發
展的普遍性理念*」。換言之，柏拉圖的著作以《對話錄》（*Great
Dialogues of Plato*）為主，包括「普洛特哥拉斯」（*Pratagoras*），
「饗宴」（*Sympostium, 以座談形式寫成的對話錄之一*）、「理想

國」（*Republic, 亦譯作Plato Republic*）……等。除柏拉圖之外，其他尚有艾西拜雅迪斯（*Alcibiades, 450～404年B.C.，雅典軍人、政治家*）等，傾心於研究蘇氏對雅典民主政治所發出的譏評。安蒂斯茲尼斯（*Antishenes，紀元前五世紀左右的雅典哲學家*）崇拜蘇氏的清苦生活；艾瑞斯帝帕斯（*Aristippus, 435～355年B.C. 希臘哲學家*）認為人世間理應無主奴之分，而蘇氏不受拘束的浪漫生活，正是他們最高理想。這些哲學家認為人之所以可貴，在於能夠思維、說笑，否則就失去做人的價值與意義，這便是人類哲學史上，出現各種思維的來源，此種見解值得世人省思之一。

蘇格拉底不但是一位有智慧的哲學家，而且相當有人性，他曾在戰場上冒險救出生命垂危雅典軍人艾西拜雅迪斯（*Alcibiades, 450～404年B.C.*）。這有如2013年9月，臺灣國府「馬王政爭」過程中，立法院王院長金平，為確保黨籍提出「假處分案」，承辦王金平假處分案的「臺灣臺北地方法院簡任第十一職等法官兼庭長」張瑜鳳，本於辦案理念：「法律不離人性、認定事實適用法律」的座右銘，為審案原則，追求實踐法律背後的公平正義，在受命法官梁夢迪、陪審法官陳靜茹，以挑燈夜戰的精神進行評議，於213年9月13日（*星期五*）裁定出爐，裁准立法院長王金平所提「假處分案」，王金平得繼續行使國民黨黨員權利，其不分區立委及立法院長身分得以暫時維持。此裁定迫使國府的總統府也只能低調表示：「尊重」，中央選舉委員會也不能進行不分區立委遞補事宜，而國府內政部也只得「尊重法院裁定」。換言之，司法訴訟包括行政、民事訴訟，都是憲法賦予當事人，爭取本身權益的合法救濟途徑，故聰明而有智慧的決策者，理應冷靜客觀，明辨是非，以人性的理念，多聽社會各界

士紳及人民的聲音，才能撫平無端的政爭，此種見解值得世人省思之二。

　　蘇格拉底認為哲學的起源，就在於人類能夠興起懷疑的思維，尤其以懷疑自己的信仰、教義、格言等三項最為重要。易言之，吾人務必檢驗自己的心智，使心智正確無誤，則哲學的理念才能成立。因此，蘇氏的名言：「認識自己」，是邁進「哲學之道」的第一個步驟。由於希臘七賢（*Seven sages of Greece*）及諸多哲學家，多半是研究「物理的哲學」，旨在追求有關「物的原理、本質、物質世界與有形世界的法則及組織。」蘇氏則認為，除了研究物質世界之外，還應積極研究「人類的心靈」更有價值，對人類追求「適度」的中庸原則，其貢獻更大，且更賦具深遠的意義。蘇氏所認定的道德標準是：

　　「*道德即是智慧，良善便是聰明，人自然見識廣闊，能看清楚人生的真諦與目標，能調整慾望，將一切無次序與動盪的局面，轉變成為有目的與創作性的和諧，這便是理想的道德標準。*」此種見解值得世人省思之三。

　　古羅馬共和時代的雄辯家、哲學家、政治家西塞羅（*Marus Tullius Cicero*， *106～43年B.C.*）說：「*蘇格拉底使哲學從天上來到人間。*」由於蘇氏出生在古希臘戰爭的混亂時期，道德價值低落，因此，他認為若要支持生活中的倫理局面，人人就必須「*認識您自己*」（*know yourself，泛指含有判斷作用之知的作用；領會其內容而伴以確實性之意識、思維者即是。*）這便是他的哲學出發點。這句名言，原本刻在希臘帕尼薩斯山（*Parnassus Mountains*）南麓的阿波羅（*Apollo*）聖地特耳非（*Delphi，有神殿、神諭所*）神壇上，蘇氏把它當作自己探研哲學的方法。旨在令人知道自己

的無知之後，才認為真的「認識了自己」，它才是賦具最高的知識。此種見解值得世人省思之四。

蘇格拉底的政治思想，是以理則學（*logic, science of reasoning*，正確的理論、條理、道理、合乎邏輯的*be governed by logic*）為中心，他充分體認治國的任務，就是要「關心」（*care*，關心的事，*thing to be done or seen to*，掛念*feel concern or interest*）所有同一域邦公民的生靈（猶言生民，生民欲寬，以德教養生民），使其儘可能達到無怨、生活愉悅的境界。因此，蘇氏肯定「善的知識」（*good sense*，正確的見識及判斷力*practical wisdom, virtuous intent*; 寬容*generosity*，慈悲*the goodness of heart*）是所有具備政治智慧的政治家，所該賦具的要件。哲人的明鑒，道盡中外歷史社會之真相，令人折服，此種見解值得世人省思之五。

簡言之，上述五項省思要略，堪供思維偏見，行為不公、不義的人，在尋覓歷史定位的過程中，免淪落為「一代梟雄」，既不能流芳百世，復有遺臭萬載耶！歷史是一面鏡子，以史為鏡，鑑古知今，可以知興衰（*Take history as the mirror, to predict rise and fall*），此乃確切不移的事理，謹請正人君子，深思明察。

英漢譯名檢索對照表
（譯名後的數字，是本書冊中重要出現時的頁數）

E

《浮生若夢的西洋哲學家》
主要參考文獻

（一）.人類的故事（*The Story of Mankind*），亨德里克・威廉・房龍（*Hendrik Willem Van Loon1882～1944年*）著，劉海編譯。

（二）.文明的故事（*A Short History Of The World*），威爾斯（*Herbert George Wells，1886～1946年*）著，趙震編譯。

（三）.西洋哲學故事（*The Story of Philosophy*），威爾・杜蘭（*Will Durant，1885～1981年*）著，陳文林編譯。

（四）.楞嚴經（*第一至十卷*），如本大法師佛學講座講義，1992年12月初版，法王講堂雜誌社，釋性宗主編，臺南市永康區中山南路469號。

（五）.聖經（*Holy Bible*），環球聖經公會（*Worldwide Bible Society*），2003年5月初版，中英對照（*新譯本、ESV*）神字版。

（六）.辭海上、中、下三巨冊，臺灣中華書局發行，1980年3月初版，臺灣臺北。

（七）.牛津當代大辭典（*The New-Oxford Illustrated English-Chinese Dictionary.*），旺文社股份有限公司出版，1989年第一次印刷，臺灣臺北。

（八）.新譯四書讀本，三民書局有限公司，1967年10月修訂再版，臺灣臺北。

（九）.新譯唐詩三百首，三民書局有限公司，1973年5月初版，臺灣臺北。

（十）.柏拉圖理想國，謝善元譯，康德出版社，2012年9月初版，臺灣新北市。

（十一）.亞里斯德，巴恩斯（*Jonathan Barnes*）著，李日章譯，1983年9月初版，臺灣臺北。

（十二）.培根，昆頓（*Anthony Ouinton*）著，孫志華譯，1984年2月初版，臺灣臺北。

國家圖書館出版品預行編目資料

浮生若夢中的西洋哲學家／陳水源 作 . ．初版 ...
　新北市：旺文社，2013.11.
　　面；公分

　ISBN 978-986-239-065-8　（平裝）

　1.西洋哲學　2.傳記

140.99　　　　　　　　　　　　102021464

浮生若夢中的西洋哲學家

發行人／李錫敏

作　者／陳水源

編　輯／呂豐娟、羅玉英

校　稿／徐清河、賴耀裕、林義正

題　字／莊素貞

設　計／東豪印刷事業有限公司／陳運堯

出　版／旺文社股份有限公司

地　址／新北市新店區新潭路一段102-10號

電　話／02-2911-9906（代表號）

傳　真／02-8919-3501

網　址／http://www.warmth-4u.com

E-mail／warmth@warmth-4u.com

印　刷／東豪印刷事業有限公司

出　版／限量典藏版2013年11月

定　價／新臺幣380元

ISBN／978-986-239-065-8